LE MILIEU ET MOI

DU MÊME AUTEUR

MARIE LA JOLIE (Récit recueilli par Jean Bazal)
Éditions Robert Laffont.

OUVRAGES DE JEAN BAZAL

CHASSES SOUS LA MER
Éditions Jean Susse, Paris.
SI TOUTES LES GARCES DU MONDE (en collaboration avec Roger May). *Gallimard-Série Noire.*
LA CORRIDA DE BARCELONE
Librairie des Champs-Élysées-Le Masque.
LE DIAMANT DE LA BOURRIDE
Les Presses Internationales.
UN COUP FUMANT
Les Presses Internationales.
PANIQUE EN CAMARGUE
Librairie des Champs-Élysées-Le Masque.
SAUVE TA PEAU
Éditions des Baies du Soleil.
LA CARAVANE DES GITANS
Librairie des Champs-Élysées-Le Masque.
PANIQUE DANS LE PASTIS
Éditions I.N.A.
STUPÉFIANT, MA PAROLE
Les Presses Internationales.
ALMANACH CAMARGUE ET NATURE 1971 ET 1972
Éditions Panorama, Marseille.
AVEC LES DERNIERS BANDITS CORSES
Guy Authier, éditeur.
LE CLAN DES MARSEILLAIS
Guy Authier, éditeur et France Loisirs.
LE CORSE (en collaboration avec P.C. Innocenzi).
Éditions Olivier Orban et Livre de Poche.
MON ANCÊTRE JEAN-LOUIS COMPAGNON DE LA FAYETTE
Éditions Cévennes-Magazine.
ENTRE L'ARME ET LES CORSES
Librairie des Champs-Élysées-Le Masque.
MARSEILLE ENTRE LES DEUX GUERRES
Éditions des 4 Seigneurs, Grenoble.
MARSEILLE SUR SCÈNE
Éditions des 4 Seigneurs, Grenoble.
MARSEILLE GALANTE
Éditions Paul Tacussel, Marseille.
SI MARSEILLE M'ÉTAIT DANSÉE (en collaboration avec Vincent Fayola). *Éditions Claude Mezzana-Fayola.*
DIEU OU SATAN ? LE SURNATUREL EXISTE
Éditions Paul Tacussel, Marseille.

MARIE PAOLESCHI

LE MILIEU ET MOI

Récit recueilli
par

Jean Bazal

Fanval

ISBN 2-86928-516-7

PROLOGUE

Marie Paoleschi doit se croire chez le dentiste. Elle ouvre grand la bouche pour montrer sa mâchoire. Puis sa langue rose vient se poser sur l'unique dent dont elle est ornée : une incisive sur le maxillaire supérieur, telle une défense en vieil ivoire.

Un sourire se dessine sur son visage aux traits réguliers :

– Ça vous étonne, hein, que je conserve cette dent ? Si je l'ai encore, ce n'est pas par coquetterie, peuchère ! C'est pour indiquer que j'ai une dent contre le Milieu.

– Contre le Milieu ?

– Oui, contre le Milieu. Il y a soixante ans que je vis dans ce joli monde et il m'a fait trop de mal. J'en ai tellement sur le cœur que je n'hésite plus à déballer tout ce que j'ai là...

Elle met la main sur son sein gauche, qui saille sous son pull-over. Soudain plus grave, elle poursuit :

– Dans mon village corse, les vieux bergers disaient des gens dont la langue était trop bien pendue : « *A lingua un'a mica ossu, ma i facce rompa* [1] ».

C'était un peu comme la fameuse loi du silence du Milieu. Les truands n'ont fait que transposer le proverbe du maquis. Tant que le Milieu a représenté quelque chose, une planète à part si vous voulez, je ne me suis pas permis de violer la règle de la bouche cousue. On reconnaissait d'ailleurs que j'avais « une bonne mentalité ». Autrement dit, je suivais à la lettre les principes essentiels du Milieu. Leur stricte observation en faisait la

1. La langue n'a pas d'os, mais elle les fait rompre.

force et l'unité. Moi, dans ma candeur naïve, j'y croyais comme à une religion. Il faut préciser qu'à l'époque on n'entrait pas dans le Milieu comme dans un moulin. Il fallait faire ses preuves. Femme du caïd Dominique Paoleschi, j'en faisais partie et j'avais droit au respect. Aujourd'hui, le Milieu, c'est cuit, c'est fini. Dans ces conditions, plus rien ne m'empêche de raconter mes souvenirs sur les grands truands que j'ai connus et dont la presse a parlé à maintes reprises. Pendant soixante ans, j'ai tenu ma langue. C'est long, soixante ans! Ce que j'ai vu et entendu, je « me le gardais ». Question de prudence et de correction. Et, croyez-moi, j'en ai vu et entendu... J'en ai vécu, de près ou de loin, des drames, des fusillades, des règlements de comptes, des coups durs, des cavales, des combines... J'en ai pleuré beaucoup d'amis brutalement rayés du monde des vivants... Dieu merci, j'ai une mémoire d'éléphant et un don d'observation qui doit provenir de mon degré d'instruction, relativement élevé pour l'époque : j'ai mon brevet supérieur et je suis diplômée d'une école de secrétariat. J'aurais sans doute fait une secrétaire modèle dans une compagnie de navigation ou une agence de transit à Marseille. Le destin en a voulu différemment. J'ai mal tourné! C'est de ma faute! Toute jeune, j'ai fréquenté des voyous. Cela m'a conduite à la prostitution et, de là, à côtoyer les gros bonnets du Milieu. Toute mon existence s'est passée avec ces hommes-là. A présent, il en reste de moins en moins. L'âge les fait disparaître les uns après les autres quand ils ont survécu aux règlements de comptes. Mais le nom de la plupart d'entre eux demeure célèbre. Comme leurs « exploits » ou leurs tribulations ont été intimement liés à mon existence, je sais de quoi je parle!

– Et votre loi du silence, Marie?

– Bah! S'ils m'en veulent de ne plus la respecter, tant pis... Certains m'ont menacée par téléphone lorsqu'ils ont appris que j'étais décidée à tout dire, à tout raconter... D'autres, au contraire, m'approuvent parce qu'ils savent que la prescription couvre presque tous les faits que je vais rapporter et qu'ils ne risquent plus d'ennuis avec la justice. N'allez quand même pas croire que je suis devenue une « balance ». Je ne l'ai jamais été, je ne le serai jamais. Je suis simplement un témoin. Et je témoigne.

Celle que dans le temps on appelait Marie-la-Jolie et qui n'est plus qu'un petit bout de femme de quatre-vingts ans appuyée sur une canne se redresse et pose un doigt sur sa dent solitaire.

– Vous voyez, je peux encore mordre.

Son sourire a la mélancolie d'un soleil d'hiver.

Lors de l'émission *Droit de réponse* du 17 janvier 1987, Marie a conclu, après une question posée par Michel Polac :

– Le Milieu, il est pourri. Complètement pourri.

Si on lui en avait laissé le temps, sans doute aurait-elle rappelé les sanctions qui frappaient naguère ceux et celles qui contrevenaient aux commandements du Milieu : la mort pour les hommes qui reniaient leur signature ou leur parole, l'infamante croix des vaches tracée à l'aide d'un morceau de sucre sur la joue de la femme qui avait « fauté » afin de rendre la cicatrice indélébile...

La mort, elle se distribue toujours abondamment et souvent même pour des motifs qui n'ont que de lointains rapports avec l'ancienne loi du Mitan.

En revanche, la marque infligée en représailles sur le visage d'une « coupable » semble de plus en plus abandonnée au profit des « amendes » qui pleuvent pour des riens sur la malheureuse tenue sous la coupe d'un mac aux dents longues.

Ce qui me frappa au cours de cette émission dont elle fut une des principales vedettes, ce fut l'air de gravité, presque troublant, dont ses traits étaient exceptionnellement empreints.

Nostalgie, effroi du passé, désir d'oublier... ?

Je ne saurais dire.

Je me demande même si, à certains moments, sa bouche ne tremblait pas.

Nullement exagérée, cette histoire contant des faits vécus pendant près de soixante ans par Marie Paoleschi a le mérite d'épingler, parfois avec une pointe d'humour noir, la réalité du Milieu. Si cette femme, qui a conservé entière la mentalité du Milieu et qui n'en rougit pas, avait déformé la vérité, elle aurait, comme elle le dit, « arraché les yeux d'un visage ». Il n'en est rien.

Elle a fait un choix : tout dire.

Elle glisse sur ses affres, sur ses souffrances, sur le calvaire qui l'a meurtrie. Elle, elle ne compte pas. Seuls, ses compagnons d'aventure lui importent.

Elle ne cache rien, même si ses confidences montrent presque toujours le triomphe de la violence et de la canaillerie sur la raison et la morale. Elle souligne les vices et les travers des hommes qu'elle a fréquentés, sans chercher à peindre en sombre son tableau. Son but consistait à mettre les choses au point : pas de romantisme; du réalisme.

Le Milieu n'est pas une congrégation d'enfants de chœur. Elle en a fait l'expérience avec sa chair et avec son cœur. Elle a payé pour le savoir, et payé cher... Les bons moments sont moins évoqués que les coups durs. Dans le Milieu, le drame se joue plus constamment que le vaudeville.

Si elle s'est décidée à violer la loi du silence, ce n'est qu'après mûre réflexion. Le temps, la prescription, l'oubli, sont passés par là. A présent, elle peut assumer la totale responsabilité de ce qu'elle raconte sans faire courir de risques aux « héros » dont elle livre la vie secrète.

Naguère, au téléphone, de jour comme de nuit, on l'a menacée des pires sévices au cas où elle aurait la langue trop longue. « On », c'était un ancien caïd de Pigalle qui s'imaginait avoir encore ces dernières années le même prestige que quand il envoyait par le fond au large de Marseille, vers 1935, ses « protégées » contestataires. Ce nostalgique de la grande époque, qui en avait gros sur la conscience, a maintenant rendu son âme tourmentée au diable.

En tout cas, pour la première fois, une femme a le courage de s'épancher avec autant de sincérité.

Cette petite femme douée d'un évident talent de conteur et d'une « mémoire d'éléphant », je l'ai écoutée pendant des heures. J'ai enregistré ses paroles. Ainsi, avec les recoupements puisés dans les faits divers des journaux, se sont rassemblés, affaire par affaire, les éléments indispensables à la rédaction de cet ouvrage. Dès qu'elle hésitait sur une date ou sur les circonstances exactes d'un événement, elle me rassurait :

– Attendez! Demain, j'aurai le tuyau.

Elle prenait sa canne d'infirme et allait s'informer auprès des anciens plus ou moins embourgeoisés qui constituent la dernière garde du Milieu. Puis elle revenait, tout heureuse d'avoir obtenu les précisions qui nous manquaient. C'est ainsi que *le Milieu et moi*, Mémoires intimistes bourrés d'anecdotes souvent terrifiantes, a vu le jour. Il projette en pleine lumière l'épopée d'un monde marginal en voie de disparition, avec ses principes sacrés, son code strict, ses « juges de paix » et ses « justiciers ».

Ce récit, qui fait penser à un scénario de film à la Coppola, a commencé par un aveu énoncé à peu près ainsi : « Dans mon horoscope ne figure pas l'existence turbulente à laquelle j'ai été confrontée. Pourtant, une horrible vendetta ensanglanta ma famille pendant plus de treize ans... pourtant, deux ou trois règlements de comptes me touchèrent de très près... Pourtant, j'ai fait de la prison, j'ai parcouru le monde, j'ai vu des hommes tués sous mes yeux... Ma vie n'a été qu'une succession d'événements hors du commun. Ma destinée le voulait ainsi. Je me demande comment je suis encore en vie... »

Le regard de Marie Paoleschi s'est longuement fixé sur l'écran de son passé. Les images qui ont surgi à une vitesse folle avaient la force presque gênante des films d'action où trop de sang est versé. Au fur et à mesure que les séquences défilaient, Marie me les décrivait. Je ne cherchais plus alors qu'à les restituer fidèlement sans qu'elles perdent leur puissance d'évocation.

Il s'agit donc là d'un document unique : l'ancienne Marie-la-Jolie est la seule femme à avoir approché et osé rapporter les drames qui le composent. C'est sans doute pour cela que le livre paraît plus proche de la tragédie antique que du « polar » moderne.

Une remarque importante : les acteurs de ces scènes tragiques sont presque tous des Corses. Or, dans les vieilles coutumes corses, la vendetta est non seulement le droit de se faire justice soi-même, mais l'obligation d'acquitter la « dette de sang », c'est-à-dire de revendiquer la réparation des offenses faites à « l'honneur » de la famille, du clan ou de la bande. Dans leur esprit, les vengeurs poursuivent un but de justice jusqu'à complet accomplissement.

Justice primitive, d'accord.

La loi du talion remonte à la plus haute antiquité. Elle est exprimée avec une énergique concision dans la loi de Moïse : « Œil pour œil, dent pour dent. » Ce qui veut dire que la peine devant être proportionnée au délit, l'assassinat seul devait, de par cette loi biblique, être puni de mort.

Bien sûr, au fil des siècles, les rigueurs du talion se sont estompées. Il n'empêche que la vendetta, survivance des temps antiques, de la Grèce homérique ou léguée par les peuples barbares aux riverains de la Méditerranée, s'est perpétuée jusqu'à nos jours. L'époque des bandits d'honneur en Corse n'est pas si éloignée. J'en ai moi-même rencontré un vrai, un pur, au maquis, dans les montagnes au sud-ouest de l'île : Muzzarettu avait tué cinq ou six personnes, pour l'honneur. J'en ai aussi interviewé d'autres, qui revenaient du bagne ou de maison centrale, leur peine achevée.

De la Corse, la vendetta s'est implantée sur le continent au début du siècle. A cette époque, les bas-fonds des grandes villes commençaient à remplacer les fourrés du maquis pour les garçons trop « espiègles ». Beaucoup venaient du sud de l'île, région où les hommes sont plus facilement nerveux, plus irritables que dans le nord, et où ils sont encore dominés par des traditions de violence.

De là, ces vendettas à la chaîne comme celles de l'Ange ou de Planche, qui ont causé tant de ravages... Les racines de violence du Milieu pourraient bien plonger profondément dans le terroir des bords de la Méditerranée. Ce qu'on peut dire en tout cas, c'est que les auteurs ou les responsables de ces crimes sont, plutôt que des brutes sanguinaires, des obsédés d'orgueil atteints d'une obsession de self-défense et de conservation de leur panache, qui les pousse aux pires délires de la vengeance. Pour maintenir leur « honneur », ils n'imaginent pas d'autre solution. L'atavisme excuse-t-il le fait que les « expatriés » aient continué à respecter sur le continent quelques-unes des anciennes coutumes sauvages de leurs ancêtres ? Bien que je voie dans le tragique corse une explication à des drames effroyables, je n'irai pas jusque-là.

J'ai quand même posé une question à Marie :

– Pourquoi, dans la plupart des règlements de comptes que vous m'avez racontés, les caïds font-ils, neuf fois sur dix, exécuter leur sale besogne par des hommes de main, ou plutôt des hommes de sang ? Auraient-ils peur de se salir les mains, ou manqueraient-ils de courage ?

Sa réponse est nette :

– C'est une question de psychologie et de standing.

Comme je lève les sourcils en signe de surprise, elle cligne de l'œil en souriant malicieusement :

– Comprenez-moi, monsieur Bazal. Les gros bonnets ont la tête enflée par leur réussite. Ils ont pignon sur rue, se vantent de leurs hautes relations, font étalage de leurs impressionnantes protections personnelles...

– L'escorte de leurs gardes du corps, sans lesquels ils n'oseraient pas trop sortir ?

– Oui, leurs hommes de barre, comme on dit à

Marseille. C'est pourquoi, dans les circonstances difficiles où entrent en jeu sa cote dans le Milieu, son influence, sa puissance financière, le grand chef n'hésite pas à avoir recours à l'assassinat le plus brutal s'il n'a pas d'autre moyen de se tirer d'affaire ou de sauver son honneur...

– Il s'adresse alors à des tueurs professionnels ?

Elle secoue la tête.

– Vous vous croyez au cinéma ?

– On voit ça en effet dans les films...

– Dans les films, oui, le caïd trouve pratique de louer par contrat les services d'un tueur. Il s'adresse à une agence spécialisée. Aux États-Unis, cela a existé : il y a eu la *Murder Incorporated* qui se composait d'une vingtaine de garçons dont l'homicide était le gagne-pain. Nous n'en sommes pas là en France malgré l'américanisation des meurtres. Chez nous, la réalité est bien différente.

– On fait quand même exécuter froidement le type qui vous gêne et on paie pour ça... Après, on n'en parle plus.

– Bien sûr. Mais laissez-moi vous expliquer. Chez nous, comme en Amérique d'ailleurs, le caïd est très entouré. Il a une véritable cour autour de lui. Il dispose ainsi d'hommes, d'instruments, de moyens qu'il tient sans cesse parés en vue d'un coup dur...

– C'est ce qui s'est passé avec les Salicetti, les Paolini et consorts... ?

– Exactement. Et là encore, c'est une particularité corse. Ça se fait aussi dans le Milieu parisien ou lyonnais, mais ce n'est pas pareil. Il y a moins de solidarité chez ces gens-là que chez les méditerranéens. Par exemple, Al Capone et Lucky Luciano faisaient venir de Sicile leurs hommes de main parce qu'il y a là des tireurs émérites... Mes compatriotes qui sont devenus des caïds à Paris ou à Marseille recrutent dans leurs villages les jeunes gens désœuvrés qui ne sont bons qu'à la chasse aux sangliers et aux mouflons... Oui, aux mouflons... Bien que cette chasse soit interdite dans l'île, il existe encore des braconniers experts de ce gibier de haute montagne. Ce sont les plus adroits. Bref, nos jeunes gens sans travail débarquent sur le continent avec un mot de recommandation pour leur compatriote « arrivé » et confortablement installé. Ce qui fait qu'au lieu de traîner la savate comme ceux qui n'ont pas de « relations », ils sont pris en charge par leur « bienfaiteur »...

– Le gîte, le couvert, moyennant de petits services ?

– C'est ça. Sous prétexte d'apprentissage dans le Milieu ou d'épreuve, on leur confiera d'infimes besognes : surveiller le travail des femmes au tapin, espionner un type douteux, transporter des colis suspects... Moyennant quoi, ils reçoivent l'argent de poche qui leur permettra de se faire voir dans les bars et de draguer les filles...

– Jusqu'au jour où...

– Pardi. Le moment arrive où le caïd a besoin du garçon qu'il s'est attaché depuis son arrivée sur le continent, pour une opération qui, dans le temps, pouvait conduire à la guillotine. L'obligé entre en scène. Il est en service commandé. Il n'a pas à discuter. Il devra exécuter aveuglément l'homme à abattre.

– Un chasseur de prime, en quelque sorte ?

– Vous allez trop au cinéma ! Dans la pratique, ce n'est pas tout à fait ça. Cependant, comme rien n'est gratuit, même les services de protection de ces grands messieurs, l'exécuteur touche sa prime en argent comptant. Un pourboire, plutôt. On a avancé des chiffres astronomiques pour certaines exécutions. Allez savoir ! Souvent, ce sont des chiffres fantaisistes, car personne n'assiste au paiement. D'autres fois même, le tueur est payé en « bonnes manières ». Par exemple, on le gratifie d'une « gagneuse » hors pair ou d'une combine juteuse. Voilà comment un certain nombre de nos jeunes compatriotes ont débuté. Ceux qui étaient intelligents se sont hissés au sommet. Les autres, peuchère, ceux qui n'avaient pas d'étoffe, ont fini misérablement après avoir accompli les missions les plus basses et... les plus dangereuses. Ce sont eux qu'on retrouve à l'aube, morts dans un ruisseau ou au coin d'une rue.

Marie se tait. On dirait qu'elle est émue.

Après quelques instants de réflexion, elle laisse tomber, à la manière d'une sentence :

– Décidément, la vie n'est pas toujours rose dans le Milieu. Les belles filles, les demeures somptueuses, les yachts de luxe, ce sont des apparences trompeuses. Le caïd le plus astucieux n'est jamais à l'abri des coups durs. Il réagit par la violence. La violence en enfante une autre. Le sang appelle le sang. Le vide se fait autour de lui. Combien en ai-je vu, de ces messieurs craints et respectés, trembler pour leur peau ! Le cri de douleur, de désespoir même, que certains ont poussé au plus fort de leur abandon, me rappelle le célèbre *lamentu* du bandit Jean-Camille Nicolaï, qu'on chante encore dans nos villages. Je vous le traduis :

« Dites-moi si c'est une vie d'être
Toujours errant et solitaire... »

Jean BAZAL

MES COUSINS GRAZIANI
ET LA VENDETTA DE L'ANGE

On dira ce qu'on voudra, mais moi, je crois à la prédestination.

Quelques jours après ma naissance au village de Lucciana en Corse, de drôles de fées se penchèrent au-dessus de mon berceau. Tout est signe dans les premiers temps de la vie d'un enfant. Ceux qui, les premiers, félicitèrent mes parents d'avoir un si joli bébé, furent les trois frères Graziani, cousins germains de ma grand-mère maternelle, une Graziani qui portait le prénom étrange de Cinarcaise.

On ne me « lèvera » pas de l'idée que, bien sûr, sans s'en rendre compte, mes cousins m'apportaient dans la modeste chambre de notre vieille maison villageoise, où je vagissais béatement, l'annonce d'un destin exceptionnel. Mon signe du zodiaque, le Verseau, n'en prévoyait pas tant. Née en effet le 28 janvier 1906 j'aurais, à en croire mon horoscope, un caractère réfléchi, de la fidélité dans l'amitié et l'amour, une prédisposition à l'altruisme et un net penchant pour le mysticisme. Dans le fond, c'est à peu près exact, mais rien n'y annonce l'existence mouvementée qui m'attendait. J'en déduis qu'en plus de mes propres influences astrales celles des frères Graziani ont bel et bien déterminé l'orientation de ma vie.

Quoi qu'il en fût, le trio débarquait chez nous à la manière de grands seigneurs, de *Jios* comme nous disons en Corse. Ils éblouissaient ma famille et le village par leur générosité.

– Thérèse, disaient-ils en chargeant les bras de ma

mère de toutes sortes d'objets, voici quelques cadeaux pour les enfants.

– *Grazia, grazia,* bégayait maman rouge de confusion. Que vous êtes braves!

Des cadeaux, il y en avait pour tout le monde. Personne n'était oublié. Ni les grands ni les petits. Nous étions une famille nombreuse : ma mère a eu quatorze enfants. A cette époque, il en restait six à la maison et nous ne roulions pas sur l'or; avec cette ribambelle de bouches à nourrir, mon père – humble et honnête travailleur – avait du mal à faire bouillir la marmite. Les Graziani ne l'ignoraient pas; aussi, chaque fois qu'ils revenaient au pays natal, principalement pour les vacances, répandaient-ils sur nous leurs largesses.

Bien plus tard, lorsque j'ai été en âge d'aller à l'école et au catéchisme à Lucciana, leurs merveilleuses libéralités m'évoquaient les rois mages de la crèche venant déposer leurs présents aux pieds du petit Jésus.

Seulement, eux, ils ne se nommaient ni Melchior, ni Gaspard, ni Balthazar, comme dans l'Écriture Sainte. On les appelait plus simplement Philippe, Jean et Dominique. Les deux aînés s'étaient expatriés sur le continent depuis pas mal d'années. Seul, le cadet, Dominique, était resté au village, où il exploitait quelques lopins de terre; et surtout, il était aidé financièrement par ses frères.

Je n'ai su le fin mot de leur fortune que bien des années après. On était discret dans ma famille! Partis de Corse comme beaucoup de leurs compatriotes sans un sou en poche, mais avec plus d'ambition que de scrupules, Philippe et Jean étaient parvenus à se tailler une place enviable à Toulon. Les petits barbichons, louant leurs femmes aux matelots de la flotte, qu'ils étaient à leurs débuts avaient gravi tous les échelons de la profession avant d'être admis dans l'aristocratie du proxénétisme. Ils étaient devenus patrons de bordels. C'était la consécration. Comme quoi dans le Mitan, comme dans la société normale du reste, c'est aux audacieux que la fortune sourit : la carrière de Philippe et de Jean s'était bâtie sur les qualités d'intrépidité et d'intelligence qui font les grands businessmen.

L'exploitation de la prostitution et les combines politiques avaient été les deux mamelles de la réussite de mes cousins. Dès l'âge de trente ans, ils avaient mis la main sur les véritables filons de l'Eldorado, ce pays aux merveilles où il suffit de se baisser pour ramasser l'or à pleines poignées.

Chez eux, le précieux métal leur brûlait les doigts. Cependant leur grand train de vie ne leur faisait pas oublier leurs parents et leurs amis pauvres de Lucciana, où leur munificience était devenue légendaire. Pour dire le vrai, leur inlassable générosité était prodiguée avec une évidente ostentation ; mais c'est là un travers assez commun chez les Corses « arrivés », je dois le reconnaître. Et entre nous, n'est-ce pas mieux que d'avoir « l'oursin à la poche », comme on dit à Marseille ?

Autre chose chez mes cousins ravissait mes yeux d'enfant : c'était leur élégance. Des gravures de mode à côté de mon père et des autres villageois, plutôt pauvrement vêtus ! Au lieu de la casquette ou du chapeau noir des paysans, ils portaient de fastueux Borsalino gorge de pigeon ou vert amande. Et avec ça, des chemises de soie aux tons attendrissants, brodées à leurs initiales, des complets sortant de chez les meilleurs tailleurs, des souliers en crocodile sur mesure et, bien sûr, un diamant au petit doigt, comme tout homme du Milieu qui se respecte. Vraiment, ils avaient l'air de milords et je les « badais » [1] littéralement ! Si un jour je pouvais avoir un homme de leur classe... ! Dieu merci, j'avais encore du temps devant moi : je venais tout juste de faire ma première communion.

Il y avait quand même quelque chose qui m'étonnait chaque fois que Philippe et Jean venaient nous rendre visite : c'était le comportement totalement dénué d'enthousiasme de mon brave père. Papa, l'honnêteté faite homme, faisait doucement observer à ma mère en hochant la tête :

– Ils sont riches, tes cousins, Thérèse ! Mais comme disait la mère de l'Empereur, « pourvu que ça dure... »

1. Admirer bouche bée, en langage marseillais.

Les années passèrent. Maintenant, j'étais une petite jeune fille, mignonne, bien roulée, un peu espiègle, une « poupée », quoi !

Ma famille avait quitté la Corse pour venir s'installer à Marseille : mon père avait trouvé un emploi de mécanicien aux Huileries de Roux; ce n'était pas le Pérou, mais nous vivions mieux qu'au village.

J'aidais maman aux soins du ménage et aux commissions. Nous habitions rue Ballard, dans le quartier du Panier, à deux pas de la place des Treize Coins où ma mère allait laver le linge à la fontaine.

Le Panier, c'est le quartier le plus ancien de Marseille. Il est situé sur l'emplacement même de la ville de Massalia fondée par les Phocéens six cents ans avant Jésus-Christ. Au temps de mon adolescence, une forte colonie de Corses émigrés y vivait. Quoi qu'en aient dit les journalistes parisiens, le Panier n'avait rien à voir avec le quartier limitrophe, que les Allemands devaient raser en 1943 : le quartier Saint-Jean; celui-ci s'étendait entre la rue Caisserie au nord et le quai du Port au sud, et entre la mairie à l'est et l'église Saint-Laurent à l'ouest. Cette partie des Vieux-Quartiers était connue sous toutes les latitudes pour la bonne raison qu'elle constituait ce que la police appelait le Quartier réservé; autrement dit, le secteur des rues chaudes (dont la fameuse rue Bouterie) et des maisons accueillantes vibrant au son des pianos mécaniques.

Notre quartier à nous avait une population beaucoup moins tapageuse : navigateurs corses, dockers marseillais, pêcheurs napolitains, artisans provençaux, poissonniers, calfats, charpentiers de marine, ouvriers savonniers ou huiliers comme mon père... Le soir, à la belle saison, mes parents sortaient leurs chaises sur le pas de la porte et d'interminables bavardages s'engageaient avec les voisins dans une ambiance bon enfant, sous les étendages de linge multicolore qui pavoisaient notre rue d'une maison à l'autre. C'était pittoresque, mais tranquille.

Saint-Jean, par contre, c'était autre chose... Pour mon père, un lieu de perdition, ni plus ni moins. Des créatures à demi nues volaient le chapeau aux passants; des mauvais garçons rôdaient nuit et jour en quête d'un sale coup.

– Marie, je t'interdis d'aller par là-bas, me répétait-il chaque fois que ma copine Hélène Eguiers, dite Nène, essayait de m'entraîner danser au bar Saint-Jean.

Elle avait quelques années de plus que moi et sa famille la laissait libre de sortir à son gré. Moi, bien sûr, je pensais que mon brave homme de père envoyait le bouchon un peu loin lorsqu'il me décrivait Saint-Jean comme Sodome et Gomorrhe. Les trois ou quatre fois que je m'y étais risquée en cachette, ce quartier interdit ne m'avait pas paru plus dangereux pour une jeune fille de mon âge que le Panier. Peut-être, avec l'insouciance de la jeunesse, avais-je tort! L'avenir le prouvera! En tout cas, il m'a fallu attendre l'âge de quinze ans pour voir se relâcher les consignes paternelles et pouvoir filer au bar *Saint-Jean* au bras de Nène.

Apparemment, c'était un établissement comme les autres, avec un comptoir de zinc en fer à cheval et une grande salle garnie de quelques chaises, de quelques tables et d'un appareil à sous dans lequel on glissait une pièce de dix centimes pour obtenir un air de danse. Valses à petits pas dites « à la marseillaise », javas et tangos étaient particulièrement appréciés par une clientèle de *nervis* et de *cagoles* dont le moins qu'on puisse dire était qu'ils avaient plutôt mauvais genre.

L'expression locale *nervi* désignait les voyous vêtus de bleus de Shanghai à la façon des navigateurs, et coiffés d'une casquette inclinée sur l'œil. Les *cagoles,* c'était les filles d'allure provocante, habituées des *balettis* et plus ou moins destinées à la prostitution. Pour les barbeaux en herbe, le bar *Saint-Jean* était l'aquarium rêvé. Ils n'avaient qu'à faire leur choix parmi leurs jeunes cavalières.

J'adorais danser. Je ne ratais aucun tango, ma danse préférée. Moulée dans une robe ultra-courte qui montrait, presque jusqu'aux cuisses, mes jambes gainées de soie noire, avec ma taille d'un mètre cinquante et ma frimousse espiègle, je ne détonnais pas dans cette ambiance assez spéciale. Les garçons m'observaient avec intérêt en échangeant des appréciations sans doute flatteuses sur ma jeune personne. Ils m'invitaient à danser et me faisaient du boniment. Mais je me méfiais. J'avais trop peur que mon père m'interdise de remettre les pieds au bar *Saint-Jean* au cas où j'aurais fréquenté quelque voyou.

Certains de mes cavaliers allaient devenir des célébrités du Milieu. Le plus connu fut certainement Paul Venture Carbone, un costaud râblé et tranquille, dont les parents tenaient une curieuse pension de famille rue Audimard. Venture, qui n'aimait pas trop danser, ne se doutait pas qu'il serait un jour un des « rois » de Marseille et de Paris. Il y avait aussi Zao qui opérerait dans les « baraques à sous » et les maisons closes, Mathieu Zampa, un dur sec et nerveux dont le fils Tany devait par la suite défrayer la chronique, Ange *Le Lucre* [1], Antoine Palmaccio, Antoine Dalmato dit Tomate, Jalla, et les autres... J'en parlerai plus tard.

Tous, dans l'ardeur de leurs vingt ans, n'aspiraient qu'à une chose : gagner de l'argent, sans travailler. Ils me faisaient penser à mes cousins Graziani, qui avaient certainement débuté de la même façon, à Marseille et à Toulon, en « draguant » les boniches et les petites commises dans les *balettis* de quartier pour les lancer sur le tapin.

Que devenaient-ils, les Graziani? Depuis que nous habitions Marseille, nous n'avions de leurs nouvelles que par ma grand-mère qui les voyait au village. Leur ascension se poursuivait : ils avaient la haute main sur la prostitution à Toulon. On les appelait avec respect « ces messieurs du Chapeau rouge », du nom du quartier chaud du grand port militaire. Jean présidait le syndicat local des Patrons de maisons de société (c'était le vocable officiel des bordels). Philippe était propriétaire du *Montmartre,* une « maison » fort cotée de la rue des Remparts, ce qui ne

1. Lucre! celui qui louche.

l'empêchait pas d'être devenu un personnage très populaire de la ville. Accompagné de son frère et de son neveu Sylvestre Nicolaï (qui était lui aussi mon cousin), il faisait en effet chaque semaine la tournée des familles les plus déshéritées de la Basse-Ville, distribuant vêtements, chaussures, boîtes de conserve, pâtes, etc. Les pauvres gens reconnaissants disaient d'eux :

– Il n'y a pas plus brave que les frères Graziani. Ils sont toujours là pour rendre service.

Ces frères de la Charité étaient pourtant loin de mener une vie d'ascète. Bons repas, jolies filles, parties de pêche dans les calanques de la rade, battues aux sangliers dans le Haut-Var comme dans la montagne corse, banquets électoraux, croisières le long de la côte, ils profitaient pleinement de tous les plaisirs de l'existence. Ils avaient bien eu un petit accroc après le meurtre d'un Arabe dans la rue du Bon Pasteur. Arrêtés et mis en détention préventive pendant plusieurs mois, ils avaient enfin comparu devant la cour d'assisses du Var qui les avait purement et simplement acquittés. Mes parents chuchotaient à l'époque qu'ils avaient su mettre à profit leurs relations auprès des jurés... En ce temps-là, le Milieu faisait la loi au pays des Mocos [1].

Le Milieu, je peux en parler. Je suis payée, ou plutôt, j'ai payé pour le connaître! J'en fais partie depuis le jour où j'ai consenti à faire le trottoir sur la Canebière pour le compte du bel Antoine Peretti, mon premier « homme ». Deux ans après mes premiers tangos au bar *Saint-Jean*, je m'étais mise dans l'engrenage. Je ne pouvais plus en sortir. Après Antoine qui m'a larguée pour une riche patronne de « maison », j'ai eu comme macs Jean Dary qui m'a expédiée dans les Amériques et enfin Dominique Paoleschi qui devait me faire passer devant monsieur le maire en juin 1937. Voilà où m'avait menée le bal. Le chemin de Buenos Aires passait par le bar *Saint-Jean*, et je me retrouvais au service de cette société d'hommes qui exploitent les femmes comme d'autres sociétés, anonymes

1. Toulonnais.

ou pas, exploitent des brevets industriels, des mines de charbon ou des puits de pétrole!

Lorsque Antoine m'a décidée à descendre dans la rue pour gagner ma vie – et la sienne! – j'avais dix-sept ans. Il m'a certifié que c'était pour mon bien, pour mon avenir, pour notre bonheur... Baratin classique... Comme tous ses pareils, il prétendait que la prostitution sauvait les femmes de la misère et leur ouvrait les portes de la belle vie :

– En te protégeant, en veillant sur toi, me répétait-il pour me convaincre, je te maintiendrai en dehors de tous les vices : la drogue, l'alcool, le tabac, la paresse, le laisser-aller... Tu verras, nous serons les plus heureux!

J'imagine que c'est exactement le même raisonnement qu'avaient tenu auprès des naïves mes braves cousins Graziani qui, maintenant, nageaient dans l'opulence. Jusqu'au jour où...

Je m'en souviens comme si c'était d'hier. Pourtant, c'est loin. Ça remonte au 24 septembre 1937. Il y avait trois mois que j'étais mariée quand, un matin, Dominique qui lisait le journal sursauta :

– Ô Marie, *che disgrazia, che disgrazia!* Ton pauvre cousin Graziani... Tiens, lis. C'est affreux!

Je pris *le Petit Provençal* qu'il me tendait. Sur la première page s'étalait une manchette en gros caractères :

RÈGLEMENT DE COMPTES DANS LES GORGES D'OLLIOULES.

En dessous, en plus petits caractères, je lus : *Le tenancier toulonnais Philippe Graziani est abattu dans une maison de tolérance.* Je dévorai l'article à toute vitesse. Il s'agissait bien de mon pauvre cousin. J'étais émue, et triste; il avait toujours été si généreux avec nous, Philippe; et puis mourir de cette façon...

J'ai longtemps conservé la coupure du journal relatant le drame et agrémentée de la photo de mon cousin. Voici comment, d'après l'article, tout s'était déroulé :

« Hier soir, un peu avant minuit, Philippe Graziani, propriétaire de l'établissement *Le Montmartre,* rue des Remparts à Toulon, consommait en compagnie des nommés Martin et Muscatelli à une table de l'estaminet de la maison de tolérance *La Source* à Ollioules, située dans le décor de western des gorges du même nom. Des matelots discutaient avec les pensionnaires. La sous-maîtresse avait rejoint les trois hommes, qu'elle connaissait bien. A un moment, Taki, une nouvelle pensionnaire de l'établissement, vient dire à Graziani que quelqu'un veut lui parler dehors. Sans méfiance, le tenancier se lève et sort sur la terrasse qui domine le virage de la Nationale 8. Quelques secondes plus tard, un coup de feu, puis un deuxième, puis un troisième retentissent. Martin et Muscatelli se précipitent au dehors. Près du portail, Graziani gît dans une flaque de sang qui luit sur les graviers. Ils se penchent sur son corps. Il est mort. Une balle, vraisemblablement tirée à bout portant, lui a fait éclater le cerveau. En contrebras, la route est déserte, mais on distingue un bruit de moteur qui s'estompe en direction de Marseille. Prévenus par la patronne de l'établissement, les gendarmes de la brigade d'Ollioules sont rapidement sur les lieux. Les premières constatations démontrent que la victime a reçu trois balles, une dans le crâne qui a explosé, une dans le cœur et la troisième dans la rate. Cet acharnement singulier prouve qu'on ne voulait lui laisser aucune chance. Dans nos prochaines éditions, nous tiendrons nos lecteurs au courant des suites de cette affaire qui va faire beaucoup de bruit dans la région. »

L'édition de midi que mon mari m'apporta en revenant de prendre l'apéritif ne nous apprit pas grand-chose de nouveau. On n'avait pas encore identifié le meurtrier. Cependant, on tenait une piste sur laquelle les enquêteurs se montraient très discrets.

Dès le lendemain, je n'ai pas eu besoin des journaux pour apprendre par le détail le déroulement complet de l'affaire, depuis ses origines jusqu'à sa conclusion tragique. Mon mari, avec ses antennes dans le Milieu, était bien mieux renseigné que la police.

Ainsi que neuf fois sur dix en pareil cas, il s'agissait d'une histoire de femme. Elle s'appelait Taki. C'était une Parisienne, danseuse de cabaret, blonde, très jolie, avec beaucoup de classe et pas du tout le genre *cagole* – à ce qu'on m'a dit, car je ne l'ai jamais rencontrée. Par contre, l'assassin, son « homme », je ne l'ai que trop connu et il devait bouleverser ma vie durant de longues années. Je le revois encore malgré le temps. Long, maigre, sec, avec les cheveux frisés et des yeux méchants derrière ses lunettes à gros verres. Une vraie tête de séminariste cruel, ce nommé Ange Salicetti.

Après avoir passé quelques années au séminaire d'Ajaccio, il s'était reconverti dans le proxénétisme à Toulon et vivait avec la patronne d'un bordel de la rue des Remparts, voisin de celui de Philippe Graziani. Taki, il l'avait draguée dans un bar du quai Cronstadt. Il s'en éprend, la ramène chez lui, en fait sa maîtresse puis, selon le processus classique, la décide à arrondir ses cachets dans les night-clubs de la Côte au moyen d'« extras » dans les « maisons » les plus huppées. Une nuit, à la sortie du cabaret où elle se produit, mon cousin Philippe, impressionné par sa beauté, la fait enlever. Et Taki, au fond, n'est pas trop fâchée d'être appréciée par un « grossium » aussi craint que respecté à Toulon. Là, c'est une question de « mentalité ». Elle ne devait pas avoir la mienne : moi, jamais je ne me serais permis de « doubler » mon homme. Elle, ça ne lui fait rien de passer des bras de son jeune protecteur attitré, Ange Salicetti, à ceux de mon estimé cousin. Seulement, elle n'est pas folle; elle juge plus prudent d'avertir Graziani.

– Peuh! s'exclame celui-ci avec une moue de mépris. Ce Salicetti, ce mec qui a des lunettes épaisses comme des hublots, c'est un minable. S'il veut voler trop haut, je me charge de lui mettre du plomb dans l'aile.

La jeune femme rapporte ces propos à Ange. Fou de rage et d'humiliation, celui-ci demande aussitôt un rendez-vous à son rival, afin de s'expliquer « entre hommes ». Graziani ricane, hausse les épaules, mais accepte : c'est l'occasion d'en finir une fois pour toutes avec les prétentions de l'ancien séminariste. La rencontre aura lieu dans un bar du Vieux Port à Marseille.

Salicetti arrive le premier. Il s'installe à une table au fond de la salle et commande un pastis. Cinq minutes plus tard, Graziani est là. Avec un regard méprisant, il va s'asseoir en face d'Ange et claque des doigts pour appeler le garçon :

– La même chose.

La scène et le dialogue qui suivent, je n'ai aucun mal à les imaginer. J'ai assisté plusieurs fois dans la vie à ces sortes de conversations et je suis au courant de la « psychologie » des partenaires. Tel que je le connaissais, c'est mon cousin qui attaque :

– Ô l'Ange, il paraît que tu as à me parler ? Explique-toi vite. Je suis pressé.

Salicetti est un violent. Mais il se contient, serre les mâchoires et siffle entre ses dents :

– Il faut que tu me rendes Taki. C'est ma femme. Sans ça, il va y avoir des histoires.

Graziani se penche un peu en avant pour lui « parler dans la bouche » :

– Sans blague, tu as décidé ça tout seul comme un grand ? Eh bien, petit, je vais te donner un conseil pendant qu'il est encore temps ! Fais tes valises et disparais de la circulation. On t'a assez vu à Toulon. Casse-toi avant que je ne me fâche...

L'autre se domine et articule lentement :

– Rends-moi ma femme. Sinon, gare...

– Ta femme, maintenant, c'est la mienne. Propriété privée...

– Taki est à moi, s'écrie Salicetti à bout de patience. C'est toi qui l'a forcée à te suivre. Méfie-toi, Graziani, un jour ou l'autre j'aurai ta peau si...

Lui coupant la parole, le bordelier lance son ultimatum :

– *Basta*, l'Ange ! Fous le camp !

Le Séminariste se lève, les poings serrés et un sourire moqueur aux lèvres :

– A ton âge, Graziani, tu ne devrais plus jouer avec les gonzesses. C'est mauvais pour le cœur.

Blême de colère, mon cousin se lève à son tour; il observe un instant son vis-à-vis, le saisit par le revers de son veston et le gifle à la volée du revers de la main.

Dans le bar, personne ne bouge. Seuls deux ou trois consommateurs se dirigent prudemment vers les toilettes, comme s'ils s'attendaient à une fusillade. Le patron ne perd pas de vue les deux antagonistes. On sent qu'il n'est pas fâché d'être à l'abri de son comptoir.

Mais les armes ne sortent pas. L'heure du règlement de comptes n'a pas encore sonné.

En leur for intérieur, les spectateurs de la scène, ceux-là mêmes qui en ont fait le récit à mon mari, donnent l'avantage à mon cousin. En effet, malgré l'outrage public, rien ne se passe. Les poings de Salicetti se crispent. C'est sa seule réaction.

Très calme, Graziani pose un billet sur la table pour régler les consommations, fait deux, trois pas vers la porte, puis se retourne en pointant son index sur l'Ange demeuré immobile :

– Toi, le minot, que je ne te retrouve plus sur mon chemin. Ouste, déguerpis!

Puis il sort et reprend sa voiture stationnée sur le quai de Rive-Neuve.

Les clients du bar qui ont assisté à la scène rapporteront à mon mari que le Séminariste est resté prostré quelques instants. Tout le monde guettait sa réaction. Il n'a pas bronché. Mais quand il est passé devant le comptoir, un ami de Dominique l'a entendu marmonner en corse : « Je t'aurai, *ô païsanu*! »

La suite, je l'ai sue de la même façon :

Dès le lendemain de l'algarade, Ange va trouver son ami Quilici et le met au courant de ce qui s'est passé.

– Il s'est moqué de moi devant tous les clients du bar, conclut-il, aussi il doit mourir...

– C'est juste, l'Ange. Il a attenté à ton honneur. Il mérite la mort.

– Est-ce que je peux compter sur toi pour m'aider à le descendre ?

– *Un'temi niente. Ti capiscu* [1]. Je serai avec toi.

– *Va bene*. Puisque tu es d'accord, autant vaut lui régler son compte le plus tôt possible. Voici ce que je propose : ce soir, tu iras à *La Source*. Graziani y passe souvent la nuit depuis qu'il y a placé Taki. Tu remettras en douce ce message à Taki.

Il prend un morceau de papier et écrit : « Rendez-vous demain à six heures au *Café de la Rade*. On viendra t'y prendre en voiture. Ange. » Il explique à son ami :

– Taki viendra sûrement. Demain, c'est son jour de sortie. Voilà, tu as compris le topo ? Tu vas ce soir à *La Source* et tu te débrouilles pour remettre discrètement mon message à Taki. *Capitu ?*

– *Yé*.

Tout se passe comme prévu. Quilici glisse le papier à la Parisienne. Personne ne remarque leur manège. Taki lit le mot, le déchire aussitôt et le fait brûler dans un cendrier.

– D'accord, je viendrai, murmure-t-elle en allumant une cigarette.

Entre-temps, Salicetti s'est rendu à Marseille pour y rencontrer un autre de ses amis. C'est un compatriote, Raffaëlli, qui a été inspecteur de la Sûreté à Antibes, avant d'être obligé de donner sa démission à la suite d'une sale histoire ; depuis, il tient un garage à Marseille et possède des parts dans un bordel de Toulon.

Salicetti ne lui parle pas de l'expédition punitive qu'il a décidée, mais lui propose d'aller faire une virée chez *Silva*, un établissement qui vient de recevoir des pensionnaires « de toute beauté ». Raffaëlli accepte. Rendez-vous est pris pour six heures moins le quart sur le port de Toulon.

Les deux hommes se retrouvent à l'heure dite et passent prendre Taki au *Café de la Rade*. De là, ils se rendent à Saint-Maximin, chez *Silva*, où ils restent plus de deux

1. Ne crains rien. Je te comprends.

heures. Un peu après vingt et une heures, Salicetti propose d'aller terminer la soirée à *La Source*. Le garagiste hésite d'autant plus qu'Ange lui demande de faire un crochet par le centre de Toulon afin d'y prendre Quilici au passage. Raffaëlli sent le coup fourré, mais Salicetti insiste et son ami finit par accepter. Après un bref arrêt sur le boulevard de Strasbourg, la Citroën de Raffaëlli fonce donc vers les gorges d'Ollioules. Quilici est assis à côté du chauffeur, le Séminariste et Taki occupent la banquette arrière. Avant d'arriver à Ollioules, Ange laisse tomber négligemment :

– A *La Source*, j'ai un petit compte à régler avec Philippe Graziani. Ça ne sera pas long. Si tu veux, tu n'auras qu'à rester à nous attendre dans la voiture, sur la route.

Raffaëlli n'ose pas refuser. Mais ses traits se sont contractés. Il n'a pas l'air très tranquille.

Arrivés au bordel, Salicetti et Quilici se dirigent vers le salon qui jouxte l'estaminet. Raffaëlli est resté au volant. Taki qui les voit entrer se précipite dans l'estaminet où se trouve Graziani.

– L'Ange est dehors, il voudrait te voir, lui souffle-t-elle à l'oreille.

Philippe se lève sans prendre la moindre précaution. Il n'imagine pas un seul instant que ce blanc-bec de Séminariste l'attend pour le descendre. Il s'avance vers l'ombre qu'il distingue à l'extrémité de la terrasse. C'est Salicetti. Quilici, lui, est tapi derrière un massif de fusains. Lorsque Graziani arrive à deux mètres du Séminariste, celui-ci tire, en même temps que Quilici. Le « taulier » s'écroule lourdement. Salicetti s'approche et l'achève d'une balle dans la nuque. Puis les deux amis courent vers la voiture et s'y engouffrent.

– En route pour Marseille! Mission accomplie, fait Quilici en remettant son « calibre » dans sa poche.

Ils se séparent sur le Vieux Port après avoir pris le dernier verre.

Voilà la version des faits qui se colportait dans le Milieu quelques jours après l'exécution de Philippe Graziani. L'affaire avait fait grand bruit. Les anciens avaient du mal à croire qu'un jeune comme Salicetti ait osé s'attaquer à un homme considéré et n'ait pas hésité à le liquider. Ils prévoyaient une implacable vendetta et son cortège habituel de tueries. Hélas, ils ne se trompaient pas! Des années durant, une sérénade à bout portant allait se jouer entre les clans ennemis. Je n'avais pas fini de trembler pour les miens et pour certains de mes amis.

L'enquête sur le drame de *La Source* fut confiée au commissaire Mercury, chef de la neuvième brigade de Police mobile de Marseille. C'était un policier fin et énergique dont les succès nombreux ne semblaient guère appréciés par ces messieurs du Mitan. Le rapport d'autopsie et l'expertise balistique avaient établi que les projectiles qui avaient tué Graziani provenaient de deux armes différentes, ce qui confirmait à Mercury les racontars qu'il avait recueillis auprès de ses indicateurs. Il y avait bien eu deux tueurs. Le tout était de leur mettre la main dessus.

Le commissaire commença par procéder, à *La Source*, à une reconstitution de la soirée du drame. Il fit prendre aux témoins la place qu'ils occupaient au moment des coups de feu. Martin et Muscatelli avaient été convoqués; ils s'installèrent à leur table. Les deux pensionnaires Maguy et Violette s'assirent à celle qu'elles partageaient avec des matelots; Lucie et Rosette firent de même, tandis que Carmen et Thérèse, debout, s'adossaient au comptoir. La sous-maîtresse rejoua son rôle auprès de Martin et Muscatelli. On aurait dit une répétition pour le tournage d'un film.

Taki la Parisienne restait plantée, indécise, au milieu de la salle de l'estaminet.

– Et toi, qu'est-ce que tu faisais? lui demanda le commissaire.

– Moi, je venais d'entrer... C'était mon jour de sortie. D'ailleurs, j'étais en robe de ville et pas en tenue de travail... J'étais revenue de Toulon par le car...

– Le car de quelle heure ?

– ... Celui de dix-neuf heures qui part de la place de la Liberté. J'ai dû arriver ici un peu avant vingt heures et j'ai été mettre de l'ordre dans ma chambre...

– Bon ! Graziani, tu connaissais ?

– Non.

– Pourtant, on le voyait souvent ici.

– Possible, mais jamais il n'est « monté » avec moi.

Le policier lui désigna alors d'un mouvement de tête Martin et Muscatelli qui se tenaient cois sur leurs chaises :

– Et ceux-là ?

– Je ne les connais pas non plus.

Mercury hocha la tête en la dévisageant sans douceur.

– De plus en plus bizarre... Tu travailles ici et tu ne connais personne ?

– Si je vous le dis... ! Je ne me rappelle plus... Vous savez, les clients, je ne les photographie pas.

Prévoyant qu'il ne tirerait pas davantage de cette fille roublarde, mais persuadé qu'elle voulait couvrir quelqu'un, le commissaire leva la séance :

– Ça va pour aujourd'hui.

Son premier soin en revenant à Toulon fut de vérifier s'il y avait eu un car pour Ollioules à dix-neuf heures, place de la Liberté. Il n'y en avait pas. Taki avait donc menti. Ensuite, il entreprit la tournée des « relais galants » de la côte et de l'arrière-pays. Pas plus de traces de Taki au *Clou d'or* de Cuers-Pierrefeu qu'à *La Matelote* de Saint-Tropez, qu'au *Panier fleuri* de Draguignan ou que *Chez Alphonse*.

Il s'entêta. De « maison » en « maison », ses pas le conduisirent chez *Silva* à Saint-Maximin. Une des hôtesses, Pépée, finit par lui avouer non sans réticences que Taki était venue dans la soirée du 24 septembre en compagnie de deux hommes. Pépée ignorait totalement l'identité de ceux-ci, mais elle avait bu un verre à leur table et elle avait cru comprendre, au cours de la conversation, que l'un d'entre eux était un ancien policier.

Les oreilles de Mercury se dressèrent.
– Tu dis bien un ancien flic ?
– Oui.
– Et l'autre type qui était avec Taki ?
– Un jeune dans les vingt-cinq ans, grand et sec, avec les cheveux frisés et des lunettes à verres très épais.
– Parfait. Tu peux retourner travailler. Je te reverrai un autre jour.

Nanti de ce renseignement capital, Mercury s'en revint à *La Source*. Taki allait être remise sur la sellette. Il l'attaqua sur le mode ironique :

– Dis donc, petite, c'est un car fantôme que tu as pris l'autre soir ! J'ai vérifié les horaires. Il n'y en a pas à dix-neuf heures. Les cars ne partent de la place de la Liberté que toutes les deux heures jusqu'à minuit. Celui d'avant était à dix-huit heures. Par-dessus le marché, on t'a vue chez *Silva*, avec ton amant de cœur et un autre type. Vous en êtes partis à près de vingt-deux heures. Donc, impossible d'être ici à vingt heures comme tu me l'as déclaré. Cesse de mentir ! Si tu veux absolument te faire emballer, tu n'as qu'à continuer...

Soudain très pâle, Taki lâcha le morceau :

– Je préfère vous dire la vérité. Ce jour-là, j'avais rendez-vous avec mon amant, Ange Salicetti. Un copain nous a accompagnés chez *Silva* où nous sommes restés un bon moment pour casser la croûte. Puis ils m'ont ramenée ici vers vingt-trois heures. J'ai entendu les coups de feu quelques minutes après.
– Le nom du copain de ton type ?
– Ma parole, je n'en sais rien. Je le voyais pour la première fois.
– Ce n'était pas un ancien flic ?
– Si, je crois.

Le commissaire n'avait pas perdu sa journée. L'enquête avançait plus rapidement que prévu. Il renvoya la jeune femme à ses occupations et s'en fut consulter les fichiers de la police afin de découvrir l'identité de cet inspecteur révoqué.

Ses recherches ne tardèrent pas à lui révéler qu'un

certain Marcel Raffaëlli avait été contraint plusieurs années auparavant de quitter la police, à cause de ses relations trop étroites avec le Milieu de la Côte. L'ancien inspecteur dirigeait à présent à Marseille un garage qui appartenait à la Compagnie provençale des carburants. L'homme fut mis à sa disposition dans les délais les plus brefs. Il se mit à table sans offrir la moindre résistance. La fameuse loi du Milieu, le traditionnel honneur corse, inconnus pour lui!

– Dans cette affaire, je n'ai joué qu'un rôle de figurant, reconnut-il volontiers. A *La Source*, j'ai attendu en bas, dans ma voiture. Salicetti m'a rejoint immédiatement après les coups de feu, il m'a dit simplement : « Allez, Marcel, fonce sur Marseille. Je viens de flinguer Philippe Graziani. Ça lui apprendra à m'empêcher de “ manger ” à Toulon. » Comme l'Ange tenait à tout prix à se faire voir à la terrasse d'un bar du Vieux Port, nous avons pris une consommation. Vers une heure du matin, je suis rentré me coucher.

La déposition de l'ancien inspecteur ne satisfaisait pas pleinement le commissaire. Il voulait en savoir plus.

– Dis-moi, il y avait quelqu'un avec Salicetti quand il est entré à *La Source*. Si tu es resté dans la voiture, qui était avec lui ?

A voix basse, l'air terrorisé, Raffaëlli susurra presque imperceptiblement :

– Quilici. C'est lui qui a fait le coup avec l'Ange.

– Tu savais qu'ils s'apprêtaient à descendre Graziani ?

– Absolument pas. Ils m'avaient dit qu'ils avaient une petite affaire à régler, pas plus... Si je m'étais douté d'un coup pareil!... Je vous jure que je n'y suis pour rien. C'est seulement quand j'ai entendu les détonations que j'ai compris.

Quelques jours après, Raffaëlli renouvelait et signait ses déclarations devant le juge d'instruction Terral, qui le remit en liberté sur-le-champ pour le remercier de son attitude coopérative avec la justice. Aucune charge n'était retenue contre lui.

Mercury avait d'autres questions à poser à Taki. Il retourna à *La Source*. Mais l'oiseau s'était envolé. Il fallut ratisser toutes les « maisons » du Var et des Alpes-Maritimes pour retrouver la fugitive. Salicetti, lui, fut cueilli dès le lendemain au saut du lit.

A l'instruction, il nia les faits avec acharnement. Taki s'enfermait dans une attitude de panthère blessée montrant les dents, et fusillait le magistrat de ses yeux clairs. Le juge Terral essaya de raisonner son amant :

– Allez, avouez, on en tiendra compte. Le témoignage de Raffaëlli vous accable. Tout est contre vous.

Salicetti remuait la tête obstinément :

– Je ne reconnais qu'une chose : j'ai pour maîtresse la gérante d'une « maison » voisine de celle de Philippe Graziani à Toulon. D'accord, je suis bien allé à Saint-Maximin, mais ce n'est pas moi qui ai tué Graziani. Pourquoi voulez-vous absolument que ce soit moi qui aie fait le coup ? Je ne vais quand même pas avouer un crime que je n'ai pas commis.

Ses véhémentes dénégations ne troublèrent pas le magistrat. Il savait pertinemment que Raffaëlli était un truand, mais qu'il n'avait pas l'étoffe d'un tueur. Le crime était l'œuvre d'un homme froid, calme et résolu. Raffaëlli était trop peureux, trop nerveux aussi. Et puis la facilité avec laquelle il avait tout raconté...

Fort de sa conviction, le juge d'instruction inculpa Ange Salicetti d'homicide volontaire. Taki retrouva la liberté quinze jours plus tard. Quant à Quilici, arrêté à son tour dans un bar de la Basse Ville, il fut inculpé également d'homicide volontaire.

Il semblerait à présent que le dossier des gorges d'Ollioules pût être refermé. Pas du tout...

Un mois après l'arrestation de Salicetti, vers dix-huit heures, Marcel Raffaëlli était en train de relever le compteur de distribution d'essence à la porte de son garage. Le personnel s'habillait pour partir. Tout à coup, cinq ou six coups de feu claquèrent près de la pompe à essence. Le garagiste s'effondra en poussant des cris stridents tandis qu'un homme, un revolver fumant à la main, prenait ses jambes à son cou. Des passants qui avaient assisté à la scène tentèrent de le bloquer. Mais l'homme les menaça de son arme et il put remonter en courant la rue Dragon jusqu'à l'église Saint-Joseph. Là, sa chance l'abandonna : il se heurta à un gardien de la paix qui, après une courte lutte, parvint à le maîtriser.

Transporté dans le coma à l'hôpital de la Conception, Raffaëlli succomba à ses blessures avant de reprendre connaissance. Le meurtrier était un navigateur à bord du *Gouverneur général Lépine*, en permission pour deux semaines, et se nommait Ange Fontana. Entendu par le juge d'instruction Colombier, il s'enferma dans un système de défense invraisemblable :

– J'ai entendu des coups de feu, j'ai pris peur, je me suis enfui dans la rue et, pendant que je courais, un inconnu m'a jeté sur le bras un pardessus qui contenait un revolver...

Il n'en fut pas moins inculpé d'homicide volontaire : des témoins avaient assisté au meurtre; en outre, dans le barillet de son arme, il ne restait qu'une balle, du même calibre que celle qui avait tué Raffaëlli.

Étrange coïncidence : le seul témoin de l'exécution des gorges d'Ollioules était éliminé. L'enquête révéla que le garagiste, depuis quelque temps, se savait menacé. Un jour qu'il venait de déposer sur l'affaire devant le juge Terral et que cinq inspecteurs de la Police mobile le ramenaient à Marseille, leur voiture avait été suivie sur la Nationale 8 par plusieurs véhicules suspects bourrés d'individus inquiétants. Un inspecteur qui ne les perdait pas de vue dans le rétroviseur avait dû montrer son pistolet aux poursuivants pour les dissuader d'ouvrir le feu sur Raffaëlli.

Le Milieu voulait-il abattre le garagiste parce qu'il avait été complice de l'exécution de Graziani, ou parce qu'il avait « donné » Salicetti ? La question préoccupa fort le commissaire Mercury. Mais, même dans le Milieu, on ne sut jamais vraiment le fin mot de l'histoire.

Devant la cour d'assises du Var, l'accusation, privée de l'unique témoin de l'exécution, ne parvint pas à démontrer clairement aux jurés la culpabilité de Quilici, ni celle de Salicetti dont elle avait pourtant dévoilé l'inquiétante personnalité. Aussi, bien que Jean Graziani, frère de la victime et président du Syndicat des tenanciers, se fût porté partie civile, les deux accusés s'en tirèrent-ils à bon compte, grâce à la brillante plaidoirie de leur avocat, maître de Moro-Giafferi : huit années de réclusion et vingt ans d'interdiction de séjour.

Normalement, à l'issue de ce procès, tout le Milieu aurait dû respirer. Et nous aussi. Il n'en a rien été!

Durant treize ans encore, la vendetta allumée par Salicetti ne cessa de défrayer la chronique criminelle. Dans l'histoire générale de cette coutume sanglante et toujours vivace, cette épouvantable saga apparaît comme une des plus longues et, si j'en crois mon père – fort au courant de la question – elle viendrait après celle qui avait opposé pendant un tiers de siècle les Sanguinetti aux Paoli et ne s'était éteinte que par l'extermination des deux clans ennemis.

En outre, peu après le verdict, mon cousin Jean Graziani disparut brusquement de la circulation. Redoutait-il des représailles de la part des partisans des condamnés ? Ceux-ci l'avaient-ils enfermé dans un linceul de ciment et jeté à la mer, lesté d'un tronçon de rame de tramway, comme cela se faisait assez couramment à une certaine époque ? Peut-être, plus simplement, Jean s'était-il refait une autre vie à l'autre bout du monde ? Je ne saurais dire. Toujours est-il que ni sa famille ni la mienne ne le revirent jamais, ni en Corse ni sur le continent. Et le mystère de sa disparition n'a jamais été éclairci !

C'est par les comptes rendus d'audience que j'appris par le menu le curriculum vitae d'Ange Salicetti. Il occupa une audience entière.

Né le 15 octobre 1914 à l'île du Salut, dépendant du bagne de Guyane où son père était garde-chiourme, il passe son enfance entre la vie du pénitencier et l'ardente foi en Dieu que lui a insufflée l'aumônier des forçats. Enfant de chœur, il suit avec une grande dévotion les cérémonies religieuses. Lorsqu'il quitte la Guyane pour le pays de ses ancêtres, la Corse, il a douze ans et sa piété est toujours aussi vive. Pour le Jeudi Saint, son oncle et sa tante Piétri l'emmènent à la procession du *Catenacciu* à Sartène. Un homme dont le visage se cache sous la cagoule écarlate du Grand Pénitent marche en tête du cortège, pieds nus et portant une lourde croix, tandis que la foule psalmodie :

Perdono, mio Dio,
Dio mio, perdono!
Perdono, mio Dio,
Perdono, pieta!

Cette cérémonie envoûtante sera le révélateur de la vocation du jeune garçon. A dix-sept ans, il entre au séminaire d'Ajaccio, où il reste quelques mois. Puis une autre voix que celle de la religion résonne à ses oreilles : celle de la liberté. Il se plie mal à la discipline du séminaire. Il jette sa soutane aux orties. Après deux ans passés au village à ne pas faire grand-chose, il prend le bateau pour Toulon. Il trouve un emploi d'apprenti soudeur à l'arsenal et se met à fréquenter les bars de la Basse Ville tenus par ses compatriotes. Il y fait la connaissance de Quilici et d'Ange Fontana. On voit souvent le trio dans les « maisons » et les boîtes à matelots du Chapeau rouge. Salicetti qui commence à trouver son travail fatigant se met en ménage avec la patronne d'un bordel de la rue des Remparts. Désormais, sa vie est assurée.

Seulement, l'ancien séminariste a les dents longues. Une femme qui l'entretient ne lui suffit pas. Il veut avoir aussi des filles sur le trottoir. C'est alors que les frères Graziani prennent ombrage de ses ambitions; son idylle avec Taki met le feu aux poudres, et sa rivalité avec Philippe Graziani le conduit devant la cour d'assises. Il purgera sa peine à la Maison centrale de Nîmes.

C'est dans sa cellule – il n'a plus que deux ans à tirer – qu'il apprend le meurtre de son cousin Pascal par son ami Ange Fontana : un différend surgi dans une combine du marché noir opposait les deux hommes. Pascal a été abattu d'une balle dans le dos au milieu d'une partie de pétanque... Le sang corse de Salicetti ne fait qu'un tour. Selon la vieille tradition du maquis, l'assassinat d'un parent exige d'être vengé par le sang du coupable ou par celui d'un membre de sa famille. L'Ange ne cesse d'y penser... Le 4 février 1944, on le demande au parloir. C'est son ami Louis Battini. Un moment d'inattention du surveillant permet au visiteur de faire passer un revolver au détenu. Dès le lendemain, profitant de la confusion qui règne pendant une corvée dans la cour centrale, Salicetti « braque » un gardien et le contraint à libérer les trente-deux prisonniers politiques enfermés à l'étage supérieur. Les bâtiments de la prison – ancien fort construit par Vauban – dominent la ville de Nîmes du côté nord-est et donnent directement sur la garrigue. C'est par là qu'après avoir enjambé une passerelle, les fugitifs prennent la clé des champs. Avant la dispersion dans la nature, Ange donne ses instructions :

– On s'éparpille à travers la campagne... Puis rendez-vous dans le maquis des Cévennes, au-dessus de l'Estréchure. Moi, je vous rejoindrai un peu plus tard. J'ai une affaire urgente à régler.

Les jours d'Ange Fontana sont comptés. Et sa mort va ressembler à un film d'épouvante.

On ne me croira peut-être pas mais, parole de femme, je n'invente rien. Je vais tâcher de raconter cet épisode de la vie de Salicetti comme me l'a raconté mon mari. Les Corses ont la réputation d'être excellents conteurs et nos bergers du Niolu se rassemblent à l'occasion de certaines fêtes pour raconter des histoires. J'espère être à la hauteur.

La flamme bleuâtre de la lampe à souder s'approcha de l'épaule de l'homme ligoté contre le tronc d'un pin. Les chairs grésillèrent et se boursouflèrent affreusement. Un frémissement parcourut le supplicié. Il hurla sa douleur.

Son tortionnaire eut un ricanement :

– Tu m'excuseras si, depuis le temps, j'ai un peu perdu la main. La dernière fois que j'ai manié le chalumeau, c'était à l'arsenal quand je faisais mon apprentissage.

La scène se passait dans les pinèdes de Cuges qui entourent la route Marseille-Toulon. L'homme ficelé à l'arbre, c'était Ange Fontana. Quinze jours après son évasion de Nîmes, Salicetti l'avait retrouvé dans un café du quai des Belges et « emmené en belle » dans les collines des environs.

– Avant de t'expédier en enfer, je vais te faire voir comment ils s'amusent à la Gestapo.

Fontana comprit qu'il était perdu.

– Je t'en supplie, Ange, achève-moi. Grâce...

Pour toute réponse, le Séminariste actionna son chalumeau avec la même indifférence que l'homme qui fait griller son beefsteack.

– Achève-moi, je n'en peux plus!

– Je veux t'apprendre à tirer dans le dos de mon cousin. Au plus tu gueules, au plus je me régale!

Le supplice dura deux heures.

Fontana s'évanouit à plusieurs reprises. Il était quand même encore lucide lorsque son bourreau lui déclara :

– Maintenant, tu as payé ta dette. Tu peux mourir... et l'acheva de trois balles dans la nuque. Puis il murmura en se signant : Amen!

Il retira ses gants de travail, et retourna à la voiture garée dans un chemin forestier.

– Justice est faite, dit-il au comparse qui l'attendait au volant.

A la Libération, Salicetti, grâce aux services qu'il avait rendus à la Résistance après son évasion, fut blanchi de ses « erreurs » passées! Mais le fil de sa carrière de tueur n'avait pas fini de se dérouler. Il monta aussitôt s'installer à Paris où il se mit à rançonner les patrons des cabarets et d'hôtels de passe, qui se remplissaient les poches avec les Américains. Il avait la ferme intention de se faire une place importante dans le Milieu. Seulement, toujours rancunier, il avait encore une « dette de sang » à régler avec la famille Graziani. Et voici que c'est à un de mes proches, un garçon qui avait passé son enfance avec moi au village, qu'il allait se trouver confronté. Car mon cousin Sylvestre Nicolaï, cousin germain des Graziani, venait lui aussi de se fixer dans la capitale, où il exploitait – après avoir vendu son cabaret de Marseille *Le Colibri* – un établissement du même genre, à Pigalle.

Certes, Sylvestre n'avait plus travaillé avec ses cousins depuis l'époque où il accompagnait « ces messieurs du Chapeau rouge » dans leurs tournées de bienfaisance. Mais Ange avait la tête dure, et tant qu'il n'aurait pas éliminé le dernier survivant du clan Graziani, il ne dormirait pas tranquille.

J'avais beaucoup d'affection pour Sylvestre. En outre, nous étions liés depuis plusieurs années par une curieuse affaire qui avait bien failli me mettre dans un joli pétrin.

Un dimanche après-midi, j'étais en train d'arpenter le trottoir de la Canebière à la hauteur de la rue des Récolettes. Tout à coup, une détonation me fit sursauter. Presque à la même seconde, un corps venait s'affaler contre mes pieds. Je reconnus l'homme aussitôt : c'était un petit truand minable, Léonard Pons, qui cherchait à jouer les caïds dans le secteur. Et son meurtrier n'était autre que mon cousin Sylvestre Nicolaï. Dès qu'il m'aperçut, il se précipita sur moi en disant :

– Ô Marie, sois brave! Débarrasse-moi vite de mon calibre. Planque-le!

Je pris l'arme qu'il me tendait et la glissai prestement dans mon sac.

– Ne te fais pas de mauvais sang, Sylvestre. Casse-toi en vitesse avant que les « condés » rappliquent!

Juste au même moment, un car de police plein de prostituées débouchait de la rue de l'Arbre et stoppait à quelques mètres de moi et du cadavre. J'étais bonne pour être embarquée dans la rafle. Avant de monter dans le panier à salade, j'eus quand même la présence d'esprit de jeter le revolver de mon cousin sous le véhicule. Plus tard, au poste, quand le commissaire m'interrogea au sujet de l'exécution de Léonard Pons, je répondis calmement :

– Celui qui a fait le coup, je le connais. Il débarque de la planète Mars.

Cette impertinence me valut un petit stage de quarante-huit heures au trou. Mon cousin, lui, ne fut jamais inquiété. On respectait la loi du silence en ce temps-là.

Lorsque, durant l'été 1944, Sylvestre me fit part de son intention de « monter » dans la capitale – et, si l'occasion s'en présentait, de venger son cousin germain Philippe en liquidant Salicetti – j'eus une sorte de pressentiment et je fis tout pour l'en dissuader.

– Ne va pas là-haut, Sylvestre. Tu crois qu'il n'y a pas assez de morts dans la famille? *Aïo, lascia corre* [1]! Si tu nargues le Séminariste, il aura ta peau. Tu connais ses méthodes à présent. Il engage des tueurs comme à Chicago...

Il secoua la tête en m'adressant un sourire affectueux.

– Merci de tes bons conseils, Marie. Mais ma décision est prise. Il faut que j'aille à Paris.

Il m'expliqua qu'il venait de signer un compromis pour la vente du *Colibri* et qu'il était en pourparlers pour acheter une autre boîte à Montmartre...

Avec son sens inné du commerce, sa nouvelle acquisition ne fut pas longue à prospérer. Salicetti assistait à cette réussite rapide. Aussi, une nuit, débarqua-t-il dans le night-club avec son escorte d'hommes de main.

1. Allons! Laisse courir!

– Champagne et du bon, extra-dry, commanda-t-il au maître d'hôtel qui l'accueillait obséquieusement.

Lorsque ce dernier apporta la bouteille dans le seau à glace, l'Ange s'enquit :

– Le patron est-il là ? Dites-lui que je suis un de ses compatriotes. J'ai à lui parler.

– Bien, Monsieur.

Cinq minutes plus tard, Sylvestre Nicolaï s'avançait vers la salle pleine de clients.

– Dis, Sylvestre, ça a l'air de marcher, ta boîte !

Le tenancier le fixa durement.

– Pas mal, oui. Je n'ai pas à me plaindre. Mais j'espère que tu viens chez moi en client et pas pour mettre la panique...

Salicetti prit un air étonné.

– Pourquoi tu t'énerves, Sylvestre ?

– Moi, je m'énerve ? Pas du tout. Je veux simplement savoir ce que tu viens faire ici.

A son tour, le Séminariste le dévisagea cruellement.

– Hum ! Pas grand-chose. Chercher un petit acompte...

– Un acompte ? Tu rigoles ou quoi ? Tu voudrais faire comme La Scoumoune [1]. Le pauvre, tu as vu ce qui lui est arrivé... Ce temps-là est fini.

– Je viens dans ton intérêt, Sylvestre. Les boîtes ne sont plus très sûres avec toutes ces tentures. Ça flambe pour un rien, articula Salicetti en craquant une allumette et en la regardant d'un air rêveur brûler au bout de ses doigts. Ce n'est pas parce que la Scoumoune a été tué que je vais changer mes méthodes. Moi, comme les Graziani dans le temps, j'ai mes œuvres pieuses ! J'exige une part de bénéfice sur ton établissement.

Nicolaï s'emporta.

– Tu n'auras pas un radis. Fous le camp ! Si tu crois faire la loi à Pigalle, tu tombes sur un bec ! Allez, dégage !

1. Antoine La Rocca, dit la Scoumoune (l'excommunié), abattu rue Pigalle devant *Le Monico*.

Le Séminariste se leva lentement et sortit en proférant les pires menaces.

Le lendemain de cette altercation, mon cousin descendait d'un taxi devant un bureau de tabac de la rue Lafayette pour aller acheter des cigarettes. La traction noire qui suivait le taxi depuis un bon moment s'immobilisa devant le magasin. A l'instant où Sylvestre en sortait en battant le briquet pour allumer une *Lucky Strike,* les vitres de la voiture s'abaissèrent et deux canons de mitraillettes se pointèrent sur lui. Une rafale crépita. Sylvestre tomba sur le trottoir, tué net. La traction bondit en avant puis se perdit dans le flot de la circulation.

La police accourue sur les lieux ne trouva aucun indice susceptible d'éclairer l'enquête qui s'ouvrait. Elle ne put que prévenir le plus proche parent de la victime, un patron de bar marseillais du nom de César Currieri. Celui-ci sauta dans le premier train pour Paris et alla reconnaître le corps à la morgue.

– Oui, c'est bien mon pauvre cousin, déclara-t-il aux inspecteurs qui l'accompagnaient. C'est encore un coup de l'Ange!

Ces paroles n'étaient pas tombées dans l'oreille d'un sourd. Les policiers se présentèrent au domicile de Salicetti.

– Où étiez-vous avant-hier après-midi vers seize heures?

Très calme, le Séminariste leur fournit un alibi en béton.

– Moi, à cette heure-là, Messieurs, je faisais une belote chez mon ami Mathieu Costa, propriétaire de *L'Autobus 22.* Une douzaine de personnes étaient présentes. Vous n'avez qu'à vérifier.

Naturellement, les déclarations de Salicetti furent confirmées. L'enquête s'orienta dans une autre direction.

Seulement Currieri, qui s'était montré trop bavard, eut droit à une petite visite à Marseille deux semaines après.

Le torrent de sang allait-il enfin se tarir? Pas encore.

Six jours exactement après l'exécution de César Currieri, une traction avant s'arrêtait devant le bar *L'Équipage,* rue Duperré à Pigalle. Trois hommes coiffés de feutres en sortaient. Ils pénétrèrent dans le bar et s'approchèrent du comptoir. Dégainant en même temps comme les cow-boys des westerns, ils firent un carton sur le gérant Adrien Caïetti, garde du corps du Séminariste.

En apprenant cette nouvelle mise à mort, l'Ange écuma de colère. L'affaire rebondit dans la quinzaine qui suivit. A Ajaccio, cette fois-ci.

Napoléon Cortichiato, un des tueurs de Caïetti, était attablé à l'intérieur d'un café du cours Napoléon. Une voiture ralentit devant la porte. Une rafale de mitraillette claqua. Cortichiato s'écroula sur son cognac. Une fois de plus, les méthodes de l'Ange étaient payantes.

Alors ça se remit à tirer dans les deux camps : à Paris où François Lucchinacci, le protecteur de la célèbre Manouche, avait pris la direction des hostilités contre Salicetti, sortit indemne d'une fusillade dirigée contre lui à la sortie du *Drap d'or.* A Ajaccio où l'Ange lui-même échappa par miracle à un attentat à l'issue de la grand-messe à la cathédrale : il s'en tirait avec une égratignure au cou ; mais son oncle Benoît Piétri était tué net.

Le bruit de cette fusillade était à peine éteint que mon mari, le caïd Dominique Paoleschi décidait d'intervenir dans l'abominable tuerie. Bien sûr, il ne m'avait pas tenue au courant de ses projets. Sans cela, je lui aurais vivement déconseillé de s'en mêler. Il prit le téléphone et appela Salicetti dans sa propriété du Raincy, près de Paris.

– Allô, c'est toi, l'Ange ?

– Oui, c'est moi. Qui est à l'appareil ?

– Dominique Paoleschi.

– Ô Doumé, qu'est-ce qui t'arrive ?

– J'ai quelque chose de très important à te dire.

– Ah ! oui, à quel sujet ?

– A propos du Notaire, de François Lucchinacci. Je tiens à t'assurer qu'il n'est pour rien dans ce qui est arrivé à ton oncle à Ajaccio. Mais c'est difficile d'expliquer tout ça par téléphone. Ça serait trop long. Le mieux serait qu'on se rencontre un de ces jours.

– Volontiers. Où cela ? A Paris, A Marseille ?

– Si tu pouvais descendre à Marseille, ça m'arrangerait. Je suis très pris avec mon établissement.

– Quel jour te conviendrait ?

– Après-demain, par exemple.

Il y eut quelques secondes de silence au bout du fil. Le Séminariste devait réfléchir. Il répondit enfin :

– D'accord, Doumé. Je viendrai. Après-demain. Où ça ?

– Au bar *L'Aiglon*. Tu connais ?

– Oui. C'est place du Change, si j'ai bonne mémoire ? A côté du magasin Photo-Sport.

– C'est ça. Je t'attendrai vers vingt heures mercredi soir. Dominique Colonna, mon associé, sera avec moi. Tu l'as connu dans le temps, hein ?

– Il y a des années... *Va be,* Doumé, à mercredi.

Au jour dit, à l'heure dite, mon mari et Dominique Colonna attendaient le Séminariste à *L'Aiglon*. Bientôt, un autre homme les rejoignait : une figure connue à Marseille, Antoine Guérini. Tous les trois, l'air grave, ils se mirent à converser. A vingt heures quinze, Salicetti les retrouvait.

– Mon ami Antoine Guérini est venu en observateur, dit tout de suite mon mari après les serrements de mains.

Autour de la table, le silence pesait lourdement. Personne ne se décidait à engager la discussion. Antoine Guérini observait le Séminariste à la dérobée; il n'avait jamais eu de litige avec l'Ange; pourtant, une certaine défiance se lisait sur son visage.

C'est mon mari qui prit le premier la parole. S'adressant directement à Salicetti en cherchant son regard derrière les gros verres de ses lunettes, il commença :

– Ange, tu me connais. Je viens te dire une chose. Tu as ma parole que le Notaire se tiendra tranquille à condition que tu arrêtes les hostilités.

Salicetti se pencha au-dessus de la table pour énoncer d'un ton ferme :

– Pour toi, ça va; j'ai ta parole. Mais je n'ai pas la sienne...

– Tu l'as, intervint Colonna. Je l'ai vu au *Drap d'or*. Il n'est absolument pour rien dans la fusillade d'Ajaccio.

– Fais-nous confiance, l'Ange, enchaîna mon mari. Surtout ne va pas te faire tuer pour rien.

Salicetti l'examina longuement avant de dire :

– Écoute, Doumé, j'ai confiance en ta parole. C'est d'accord, je le laisse tranquille, mais à la moindre incartade je le fais descendre. Tant qu'il restera neutre, il pourra dormir sur ses deux oreilles. Seulement, qu'il ne s'avise plus de fréquenter mes ennemis. Dans ce cas, je serais impitoyable...

– Ne te fais pas de souci, l'Ange, déclara solennellement mon mari, je m'en porte garant.

Antoine Guérini resta silencieux. Il n'était là que pour dispenser « la bonne parole » le cas échéant. Il ne participa donc pas aux pourparlers. Les quatre hommes se séparèrent sur une très protocolaire poignée de mains...

Quelque temps après le rendez-vous au bar de *L'Aiglon*, François Lucchinacci, dit le Notaire, l'homme qui avait été l'objet de la discussion entre Dominique et Salicetti, était arrêté par la police dans une voiture où il était en compagnie de quatre ennemis du Séminariste munis d'un abondant arsenal.

En apprenant la nouvelle par un de ses informateurs, l'Ange se mit en fureur :

– Doumé a essayé de me rouler, s'écria-t-il devant son ami Mathieu Costa.

– Il était peut-être sincère, plaida timidement Costa.

– Sa sincérité, je n'en ai rien à foutre! Je l'entends encore me dire la main sur le cœur : « Sois tranquille, l'Ange, je m'en porte garant. » Ordure, va!

Le soir même, Salicetti appelait mon mari au téléphone.

– Doumé, tu n'as pas tenu parole, lui reprocha-t-il

amèrement. Je vais être obligé de t'envoyer mes hommes. Tant pis... Garde-toi, Doumé!

Dominique essaya d'expliquer :

– Ma parole, l'Ange, je ne suis pour rien dans cette histoire. Je vais te dire...

Le Séminariste avait raccroché brusquement avant que mon mari ait pu terminer sa phrase.

Et la vendetta continuait...

Chaque nuit, vers une heure, Salicetti avait l'habitude d'aller chercher sa femme, Germaine, à la sortie de *L'Équipage*, rue Duperré. Cette nuit-là, avant de descendre de voiture, il remarqua dans son rétroviseur une femme grande et élancée qui faisait les cent pas sur le trottoir. Elle s'approcha de la voiture en faisant tournoyer négligemment son sac à main. « Je parie qu'elle va me proposer de " monter ", pensa aussitôt le Séminariste. En tout cas, c'est un joli lot. »

La fille continuait d'avancer à petits pas sur ses talons aiguille. Elle se trouvait à dix mètres de la voiture quand elle s'arrêta, ouvrit son sac, en sortit un bâton de rouge à lèvres qu'elle passa soigneusement sur sa bouche. Puis, soudain, avec une rapidité incroyable, la scène changea : la fille brandissait un pistolet et tirait à deux reprises sur la voiture... Salicetti eut le temps de se baisser : une balle siffla à son oreille droite : une autre lui érafla l'épaule gauche.

La jeune femme s'enfuyait déjà à toutes jambes, relevant le bas de sa robe pour mieux courir. Tournant dans une rue perpendiculaire, elle monta dans une Delage blanche rangée le long du trottoir; avant de démarrer, elle enleva sa robe et sa perruque. Le visage émacié d'Antoine Paolini, dit Planche, apparut alors sous une épaisse couche de fond de teint.

L'attentat était manqué, et l'Ange devenait enragé. Sa conviction était que, dans l'ordre, trois hommes voulaient sa peau : François Lucchinacci, Jo Renucci et cet Antoine Paolini qui se déguisait si bien en « femme mystérieuse »! Celui-là, pour être sûr de bien le reconnaître, il gardait sa photographie en permanence dans son portefeuille. Mais sa colère avait beau atteindre le paroxysme, il ne pouvait quand même pas massacrer tout le monde en même temps. Il para donc au plus pressé...

La veille de la Pentecôte 1948, dix-neuf heures, au *Chambiges,* l'établissement que le Notaire tient avec Manouche, l'ancienne maîtresse de Paul Carbone. C'est le calme des débuts de soirée...

Lucchinacci se fait servir un whisky par son barman Charles Poli et échange quelques paroles avec la caissière. Dans la cuisine, Manouche prépare une potée aux choux. Roland Toutain, l'acteur de cinéma, passe réserver une table pour le dîner, puis repart chercher ses amis. Le Notaire se rend aux toilettes pour se laver les mains.

Soudain, le rideau de la porte se soulève. Deux hommes surgissent et braquent leurs revolvers.

– Où est François? demandent-ils au barman.

La voix hachée par l'émotion, l'homme à la veste blanche répond :

– Il doit être aux toilettes.

Un des inconnus intime à la cantonade :

– Tenez-vous tranquilles. Tout se passera bien.

Dans un silence de mort, les deux hommes se dirigent vers les W.-C. L'un marche à reculons en tenant le personnel en respect; l'autre tourne d'un coup sec la poignée de la porte des toilettes et pousse la porte du pied. Le dos tourné, le Notaire est penché au-dessus du lavabo. Il aperçoit les intrus dans la glace.

– Lucchinacci! appelle l'un d'eux.

Dans un prompt réflexe, le Notaire tend la main vers le revolver qu'il porte sous son veston, suspendu dans un étui, le sort prestement et presse la détente. La balle va se loger dans le lambris du plafond.

Mais à la même seconde, les tueurs ont ouvert le feu des deux mains. Atteinte au ventre et à la poitrine, leur victime se cramponne au lavabo. Manouche, qui a entendu les détonations, se précipite, un torchon à la main; elle trouve son amant râlant, un filet de sang à la commissure gauche des lèvres. Trois balles lui ont perforé le poumon et l'abdomen.

Les tueurs reviennent sur leurs pas en tirant dans tous les sens, une balle déchire la chemise du barman et lui égratigne le biceps. Antoinette, la dame du vestiaire, a été blessée à la hanche; en proie à de véritables convulsions, elle hurle tandis que les tueurs sortent en courant et s'engouffrent dans une camionnette stationnée le long du trottoir opposé au *Chambiges*.

Bouleversée, Manouche redresse doucement le Notaire. Entre deux râles, il lui souffle :

– Tu n'as rien vu, hein!

Il fait encore un effort pour murmurer :

– Planque mon « calibre » et prends ce qu'il y a dans mon tiroir fermé à clé.

Quand on l'étend dans une voiture pour le transporter à l'hôpital Marmottan, un dernier sursaut de vie lui donne l'énergie de dire à sa maîtresse :

– Fais-moi enterrer en Corse.

Puis sa tête tombe lourdement sur sa poitrine. Il rend le dernier soupir.

Dans le Milieu, c'est la consternation. Le Notaire était un homme craint et respecté. Pour Dominique et moi, c'était un ami; un de nos meilleurs amis. Il couchait toujours chez nous, sur le divan de mon salon, quand il venait à Marseille; car il redoutait autant les contrôles de police dans les hôtels que la surveillance constante dont il était l'objet de la part de ses ennemis. Pauvre François! Il n'a même pas eu les funérailles somptueuses des gangsters célèbres. Manouche fit simplement donner une absoute sur son cercueil avant de le transporter en Corse, comme il l'avait souhaité...

Mais ses amis de Paris avaient fait le serment de le venger. Paris, Marseille et Ajaccio retentirent de fusillades rageuses. L'un après l'autre, les principaux lieutenants du Séminariste furent liquidés.

Mathieu Costa paya le premier. A *L'Autobus 22*. Mortellement blessé d'un coup de couteau dans le ventre par Federicci, dit Jeannot le Fou, il succombera à sa blessure trois semaines plus tard. Entre-temps, à Marseille, son meurtrier sera descendu, place Thiars, alors qu'il sortait du restaurant *Le Roi d'Ithaque,* tenu par notre excellent ami Jacques Ulysse, dit le Gros Jacques.

Sur son lit d'hôpital, Mathieu Costa, qui luttait contre la mort, fut interrogé à ce propos par les policiers.

– Non, ce n'est pas moi qui ai ordonné cette exécution, affirma-t-il énergiquement, deux jours avant sa mort.

Ses obsèques eurent lieu le 30 août 1949 dans une débauche de fleurs. Une énorme couronne ornée de rubans de soie, hommage posthume de son fidèle ami Salicetti, attirait tous les regards. Et son donateur, en dépit des risques que sa présence aux funérailles lui faisait courir, n'hésita pas à se joindre au cortège, dans un taxi, escorté de trois gardes du corps.

– Tu nous conduiras à l'église Saint-Honoré d'Eylau, avait-il ordonné au chauffeur. Et, après la cérémonie, nous irons au cimetière de Pantin.

Au moment où le convoi d'une trentaine de voitures – occupées par les parents et les amis venus de Marseille, de Nice et de Corse – sortait du passage souterrain de la porte Champerret, une fusillade nourrie éclata. Une traction avant couverte de poussière était venue se placer à la hauteur du taxi du Séminariste. Les mitraillettes aboyaient férocement. Le taxi fut transformé en passoire. Salicetti avait eu le temps de s'aplatir au fond de la voiture. Le corps d'un de ses compagnons s'écroula sur lui, le sauvant d'une mort certaine. Deux de ses trois gardes du corps, littéralement hachés par les rafales, devaient succomber à leurs blessures.

Le lendemain, le bruit courut que Jo Renucci, un des ennemis jurés du Séminariste, était au volant de la traction des tueurs.

La vendetta entrait maintenant dans sa phase la plus aiguë. Les victimes tombaient l'une après l'autre dans les deux camps. Sur la plage de Tahiti, à Ajaccio, Tintin Tramini [1] et Xavier Bianchini furent grièvement touchés.

1. Abattu par la suite au *Ranch du Kentucky* près de Salon-de-Provence.

A Montmartre, au *Fanfan Bar,* ce fut le tour d'Eugène Bartoli de servir de cible.

Puis, faute de combattants, la vendetta s'essouffla. De-ci, de-là quelques brèves fusillades crépitèrent encore. Mais ce n'était plus que des barouds d'honneur. Manifestement, le Milieu était épuisé par tant de sang versé.

Une nuit, au *Laetitia,* un bar de la rue Notre-Dame-de-Lorette fréquenté par les Corses, le rescapé d'un attentat manqué grommelait entre ses dents :

– Maintenant, c'est assez! L'Ange doit remonter au ciel pour toujours. Les « papes » et les « juges de paix » en ont décidé ainsi.

Salicetti fut vite mis au courant du verdict du Milieu. Mais il y avait de grands vides autour de lui. La plupart de ses amis, et ses gardes du corps eux-mêmes, avaient été abattus ou l'avaient quitté. Pour les remplacer, il n'avait trouvé que quelques anarchistes espagnols qu'il avait connus dans le maquis cévenol, après son évasion de la Centrale de Nîmes. Il était aux abois.

– Je les tuerai tous comme des chiens, répétait-il pour se donner du courage.

Mais il avait des moments de dépression, où il confiait à ses derniers fidèles :

– Je suis un homme mort en promenade.

Il s'enfermait pendant des heures dans la petite chapelle qu'il avait fait aménager dans son pavillon du Raincy. Il se recueillait, disait son chapelet; il priait aussi :

– *O Signore! O Madona, punicide i cattivi* [1].

Son mysticisme allait de pair avec sa soif de vengeance. Il sentait chaque jour davantage que sa vie n'était plus qu'un sursis. Vingt-quatre heures sur vingt-quatre, il « se gardait », comme les bandits corses au maquis. Il ne dormait qu'avec un colt sous son oreiller. Son sursis expira le 3 décembre 1950.

Cette nuit-là, vers deux heures du matin, il quittait son

1. O Seigneur! O Madone! Punissez les méchants.

bar *L'Équipage* pour regagner sa propriété en compagnie de sa femme Germaine. Elle conduisait.

– J'ai besoin d'avoir des yeux partout, lui avait-il expliqué quelques jours auparavant. Pendant que tu tiens le volant, moi, je peux faire le guet.

Par mesure de précaution, il changeait d'itinéraire chaque nuit. Il passait tantôt par la porte des Lilas, tantôt par celle de Bagnolet. Cette fois-là, ce fut par la porte de Pantin. Dans la nuit, la voiture roulait vite.

Soudain, l'Ange remarqua, dans le rétroviseur, une traction avant noire qui collait à son sillage.

– Fonce, fonce, ordonna-t-il à sa femme.

Elle appuya à fond sur l'accélérateur. La voiture suiveuse força également son allure. Salicetti se rendit compte de la situation.

– Bon, pas la peine de chercher à les distancer, fit-il en saisissant le fusil de chasse à canon scié qu'il avait déposé sur la banquette arrière.

Il avait beau être myope comme une taupe, et voir tout en flou sans ses lunettes à verres fumés, il n'en était pas moins un tireur d'élite dont les réflexes paniquaient ses ennemis. Mais il n'eut pas le temps de se servir de son arme. Déjà, ses poursuivants étaient arrivés à sa hauteur. Des traits de feu giclèrent des mitraillettes. Les vitres des portières volèrent en éclats.

La tête et la poitrine criblées de balles, l'Ange s'écroula sur l'épaule de son épouse qui, miraculeusement, avait échappé à la mitraille. Quant à lui, son crâne avait éclaté comme une grenade trop mûre et dix-huit projectiles truffaient son corps. Les tueurs devaient être des champions de tir : l'exécution n'avait pris que quinze secondes. Mais personne, ni dans le Milieu ni dans la police, ne les a exactement identifiés.

Il ne restait plus à Germaine qu'à aller déposer le cadavre à l'hôpital le plus proche. C'était Bichat.

A Marseille, l'oraison funèbre que prononça mon mari à l'annonce de la mort d'Ange Salicetti résumait bien le sentiment général du Milieu :

– L'Ange a été abattu comme un chien enragé. Dieu

garde qu'on revoie de pareils dingues de la gâchette!
La vendetta Salicetti était bien éteinte. Elle avait duré treize ans.

Maintenant que mon mari s'est trouvé entraîné, lui aussi, dans la farandole infernale de cette vendetta, il est temps que je fasse les présentations... Un vrai personnage de roman d'aventures!

DOMINIQUE PAOLESCHI, MON MARI

Dominique Paoleschi, Doumé pour les intimes, était « un homme », un vrai. Né à Sartène en Corse du Sud le 21 mars 1899, il avait, quand je l'ai rencontré pour la première fois, ce regard noir qui dégage une sorte de magnétisme auquel nulle femme ne peut rester insensible. Comme athlète, on ne faisait pas mieux. Grand, avec un beau visage latin et des muscles longs, il avait achevé de m'éblouir en se déshabillant. En enlevant sa chemise et son caleçon, c'est une véritable tapisserie de Bayeux qu'il me fit admirer. D'homme tatoué à ce point, je n'en ai pas vu souvent dans ma putain de vie. Mes yeux s'attardaient avec admiration sur des pièces de tatouage dignes d'un musée. Le musée de l' « Homme », pourquoi pas ?

Sur son épaule gauche, se dressait un coq gaulois gravé en bleu avec l'inscription *Pas de chance*. Sur son avant-bras droit, une ancre rappelait qu'il avait fait son service militaire dans la marine. Le plus beau, sans contredit, c'était sur son ventre une femme nue, couchée, dont le sexe souligné en rouge était le nombril de Dominique. La femme tenait un couteau à la main et une inscription en lettres gothiques déclarait : *A M.B. pour la vie.* Il avait également des tatouages sur les jambes et sur les pieds, mais moins remarquables.

Comme je m'exclamais sur ces chefs-d'œuvre d'un art si particulier, il m'expliqua tout naturellement :

– Tu sais, ma petite, j'étais dans les équipages de la flotte et, pour passer le temps, dans la marine, comme à la Coloniale ou aux Bataillons d'Afrique, les garçons se faisaient tatouer. Mon ami Venture Carbone, qui était avec moi en Égypte, est encore plus couvert de « bouzilles » que moi. C'est une question de mode. A présent, les jeunes, ça les intéresse moins.

Sur son passé, ainsi que la plupart des hommes du Milieu, Dominique se montrait peu bavard. Ce ne fut qu'à la longue, petit à petit, que je reconstituai son pedigree.

En sortant de la marine, il s'était mis à faire le barbeau, comme deux de ses frères, à Marseille. Puis il avait « placé » au *Palmier* de Tunis sa dernière conquête, qui s'appelait Cornelia. Ponctuellement, elle lui adressait chaque quinzaine un mandat assez substantiel. La belle vie aurait pu durer longtemps si, un jour, un ami bastiais, Pierre Philippini, ne l'avait prévenu, de Tunis : « Tu ferais bien de venir voir sur place ce qui se passe. Ta femme est en train de te doubler avec un Sicilien nommé Angelo. »

Dominique prit le premier bateau pour Tunis et se précipita chez la patronne du bordel.

– Madame, il faut que j'aie un entretien devant vous avec Cornelia et le nommé Angelo.

La tenancière flaira de l'orage dans l'air, mais n'en ménagea pas moins l'entrevue dans son salon. Elle s'attendait à de violentes discussions. Elle se trouva en présence de deux hommes qui discutaient posément dans une ambiance détendue. Elle était d'autant plus surprise que, dans le Milieu corse de Tunis, on lui avait affirmé que Dominique était un « dur ». Or, il se contenta de demander poliment à son rival :

– Ma femme te plaît, à ce qu'il paraît ?

L'autre en resta médusé. Dominique proposa alors, beau joueur :

– Du moment qu'elle te plaît, Cornelia, moi, je te la laisse.

La jeune femme, qui assistait plus morte que vive au début de la discussion, avança timidement :

– Puisque Dominique le prend comme ça, nous n'avons plus qu'à le remercier pour sa compréhension, pas vrai, Angelo ?

Le Sicilien s'apprêtait à se confondre en remerciements lorsque Dominique l'arrêta d'un geste :

– Pas si vite, Angelo! Il reste quand même des choses à régler entre nous. C'est régulier, non? Je te donne rendez-vous ce soir à vingt heures au *Cyrnéa,* à la Goulette. D'accord?

– D'accord.

Se tournant vers la tenancière demeurée muette, Dominique sollicita une faveur :

– Maintenant, chère madame, j'aimerais parler en tête-à-tête avec Cornelia. Ayez l'amabilité de nous laisser seuls quelques instants.

Une fois le Sicilien et la patronne partis, Dominique prit sa plus belle voix de poitrine pour déclarer, tandis que ses yeux sombres lançaient des éclairs :

– Ma petite Cornelia, j'ai une chose à te dire : ton beau Sicilien, tu n'es pas près de le revoir. Tu aurais dû lui faire tes adieux; il part ce soir pour un long voyage. Quant à toi, pour t'apprendre à rester dans le droit chemin, je me trouve dans l'obligation de te mettre à l'amende. Cinq « briques »; c'est donné pour une belle fille comme moi. Je dois m'absenter pour quelques jours, mais tu recevras mes instructions à propos du règlement. Compris?

Le soir, Angelo fut exact au rendez-vous. Dès qu'il l'aperçut, Dominique qui guettait son arrivée dans la voiture de Pierre Philippini s'approcha de lui :

– Ça ne sent pas bon par ici ce soir. Il vaut mieux ne pas rester là. Monte avec moi dans la voiture de mon ami, nous irons discuter du côté de la Marsa.

Le Sicilien obéit.

Quelques kilomètres plus loin, Dominique donna une tape sur le bras du conducteur :

– Arrête-toi là, Pierrot, le point de vue est superbe et l'endroit est impeccable pour discuter.

Il tendit son paquet de cigarettes à ses deux compagnons et le trio demeura quelques instants silencieux, comme si chacun cherchait ce qu'il allait dire. Le clair de lune se reflétait dans une mer de laque noire. Enfin,

Dominique rompit le charme. D'une brusque pichenette, il projeta son mégot au visage d'Angelo qui, surpris, ferma instinctivement les yeux, l'espace d'une seconde. Quand il les rouvrit, deux revolvers étaient braqués sur lui. Dominique goguenarda :

– Non, collègue, je ne t'ai pas fait venir ici pour t'infliger un cours de morale. Tu as cherché à me « piquer » ma femme. Bon. Tu connais le tarif ? Alors tu vas passer à la caisse. Pas avec de l'argent, ça serait trop facile. Ne t'imagine pas que les Siciliens et les Nabos vont faire la loi à Tunis. Non ! Les Corses sauront vite qu'on ne touche pas impunément aux affaires de Dominique Paoleschi. Je reconnais que c'est bête de mourir à ton âge. Mais que veux-tu, c'est la vie... ! Tu as cinq minutes pour faire ta prière...

Effondré, Angelo commençait à peine à bredouiller son *Ave Maria* qu'une détonation claquait. Atteint en plein front, il « s'éparpilla » sur le bas-côté de la route. Par précaution, Dominique se pencha sur lui pour lui tirer une seconde balle dans la tempe. Alors Philippini sortit de la malle arrière de la voiture un sac de pommes de terre vide et un paquet de gros sel. Tout avait été prévu : le tête du Sicilien fut copieusement salée afin d'enrayer l'écoulement de sang et le cadavre disposé en boule dans le sac avant que les membres ne se raidissent.

Après avoir roulé plus de deux cents kilomètres, les deux « justiciers » s'arrêtèrent du côté de La Calle, non loin de la frontière algérienne, et précipitèrent le corps dans la mer du haut d'une falaise. Les courants marins devaient se charger de l'entraîner au large.

Cependant, la disparition d'Angelo parvint aux oreilles de la police tunisienne, qui ouvrit une enquête. Les racontars et divers recoupements aiguillèrent les policiers vers Dominique et son ami. Mais ils avaient disparu. Philippini avait regagné Marseille; Dominique, lui, avait mis une bonne longueur de Méditerranée entre les enquêteurs et lui : il était parti pour l'Égypte avec deux filles, plus Cornelia qui était revenue par la force des choses à de meilleurs sentiments. Le pays des Pyramides offrait alors au Milieu marseillais d'intéressants débouchés dans l'exploitation des femmes.

Avec ses trois gagneuses, Dominique menait une vie de pacha. Mais, tout a une fin. Au cours d'une rafle dans les rues du Caire, il fut ramassé avec une dizaine d'autres barbeaux français. Ils furent tous relâchés, à l'exception de Dominique, identifié grâce à ses empreintes digitales et à ses tatouages. On lui mit sous le nez un mandat d'arrêt international délivré par le juge d'instruction de Tunis pour « homicide volontaire et recel de cadavre ». Arrêté à Marseille, son ami Philippini avait mangé le morceau.

Voilà donc Dominique aux mains des autorités égyptiennes en attendant son ordre d'extradition. Dès que le document arriva, il fut conduit à bord du navire qui devait le ramener à Marseille et enchaîné tout nu dans une étroite cellule aménagée dans l'étrave, contre le cabestan.

Les services de renseignements fonctionnaient rapidement dans le Milieu. Informé des ennuis de son frère cadet, Pierre, l'aîné des Paoleschi, s'arrangea pour lui faire parvenir un message. Le marin qui apportait une fois par jour la soupe au détenu lui glissa un billet collé au fond de sa gamelle : « Ton bateau arrive en vue de Marseille le matin avant le lever du soleil. Jette-toi à l'eau si tu peux. Je t'attendrai avec ma vedette rapide. »

Dès le premier jour de la traversée, Dominique prit l'habitude de demander chaque matin avant le lever du jour l'autorisation d'aller satisfaire ses besoins dans les W-C. du bord... Ses gardiens étaient alors obligés de le détacher des chaînes rivées aux tôles de la coque.

Lorsque le navire approcha du phare du Planier, Dominique sauta par-dessus bord. Excellent nageur, il se laissa couler pour tirer sa brasse entre deux eaux afin d'échapper aux balles des gendarmes. Sa robuste constitution lui permit de nager à deux mètres sous la surface sans avoir à reprendre sa respiration pendant plusieurs minutes... Finalement, quand il remonta, son crâne heurta la quille de la vedette de son frère. Il était sauvé.

Après s'être planqué plusieurs mois dans un village du Lubéron, il contacta discrètement un avocat qui lui fignola un système de défense imbattable. Une fois cette « bonne parade » mise au point, il se constitua prisonnier. Villégiature à la prison Chave, puis comparution devant la cour d'assises des Bouches-du-Rhône. Son défenseur plaida ce qui avait été convenu : la folie. Dans un bel envol de manches, il s'écriait :

– Paoleschi, cet athlète de la classe 1919, avait été affecté à une arme d'élite, la marine. Devenu gabier de première classe préposé aux gréements, Paoleschi, au cours d'une effroyable tempête, tomba de la hune et s'écrasa sur le pont. Fracture du crâne et réforme à cent pour cent... Depuis, cette victime du devoir n'est plus qu'un grand malade en proie à des troubles imprévisibles et à des sautes d'humeur incontrôlées.

Reconnu atteint d'aliénation mentale, ce simulateur hors pair bénéficia des plus larges circonstances atténuantes. Les jurés n'avaient retenu qu'une chose : le malade devait être soigné. Au bout de quelques mois passés dans un hôpital psychiatrique, il recouvra la liberté et reprit ses activités dans le Milieu.

Voilà de quelle trempe était forgé l'homme auquel j'avais lié mon destin. Mais pourquoi s'était-il mêlé, en téléphonant à Salicetti, à une histoire qui, dans le fond, ne le concernait que de très loin ?

Le destin n'a pas manqué de frapper Dominique. Et la mort l'a frôlé à plusieurs reprises... Seulement, dans le Milieu, une femme ne doit jamais poser de questions à son « homme ». Aussi, partant de ce principe, n'ai-je jamais été qu'imparfaitement tenue au courant de ses activités et des événements qui les ont accompagnées. C'est grâce à des recoupements, à des confidences échappées des lèvres de ses amis ou tout bonnement à la lecture des journaux que ses secrets me furent révélés. Car, pour être peu communicatif, mon époux était peu communicatif. Il manifestait vis-à-vis de toutes les femmes, et de la sienne en particulier, une méfiance instinctive qui cousait sa bouche.

Cependant, au cours de la quarantaine d'années que nous avons vécue ensemble, il fit deux ou trois exceptions. C'est dire si, dans ces moments-là, ses préoccupations, voire ses soucis, étaient graves.

La première fois, nous n'étions pas encore mariés légitimement et, déjà, nous avions pas mal bourlingué en France, en Espagne et dans les Amériques. Je « travaillais » depuis près de dix mois à Rio de Janeiro en compagnie de Marie l'Ajaccienne, la protégée de notre ami Jacques Ulysse, quand une lettre postée de Paris où j'envoyais ponctuellement mes mandats à Dominique vint soudain anéantir mes projets d'assister au fameux carnaval.

> « Ma petite Marie, écrivait mon seigneur et maître, rentre en France au plus vite. Prends le prochain bateau. Je ne peux pas t'en dire davantage. Je sais parfaitement tous les avantages pécuniers que tu vas abandonner en quittant le Brésil. Mais l'argent n'est pas tout dans la vie. Je t'en prie, reviens le plus rapidement possible. J'ai absolument besoin de toi à Paris. J'espère te serrer bientôt dans mes bras, toi, mon petit voyou, ma femme. »
>
> Doumé.

Mon existence n'a toujours été qu'une longue suite de départs. Rongée d'inquiétude, j'eus vite fait de boucler mes bagages et de prendre un billet de bateau. Je voyageai à bord du *Champollion*. La traversée durait dix-neuf jours. Un siècle pour moi. Plus rien ne m'intéressait, ni les bons repas, ni les attractions des soirées de gala, ni même la danse. Dans les bras d'un cavalier de rencontre, mon esprit aurait pu s'évader au loin. Mais je ne cessais de me poser des questions.

Que signifiait la lettre de Dominique? Était-il sérieusement malade? En prison, menacé par des ennemis, traqué par la police? Je me perdais en conjectures et ne dormais plus.

Enfin j'arrivai à Marseille. Le soir même, je prenais le train de nuit pour Paris. A tout hasard, avant de partir, j'avais envoyé un télégramme à Dominique au bar qui lui servait de poste restante. A ma stupéfaction, il m'attendait à la gare de Lyon, tout souriant et en parfaite santé. J'en eus les larmes aux yeux.

– Oh, Doumé, j'ai eu si peur. Depuis que j'ai reçu ta lettre, je me fais un sang d'encre!

– Il ne fallait pas t'affoler à ce point. Tu vois que je suis bien vivant. Viens là contre la poitrine de ton homme. Ne te tracasse pas, petite folle. Ton Doumé, il n'est pas mort. J'ai seulement de gros ennuis, des ennuis de famille...

Je lui fis part de mon étonnement :

– J'ai eu le temps de voir ton frère à Marseille et il n'était au courant de rien.

Nos regards se croisèrent et j'observai une lueur bizarre dans ses yeux sombres. Il baissa le ton et murmura comme en confidence :

– Il ne s'agit pas de mes frères, mais de mon cousin germain Jean Stefani...

– Quoi? le mari de Ginette? Qu'est-ce qu'il a fait?

– Il est actuellement en taule. Il va bientôt passer en jugement.

– Il s'est fait piquer pour la drogue?

Il secoua la tête :

– Non, pire que ça. Tu sais qu'avec un chimiste allemand, il faisait le trafic de la coco. Ça lui permettait de mener la grande vie. Ça aurait pu durer longtemps si un de leurs concurrents, Ange Foata, n'était venu mettre l'embrouille...

– Je le connais ce Foata?

– Je ne pense pas. C'est un homme très respecté à Montmartre. Soutenu par des amis, entre autres Joseph Marini, le capitaine des Corses, Foata a eu le culot de venir faire des offres de service à mon cousin Jean. Ni plus ni moins, il voulait s'associer avec lui...

– Ce n'était peut-être pas si bête...

– Peut-être, mais Jean Stefani, qui n'a jamais eu

besoin de personne, a refusé catégoriquement : « Jamais de la vie! J'ai l'habitude de jouer solo. Pas question de faire partie d'un orchestre, si bon soit-il. Chacun pour soi, Ange. » Ange Foata insiste : « Tu as bien réfléchi ? » Jean commence à s'énerver : « Une fois pour toutes, je te le dis, c'est tout réglé. Je n'ai rien à faire de tes propositions. » Profondément vexé, Foata le quitte en concluant, sur un ton plein de menaces : « Bon, j'ai compris. Dans ces conditions, un de nous est de trop. Un bon conseil, Jean. Dorénavant, tâche de regarder où tu mets les pieds. Garde-toi. Moi, je me garde. » C'était la déclaration de guerre rituelle à la manière des anciens Corses... Jean est tout de suite venu me trouver pour me mettre au courant de la situation : « Doumé, m'a-t-il dit, il vaut mieux faire le boucher que la vache. Il me faut la peau de Foata le plus tôt possible. Sinon, c'est lui qui aura la mienne. » Maintenant, Marie, tu sais tout. Tu vois que c'est sérieux.

Alors, pour la première fois de sa vie, il se mit à me raconter une « affaire » en détail. Il me dit comment les hostilités avaient commencé.

Par qui le cousin germain de Dominique avait-il appris que, la nuit de Noël, Ange Foata irait réveillonner au cabaret *Le Rat Mort*, place Pigalle ? Dans le Milieu, il y a souvent des « courants d'air ». Toujours est-il que Jean Stefani s'était pointé un peu avant minuit sur la place pour voir si Ange était arrivé. Il l'aperçut à une table en compagnie d'une jeune femme et d'un petit garçon. D'un bond, il fit irruption dans la salle et ouvrit le feu. Foata eut le réflexe de plonger sous la table. Il s'en tira avec une égratignure. Stefani ajusta son tir. Une balle vint frapper mortellement l'enfant qui tenait son jouet de Noël dans les bras. Un beau petit de sept ans, fils de Madeleine Keusch, la femme de Foata.

Madeleine, c'était une bonne amie à moi. Nous avons longtemps travaillé ensemble sur les grands boulevards.

Le petit garçon rendit le dernier soupir dans le taxi qui le transportait à l'hôpital. Il geignait faiblement dans les bras de sa mère :

– Maman, bobo ventre, bobo ventre!

Jean Stefani fut arrêté. Pendant qu'il attendait sa comparution devant la cour d'assises de la Seine, sa femme Ginette, bouleversée par ce drame navrant, tomba malade. On crut tout d'abord à une dépression nerveuse. Pas du tout : elle était tuberculeuse au dernier degré et ses jours étaient comptés.

– C'est pour que tu la soignes que je t'ai fait revenir de Rio, me dit Dominique d'un ton grave. Dans son état, elle a besoin de quelqu'un auprès d'elle à tous les instants. Cela n'arrange pas nos affaires. Mais, tu le sais aussi bien que moi, chez nous, les Corses, la famille passe avant tout.

Me voilà donc devenue par la force des choses la garde-malade de Ginette. La pauvre, elle n'avait jamais été bien épaisse. Mais à présent, elle n'avait plus que la peau et les os. Dommage, une si jolie fille...! Nuit et jour, une vilaine toux la secouait. La fièvre ne la quittait plus. Malgré tout, elle ne se doutait pas de la gravité de son état. On la laissait avec le premier diagnostic.

– Les ennuis de Jean et les menaces qui pèsent sur lui t'ont démoli les nerfs. Avec du calme, du repos, du bon air et du soleil, tu te rétabliras vite.

Faute de pouvoir aller à la campagne, j'aidai Ginette à s'installer dans son nouvel appartement d'un immeuble neuf, porte Champerret. Il était situé au sixième étage, la lumière et le soleil y pénétraient par les larges baies. Pour lui remonter le moral, je lui disais :

– Ici, tu vas être beaucoup mieux. Quand Jean sortira, il faut qu'il te trouve en pleine forme.

Elle avait un sourire mélancolique.

– Mais quand sortira-t-il?

Je ne savais que lui répondre.

– Tu sais, avec un avocat, ça pourra s'arranger...

L'espoir de revoir bientôt son homme et la clarté de son nouvel intérieur semblaient produire sur son état une légère amélioration. Hélas! ce n'était qu'illusoire. Le mal empirait. La malheureuse finit par s'éteindre dans mes bras. Dans son délire, elle ne cessait d'appeler son Jean.

Jean n'est pas venu. Il était toujours en prison dans l'attente du jugement. Cependant, grâce à ses avocats, il obtint l'autorisation de revoir Ginette sur son lit de mort et d'assister aux obsèques.

Je le vis arriver, très pâle, encadré par quatre inspecteurs qui lui retirèrent les menottes dans la chambre. Il s'agenouilla près du lit où sa femme reposait, caressa lentement ses beaux cheveux blonds et baisa ses doigts déjà raidis. Brusquement, fou de chagrin, il se redressa et bondit vers la fenêtre pour se jeter en bas dans la cour. C'est à grand-peine que les policiers parvinrent à le maîtriser.

– Laissez-moi mourir, laissez-moi mourir, rugissait-il en se débattant.

Après cette scène déchirante, Jean Stefani réintégra sa cellule. L'enterrement de Ginette se déroula dans la plus stricte intimité.

Dès le lendemain, je redescendis à Marseille. Plus rien ne me retenait à Paris, non plus que Dominique. Mais il avait une idée dans la tête.

– Je reste encore quelque temps à Paris, m'expliqua-t-il. Jean Stefani a besoin de moi jusqu'au jugement. Je dois aller voir ses avocats. Il a choisi pour le défendre deux ténors du barreau : maîtres de Moro-Giafferi et Ceccaldi. A les croire, Jean devrait être acquitté. Ils ont monté tout un système de défense. Ils plaideront non coupable en s'appuyant sur un argument de poids : ce n'était pas Jean Stefani qui avait tué, mais son frère Étienne, Bébé...

– Mais Bébé est mort!

– D'accord, c'est pour ça qu'il ne risque pas de les contredire...

– Tu crois que ça prendra auprès des jurés?

– Il paraît qu'il y a de fortes chances... En tout cas, c'est ce que les défenseurs de Jean vont soutenir...

La mort de Bébé, qui devait en principe sauver son frère Jean, était en vérité une de ces histoires stupides comme il s'en produit de temps en temps dans les milieux corses. L'orgueil, la susceptibilité, la bêtise... Oui, une histoire aussi absurde que celle du fameux *Grossu Minutu* :

Étienne Stefani, dit Bébé, le frère cadet de Jean, venait d'arriver sur le continent. Encore tout naïf, il n'était pas au courant des drames qui couvaient dans le milieu de Montmartre.

Un soir, il entra dans un bar de la rue Fontaine fréquenté par ses compatriotes. Il commanda au garçon de comptoir qui s'empressait :

– Un pastis.

Puis, s'adressant à un consommateur qui se tenait auprès de lui, il lui offrit d'un geste large :

– Vous prendrez bien quelque chose avec moi ?

Avant que Bébé ait pu réaliser, l'autre porta la main à sa poche, l'abattit d'un coup de revolver et prit la fuite.

À l'arrivée de la police personne, naturellement, n'avait rien vu, personne ne comprenait ce geste imprévisible! Pourtant, toute la clientèle du bar connaissait le meurtrier. C'était Tonio Silvestri, un habitué du Milieu corse de la capitale, proxénète de son état, analphabète total, un vrai rustre. Seulement, il appartenait au clan Foata; il avait pris l'invitation de Bébé pour une provocation. Et, pour se donner du poids à Pigalle, il avait pris de sa propre autorité la malheureuse initiative de tirer et de tuer. Mais jamais, au grand jamais, Foata ne lui avait demandé de supprimer le frère de Jean Stefani. Tonio Silvestri n'alla pas loin. Il fut arrêté la nuit même. Tout Montmartre le désignait comme le meurtrier de Bébé, le vengeur de Foata. Mais, faute de témoins, on le relâcha peu après. Il ne lui restait plus qu'à disparaître de la circulation s'il voulait échapper à la riposte du clan Stefani.

Le procès de notre cousin vint enfin devant la cour d'assises de la Seine le 26 novembre 1936. Il y avait deux ans qu'il était détenu à la Santé pour l'affaire du *Rat Mort*.

Chaque matin, je me précipitais sur *Le Petit Marseillais* pour lire le compte rendu des débats. Je savais que

Dominique les suivait de bout en bout avec une grande attention.

Comme prévu, le système de défense établi par les avocats s'avéra inattaquable. La justice ignorait tout des dessous de l'affaire. Aussi se laissa-t-elle assez aisément convaincre de l'innocence de Jean Stefani. Pour les jurés, c'était Bébé qui avait tué le petit François, le fils de Foata. La preuve, c'est que, peu après, il avait été abattu à son tour. Notre cousin fut acquitté.

Mais la loi du Milieu ne tient pas compte de la chose jugée légalement. Au-dessus des arrêts qui sont rendus par les robes rouges, siège un tribunal implacable qui révise les erreurs de l'autre. La fin du premier acte de la vendetta Stefani-Foata était jouée. Le second acte allait commencer.

Je tremblais pour Dominique qui se trouvait jeté par la fatalité dans cette guerre sans merci. Il était littéralement coincé entre le marteau et l'enclume. Les amis d'Ange Foata, Joseph Marini appelé le Capitaine des Corses, et Dominique Carlotti, étaient également les siens. Pourtant, moralement, il était obligé de soutenir son cousin Jean Stefani. C'était cornélien! Encore si les uns et les autres avaient cherché à comprendre la situation... Mais dans ce déroulement de haine il n'y avait plus place pour le raisonnement... Et un accident est si vite arrivé...

Dominique n'avait pas à se faire d'illusions : la rage de la vengeance passe avant toute autre considération.

J'avais de noirs pressentiments. Et un soir, un de mes beaux-frères est venu m'annoncer ce que je redoutais tant :

– Marie, j'ai reçu un coup de fil de Paris. Dominique a été blessé ce matin au cours d'une fusillade dans le cimetière de Thiais.

Haletante, je balbutiai :

– Il est gravement touché?

– Je n'en sais pas plus.

Une heure plus tard, U Gattu, un ami très proche de mon mari, m'apporta quelques détails :

– Dominique a été blessé au ventre. C'est plutôt

sérieux. Il faut que vous montiez tout de suite à Paris. Il n'y a que sur place que nous pourrons nous rendre compte exactement de son état. Bien entendu, je vous accompagne.

Nous sautâmes dans le premier train, sans même emporter le moindre bagage. Nous débarquâmes à Paris au petit matin. J'étais morte d'angoisse.

Dominique n'avait pas été transporté dans un hôpital comme je me l'étais imaginé. Il se trouvait sous la surveillance de la police à l'infirmerie de la Santé.

– Pourquoi en prison? demandai-je à U Gattu avec stupéfaction.

– Rappelez-vous, Marie, il a été condamné à un an et un jour pour une vieille histoire d'incitation de mineure à la débauche... Et il n'a jamais fait sa peine... Les flics ont dû faire le rapprochement.

A la première page des journaux, il n'était question que de la fusillade du cimetière de Thiais.

Dès le surlendemain de sa levée d'écrou, Jean Stefani avait pensé à aller se recueillir sur la tombe de sa femme. C'était pour lui un devoir sacré : Ginette l'avait si bien assisté durant sa détention. Il s'était donc rendu à Thiais, accompagné de Dominique et des sœurs de la défunte. Dans le vent d'automne éparpillant les feuilles mortes dans les allées du cimetière, un homme se tenait à l'affût derrière une tombe, le fusil à la main : Ange Foata.

Foata n'était pas venu déposer aux assises; il refusait par avance la vengeance que les jurés auraient pu lui offrir en envoyant Stefani au bagne pour dix ou quinze ans. Ce qu'il souhaitait, c'était venger lui-même l'enfant mort, c'était tenir au bout du canon de son arme l'homme qui avait tué le petit François. Pour cela, il fallait d'abord l'acquittement de son ennemi. Ce résultat obtenu, la vendetta pouvait se remettre en marche.

Il avait passé la nuit sur place sans fermer l'œil. Il était chargé d'un étrange bagage : une carabine démontable et deux jours de vivres. Pour s'abriter du vent, il s'était accroupi derrière une petite chapelle. Il resterait là un jour, deux jours, s'il le fallait, sans bouger. Il avait la certitude que le premier geste de Jean Stefani après avoir recouvré la liberté serait d'aller fleurir la tombe de sa femme.

La minute de justice allait venir.

Surprise! Stefani n'était pas seul. Foata se leva comme lorsqu'il était à l'affût aux sangliers en Corse. Il épaula et tira. Les balles sifflèrent au-dessus des sépultures. Dominique en reçut une en plein ventre. Il avait bien essayé de « défourailler ». Trop tard. Foata avait été plus rapide que lui.

Les deux belles-sœurs de Stefani s'étaient enfuies en hurlant. Quant à lui, il était indemne. Le projectile qui avait traversé son chapeau lui avait frôlé le crâne. Toujours sur le qui-vive, il avait aperçu une ombre derrière la chapelle et avait plongé entre deux tombes.

Des fossoyeurs accoururent. Foata jeta son arme et se sauva à travers les tombes. On se lança à sa poursuite. Il sortit de sa poche un revolver mais, cerné de toutes parts, à demi assommé à coups de croix de bois, il renonça à s'en servir. Quelques minutes plus tard, survenait un fourgon de police qui patrouillait à proximité et qui ramassa sans distinction tireur et victime, tandis que Stefani montrait à un inspecteur son chapeau troué :

– Voyez, ce n'était pas encore mon heure!

Dans le fourgon, durant tout le trajet, Foata ne cessa de répéter à mon mari :

– Doumé, je te jure que je ne voulais pas tirer sur toi. Il faut que tu me pardonnes.

– Tu ne voulais pas... N'empêche que tu ne m'as tout de même pas raté. Ange, ça se paiera, je te préviens!

Malgré dix-sept perforations de l'intestin, Dominique était toujours en vie. Les médecins tentèrent sur lui une laparotomie.

Cette nouvelle qui me redonnait un peu d'espoir suscita l'ironie des journalistes et du docteur Paul, le médecin légiste :

LES GANGSTERS ONT-ILS
DES INTESTINS D'ACIER?

titrait un quotidien du soir. Un autre ressortait des archives le passé mouvementé de Dominique en Tunisie et en Égypte sous la manchette :

COMMENT UN CONDAMNÉ À MORT SE PROMÈNE TRANQUILLEMENT DANS LES RUES DE PARIS.

Il y avait beaucoup d'inexactitudes dans l'article, mais ça faisait sensationnel. Les lecteurs aiment ça.

Quant au médecin légiste, il déclarait dans une interview que « le duodénum, le côlon et le péritoine de ces messieurs de la place Pigalle et des alentours était d'une qualité certainement renforcée ».

En tout cas, à Paris, à Marseille et en Corse, l'affaire faisait des vagues.

Au bout de quinze jours, Dominique était hors de danger. Un mois plus tard, il quittait l'infirmerie de la Santé sur ses jambes. Debout, certes, mais pas libre pour autant ! Deux « anges gardiens » veillaient sur lui, dont l'inspecteur Bonny, le policier chéri du ministre de l'Intérieur Henri Chéron. Un fourgon cellulaire conduisit le prisonnier à la gare de Lyon. Dominique fut convoyé jusqu'à la prison Chave à Marseille où il devait attendre d'être jugé pour cette affaire d'incitation de mineure à la débauche, et pour faux et usage de faux.

En cours de route, l'inspecteur Bonny lui proposa :

– Paoleschi, vous êtes un homme de parole. Si vous me jurez de ne pas tenter de vous évader, je vous enlève les menottes.

Dominique en fit le serment. Le trio voyageait en première classe et mon mari traitait ses gardiens en amis.

– Permettez que je vous offre le repas au restaurant, et la bouteille de champagne.

A la gare Saint-Charles, mon miraculé fut accueilli comme un héros. Tout le Milieu marseillais l'attendait sur le quai : les trois frères Carbone, Spirito, Joseph Piereschi, U Gattu, et Jacques Ulysse revenu depuis peu du Brésil. Avant de grimper dans le fourgon cellulaire,

Dominique serra une multitude de mains amies :

– Merci, merci...

– A bientôt, Doumé...

C'était touchant.

Son affaire passa devant le tribunal trois mois plus tard. Il fut condamné à huit mois de prison ferme. Compte tenu de la prévention déjà effectuée par son séjour à l'infirmerie de la Santé, il ne lui restait somme toute que six mois à tirer...

Nous n'étions pas mariés depuis trois semaines que Dominique s'absentait de Marseille pour aller témoigner au procès d'Ange Foata, qui devait s'ouvrir le 18 juillet 1937.

Avant de clore son dossier, le juge d'instruction chargé de tirer au clair la fusillade du cimetière de Thiais avait confronté dans son cabinet les trois « vedettes » de l'affaire : Foata, Stefani et Paoleschi. En sortant de cette confrontation, Dominique m'avait dit qu'avec son cousin, ils avaient tout fait pour dégager Foata, pourtant leur ennemi mortel. C'était l'application de la loi du Milieu. La justice officielle n'avait rien à voir dans une telle histoire.

– Le juge a été soufflé, m'avait rapporté mon mari. Il n'en revenait vraiment pas. Aussi, pourquoi met-il le nez dans nos affaires ?

Dominique retrouva Stefani au procès. Celui-ci avait fait savoir qu'il ne refuserait pas de venir à la barre des témoins. Il avait tenu parole. Les deux ennemis irréductibles allaient se trouver face à face en public.

On apprit tout d'abord que Foata était issu d'une honorable famille : son père était gendarme; un de ses oncles chanoine. Seulement, sur les origines du conflit, la discrétion restait de rigueur. Ange Foata « connaissait Jean Stefani comme compatriote » mais, affirmait-il, « le caractère de Stefani ne s'accordait pas avec le sien »! C'était un peu court comme explication d'une haine aussi farouche. Le motif allégué de sa venue au cimetière ? Il avait rendez-vous à neuf heures avec le père de sa maîtresse, Madeleine Keusch, pour aller sur la tombe de la mère de Madeleine. Mais M. Keusch n'était pas venu... C'est alors qu'il avait aperçu brusquement Stefani et Paoleschi, à une cinquantaine de mètres.

Pourquoi avait-il tiré ?

Parce qu'il avait eu peur de Stefani et qu'il avait voulu venger la mort du petit garçon.

Dans le compte rendu du procès publié par le journal, un passage me fit tiquer : le président du tribunal avait fait remarquer à Foata :

– Il est évident que vous vous étiez embusqué dans le cimetière pour vous venger...

– Non, j'étais venu sur la tombe de ma belle-mère.

– Avec une carabine et un revolver ?

– Je me gardais de Stefani. Si j'ai tiré, c'est qu'on a d'abord tiré sur moi...

L'audition des témoins fut encore plus surprenante. Le plus sérieusement du monde, Stefani déposa :

– Ce n'est pas Foata qui a tiré sur moi à Thiais. Je ne l'ai su que vingt jours après.

– Quoi ? sursauta le président sidéré. Et qui a tiré ?

– Affaire personnelle.

Fidèle aux consignes du clan, Dominique affirma lui aussi à la barre que c'était un autre que Foata qui avait tiré. A ce petit jeu-là, tous deux risquaient gros. L'avocat général aurait très bien pu les faire arrêter sur-le-champ pour faux témoignage. D'autant plus que Foata eut un revirement :

– Je dois reconnaître que je voulais la peau de Stefani. Il a tué mon petit...

Pourquoi cette volte-face inattendue ? Foata pressentait les dangers qu'il courrait en cas de libération trop rapide, et il insistait lourdement sur la préméditation de son acte :

– Oui, je reconnais que si je m'étais embusqué derrière les tombes pendant deux jours, c'était pour avoir la peau de Stefani.

– Mais, fit observer le président, Stefani soutient que ce n'est pas vous qui avez tiré sur lui...

Voyant qu'ils ne sauraient jamais la vérité, les jurés, excédés, laissèrent tomber sur l'accusé un verdict sévère :

sept ans de travaux forcés. Ce verdict parut excessif. Au moins mettait-il fin à la guerre du clan Foata contre le clan Stefani. Cette fois, tout le monde était quitte. D'autant plus que Tonio Silvestri, le meurtrier de Bébé Stefani, avait eu son compte réglé, lui aussi : un soir, à Marseille, d'une auto qui avait ensuite pris la fuite, on lui avait tiré dessus... Absous par la justice des hommes, il payait sa dette au Milieu. Ce soir-là, Dominique déboucha une bouteille de champagne.

Sorti grand vainqueur de l'épreuve, Jean Stefani ne songeait qu'à prendre des vacances en Corse. Il s'était consolé de la mort de Ginette dans les bras d'une jolie blonde, Simone Langelé, qu'il avait soufflée à un demi-sel nommé André Marguin, contre une modeste amende de quelques « sacs ».

Au début d'août 1937, Dominique m'écrivit de Paris :

> « Ma chère Marie, je t'annonce une bonne nouvelle. Nous allons passer les vacances au pays. Tu partiras la première pour tout préparer là-bas. Je te rejoindrai quelques jours après à Bonifacio avec Jean et Simone. Le temps de régler nos affaires et nous serons près de toi... Nous apporterons du fromage, du *lonzu,* du *prisuttu,* sans oublier le rosé de Sartène. Mais j'ai bien peur qu'à la fin de notre séjour en Corse nous n'ayons plus la force de ramer pour aller à la pêche, tellement nous serons alourdis par les bons repas de la tante... A bientôt. »

Le 11 août 1937, quelques jours après mon arrivée sur l'île, j'appris la nouvelle en remontant de la plage. La maison était déjà envahie de parents en larmes et de pleureuses qui poussaient des lamentations. Moi-même, je ne pus qu'éclater en sanglots à la lecture du télégramme expédié de Paris : Jean Stefani avait été tué.

Le lendemain, le récit du drame s'étalait sur cinq

colonnes dans les journaux du continent : *La guerre des Corses rallumée à Montmartre.*

Cette fois-ci, c'était une histoire de femme qui remettait le feu aux poudres. Jean Stefani avait trop repris confiance en sa singulière étoile. Il n'avait versé à André Marguin, l'ancien protecteur de Simone Langelé, qu'une ridicule indemnité. Sans doute, Marguin, livré à ses seules réflexions, se serait contenté de la somme versée pour le rachat de la blonde entraîneuse de chez *Maxim's*. Mais il eut le tort de prêter l'oreille à certaines insinuations. On ne pardonnait pas à Stefani sa chance insolente. On « charria » Marguin.

– Il t'a bien possédé, Stefani, en te fauchant ta gonzesse... La compensation que tu as obtenue pour le dommage pécuniaire et moral qu'il t'a causé n'est qu'une bouchée de pain. Ça valait bien plus que ce qu'il t'a donné... Ça oui ! Tu penses, un homme bourré à bloc qui roule en Mercedes, qui a un chauffeur, un appartement somptueux. Il s'est vraiment moqué de toi !

Touché dans sa dignité d'homme, Marguin commença à s'échauffer et s'en alla partout répétant qu'on allait voir ce qu'on allait voir... Notre cousin, à qui ces propos étaient rapportés, se contenta de hausser les épaules :

– Peuh ! Ce minable ne me fait pas peur.

Cependant, il avait beau tenir pour méprisable les vaines rodomontades de Marguin, il ne sortait plus, depuis l'embuscade du cimetière de Thiais, que solidement encadré de quatre gardes du corps bien décidés à protéger leur chef. Leur entrée dans les bars de Montmartre constituait un spectacle digne des films de gangsters américains.

Mais on se lasse de tout. Stefani se lassa de ne paraître en public qu'escorté de ses hommes de main. Cette protection trop voyante lui parut indigne de sa cote dans le Milieu. Il se mit à sortir seul.

Il se lassa également des provocations de Marguin.

– Si je le rencontre, déclarait-il à tous les échos, je lui parlerai.

La rencontre finit par avoir lieu.

Un soir, notre cousin, qui était seul, aperçut Marguin à la terrasse d'un café de la rue Fontaine. Il lui fit signe d'approcher. Marguin se leva, pas très rassuré. Bien sûr, Stefani n'avait pas l'intention de lui faire du mal! Il désirait seulement lui faire peur! Il n'y réussit que trop bien! Marguin, croyant sa dernière heure venue, sortit brusquement son revolver et pressa la détente. Une balle traversa le poignet de Stefani qui trébucha. Marguin se précipita sur lui et lui vida son barillet dans le corps.

Quelques jours après, le journal m'apprenait que Marguin avait obtenu un non-lieu fondé sur son état de légitime défense...

La fin tragique de notre cousin décapitait le clan Stefani et laissait Simone Langelé désemparée. Celui qu'elle avait vraiment aimé était mort. Celui qu'elle avait délaissé était libre. Mais il restait un troisième frère Stefani, Marcel, le cadet. Il « consola » la veuve.

– Ne t'inquiète pas, Simone. Je m'occuperai de toi comme le faisait notre pauvre Jean. Du moment que Marguin est libre, ajouta-t-il entre ses dents, je me charge de le retrouver.

Grâce à certains tuyaux, Marcel eut vent que Marguin était descendu sur la Côte d'Azur en compagnie d'une jolie femme brune. Les confidences qu'il avait faites dans certains bars laissaient entendre qu'il n'était pas tranquille.

– Il y a une bande de Marseillais qui veulent me descendre, avait-il répété.

Voulait-il dire par là que, parmi ces Marseillais, il y avait le cousin germain de Stefani, Dominique? Je ne saurais l'affirmer. J'ai simplement remarqué que mon mari a passé une matinée à entretenir son arsenal.

Quoi qu'il en fût, Marcel Stefani fit venir de Sartène, le pays natal de Dominique, notre ami Paul Vespérini. « Une fine gâchette », m'affirma mon mari qui avait été mis au courant.

Marcel Stefani et Vespérini dressèrent leur plan.

Une belle nuit de juillet 1938, vers vingt-trois heures, deux hommes vêtus de blanc comme des estivants et coiffés de la casquette de toile blanche des joueurs de pétanque se postaient près de la gare de Cannes, sur le pont Carnot. Leur voiture, une Hotchkiss, portière ouverte et moteur tournant, stationnait à quelques mètres de là. On leur avait précisé que Marguin avait l'habitude de passer par là pour rentrer se coucher. Sa silhouette apparut bientôt sous un lampadaire.

Marguin vit-il ses meurtriers ? Les reconnut-il ? Rien ne permet de le supposer. Les deux tueurs, d'ailleurs, ne lui laissèrent que le temps de crier :

– Non, non !

Un véritable feu de salve éclata. Marguin s'écroula cassé en deux, mais encore vivant. Pour mieux assouvir leur vengeance, ils lui tirèrent une balle dans chaque genou.

– Je vous en supplie, laissez-moi la vie sauve, bredouillait leur victime.

Tandis que le malheureux râlait en se tordant les mains, l'Hotchkiss démarrait en trombe et prenait la direction du Cannet.

La police ne parvint jamais à établir qui avait abattu Marguin. Pourtant, des témoins de la scène avaient relevé le numéro de la voiture et donné un signalement assez précis des meurtriers. Le commissaire central de Cannes avait, lui, reçu de Narbonne une lettre :

> « Monsieur le commissaire, je proteste vivement contre la fausse piste que vous suivez. Je n'ai rien de commun avec les tueurs de Cannes. Vous perdez votre temps inutilement. Cherchez plutôt du côté coco pour éclairer votre lanterne. Je rentre à Paris. Soyez assez aimable pour me ficher la paix, devant me marier sous peu. Cordialement... » Marcel Stefani.

En tout cas, l'exécution d'André Marguin coïncidait avec une date symbolique : quelques jours plus tard, c'était l'anniversaire de la mort de Jean Stefani.

– Deux hommes tués ! Le prix d'une femme, commenta laconiquement Dominique.

Avec le temps, vint peu à peu l'oubli de cet épisode de la guerre des clans corses.

En 1939, commençait une autre guerre : la Seconde Guerre mondiale. C'est à Bonifacio où je me trouvais en vacances, comme lors de la mort du pauvre Jean Stefani, que me parvint cette effroyable information.

Puis ce fut l'Occupation...

Et la Libération en 1944.

A partir de cette époque, l'ascension de mon mari dans le Milieu commença réellement. Avec l'ex-commissaire Robert Blémand et Dominique Colonna, il monta le plus beau cabaret de Marseille, le *Paris-Montmartre*. C'était son orgueil : décor luxueux avec la reconstitution en modèle réduit du fameux *Moulin rouge* de Montmartre avec ses ailes tournantes, ses fresques qui évoquaient la folle époque de Toulouse-Lautrec et du french-cancan, et ses tentures de soie claire. Cette création originale était la propriété des trois associés : mon mari, l'ancien patron de *L'Aiglon* Dominique Colonna et l'ex-commissaire Blémant, véritable héros de la Série noire reconverti dans le Milieu. Il y avait des attractions et des tours de chant de premier ordre. Les plus grandes vedettes du moment s'y succédaient : Mistinguett, Georgius, Charpini et Brancato, Georges Ulmer, la troublante Coccinelle, O'Dett, Félix Paquet, Champi, Tréki et la chanteuse réaliste La Palma, dont le mari, Jalabert, avait tenu *Le Chabanais* de Paris réputé pour ses pensionnaires triées sur le volet et fréquenté par les rois et les grands de ce monde.

Malgré l'engagement de Dominique aux côtés de François Lucchinacci, ce tragique épisode de la vendetta Salicetti n'eut pas de répercussions sur la bonne marche du night-club. La chance nous souriait. J'étais revenue de Saïgon où Dominique m'avait envoyée exploiter une « maison » select qui nous avait rapporté gros.

Et une fois Salicetti liquidé en décembre 1950, notre vie devint plus tranquille. Je ne tremblais plus chaque fois que Dominique rentrait en retard. Je ne lui connaissais plus d'ennemis; mais comme il s'était toujours montré d'une extrême discrétion au sujet de ses « affaires », je ne pouvais avoir la certitude qu'aucune menace ne pesait sur lui.

De toute façon, il paraissait très détendu. Il me parlait fréquemment de ses amis qui possédaient un bateau et de son amour pour la mer.

– Dans le temps, me disait-il, c'était le pauvre Venture Carbone qui emmenait en croisière des hommes politiques, et des personnalités comme le savant Einstein, à bord de sa *Roselyne*. Aujourd'hui, c'est Paulot Leca qui a son *Eliette*, Antoine Paolini, son *Kidimieux*, Jo Renucci un superbe cabin-cruiser... C'est un bateau comme ça qui me plairait.

Au cours des années 50, en effet, les « grossiums » du Milieu, lancés dans le trafic des cigarettes, se découvraient une passion pour la mer et les croisières en Méditerranée. Ce n'étaient pas toujours des croisières de plaisance!

Je devinais que Dominique mijotait quelque chose.

A quelques jours de là, un matin, il me dit :

– Viens avec moi au Vieux Port. Je vais te montrer ma dernière acquisition. Je crois que tu vas être contente.

A l'extrémité d'une panne où étaient amarrés voiliers, barquettes marseillaises et canots automobiles, il me désigna du doigt l'avant-dernier bateau :

– Regarde, Marie. C'est à nous!

– Ciel! C'est un palais.

Un magnifique yacht tout blanc se dandinait mollement sur le plan d'eau entre un voilier en acajou verni et un bâtiment de moindre importance. Je lus sur la coque, en grosses lettres de cuivre, le nom de cette merveille : *Nina*. Dominique avait sans doute voulu faire plaisir à son frère Pierre en baptisant son bateau du nom de sa femme?

Puis il me présenta Justin, le capitaine qu'il avait engagé.

– La semaine prochaine, nous appareillerons pour la Corse. Tu vas voir les belles vacances que nous allons nous payer.

Ce fut une belle croisière. A chaque escale autour de

l'île de Beauté, mon mari invitait des amis à bord et Dieu sait si des amis, il en avait. Ajaccio, Propriano, Bonifacio, tantôt des ports, tantôt des calanques ou des plages majestueuses. On se trouvait bien entre mer et soleil. Ce fut à Tizzano, un adorable petit port de pêcheurs de langoustes entre le phare de Senetosa où avait vécu Muzzarettu, le dernier bandit d'honneur, et le Lion de Roccapina, que nous séjournâmes le plus longtemps.

Il y eut là un curieux incident. Un beau matin, des policiers montèrent à bord de la *Nina*.

– Nous venons interroger M. Dominique Paoleschi, annoncèrent-ils d'un air soupçonneux.

– Dominique Paoleschi, c'est moi, répondit mon mari. Que me voulez-vous ?

– Vous demander où vous étiez hier soir vers vingt-trois heures...

– Hier soir, nous étions à bord avec des amis. Nous fêtions justement l'anniversaire d'un copain. Nous avons bu pas mal de bouteilles de champagne.

– Vous êtes certain de ce que vous dites ?

– Absolument, monsieur l'inspecteur. Une vingtaine de personnes se trouvaient à bord. Vous n'avez qu'à les interroger. Elles pourront en témoigner, n'est-ce pas, Marie ?

J'opinai :

– Oh oui ! Nous étions bien une vingtaine.

Le policier revint à la charge :

– Je regrette, mais je dois vous demander les noms et adresses de vos invités. Nous enquêtons sur un assassinat et Dominique Paoleschi figure en tête sur la liste des suspects...

Mon mari sursauta :

– Un assassinat, rien que ça ! Et à votre avis, qui aurais-je tué ?

– Un dénommé Fabi, Jean. Son cadavre a été découvert au croisement des routes de Santa-Lucia et de Porto-Vecchio. Il a reçu quatre balles dans le corps et une dans la bouche. Dans le Milieu, je ne vous l'apprendrai pas, une balle dans la bouche signifie : « Tu es un traître ».

Dominique contre-attaqua vigoureusement :

– Traître ou pas, il m'a été impossible de descendre ce type. Vingt personnes pourront en témoigner. Je n'ai pas bougé de Tizzano hier.

L'inspecteur se fit plus insinuant :

– Vous n'allez quand même pas me dire que vous ne connaissiez pas ce Fabi ? Il a tué votre frère il y a quelques années.

– Ça oui, je le sais. Mais c'est de l'histoire ancienne.

Peu convaincus mais bredouilles, les policiers se retirèrent non sans signifier à mon époux :

– Vous restez à la disposition de la justice !

Enfin, les voilà partis. Dans leur dos, Dominique leur fit un bras d'honneur des plus expressifs en laissant tomber avec un sourire moqueur :

– Pauvres couillons. Ils peuvent toujours se fouiller. J'ai un alibi en béton armé.

Il n'avait pas abattu Jean Fabi, c'était certain. A l'heure présumée du crime, il ne nous avait pas quittés d'une semelle. Qu'il ne fût vraiment pour rien dans cette exécution, qu'il ne l'eût pas télécommandée, ça, je n'en mettrais pas ma main au feu. D'après moi, il a pu charger un parent ou un ami de la besogne... Sa part de responsabilité dans cette liquidation sauvage, je ne l'ai jamais connue au juste. De toute façon, qu'il y ait participé d'une manière ou d'une autre, j'ai toujours estimé qu'il avait bien fait. Ce Jean Fabi avait été dix ans auparavant le mauvais génie et l'assassin de mon jeune beau-frère Antoine. Sa mort n'était que justice.

Antoine, le cadet de la famille Paoleschi, vivait à Paris en gagnant honnêtement sa vie. Il travaillait comme ouvrier chez Renault, à Boulogne-Billancourt. A vingt ans, il se mit en ménage avec une femme de dix ans son aînée et aurait mené une existence sans histoire si, lassé des quolibets de sa famille et de ses camarades : « Comment va ta vieille ? Et ta mère, Antoine ? », il ne l'avait plaquée pour une plus jeune, avec laquelle il était retourné vivre en Corse.

Hélène, sa nouvelle compagne, n'était qu'une garce ambitieuse. Elle avait des appétits de luxe. A longueur de journée, elle ressassait à Antoine :

– Il nous faudrait de l'argent pour acheter un commerce et sortir de la misère... Tes frères sont riches. Ils se sont débrouillés, eux. Pourquoi n'en ferais-tu pas autant ?

L'occasion de gagner de l'argent se présenta un soir en la personne de ce Jean Fabi.

– Je suis sur un coup, fit-il miroiter au jeune homme. Il y a du fric à ramasser en pagaille sans courir le moindre risque. Tu veux en être ?

– Ça dépend. Explique-toi.

– Tu connais le bordel de Bonifacio ? Il s'agit simplement d'aller rafler la caisse. Ce soir, c'est dimanche et, comme la patronne a l'habitude de porter les recettes de la semaine à la banque tous les lundis matin, on risque de cueillir le gros paquet. Il n'y aura qu'à se pointer là-bas vers une heure du matin, après la fermeture. Le patron est sur le continent, il n'y a que des gonzesses dans la maison...

La nuit suivante, les voilà en train de s'introduire dans le bordel. Tout le monde dormait...

Pendant qu'ils fracturaient le tiroir-caisse, une des pensionnaires, prise d'une fringale, se leva et descendit à la cuisine. Surpris en plein cambriolage et perdant tout sang-froid, les deux hommes l'abattirent pour l'empêcher de crier. Mais le bruit des détonations réveilla la patronne et les quatre autres pensionnaires. Froidement, Jean Fabi et Antoine les supprimèrent toutes. Ainsi, plus de témoins...

Manque de chance : une des femmes survivra quelques heures et aura le temps de mettre les gendarmes sur la piste des tueurs.

En Corse, dès qu'un homme a fait couler le sang, il prend instinctivement le maquis. C'est ce que firent Fabi et Antoine. Arrivés dans un endroit isolé de la montagne, ils s'arrêtèrent dans une *casetta* abandonnée pour faire le partage du butin. Là, tranquillement, Fabi se débarrassa de mon beau-frère en lui tirant une balle dans la tête : de cette façon, plus de partage!

Durant des mois, Jean Fabi « se garda » dans la montagne de Cagna. Puis il se livra à la gendarmerie en présentant une version du drame bien différente de la réalité.

– J'ai pris le maquis parce que j'avais peur d'être arrêté. C'est Antoine Paoleschi qui a monté le coup de Bonifacio et qui a commis ce massacre. A mon tour, j'ai été obligé de l'abattre. Sans ça, il m'aurait supprimé pour s'approprier le magot.

Le nom de Paoleschi figurant en bonne place dans les archives de la police, la justice voulut bien croire Jean Fabi. Il s'en tira avec quatre ans de prison. Un cadeau, pour sept morts...

C'était compter sans notre justice, celle de l'honneur corse, celle de la loi du Milieu. Elle a frappé dix ans après, alors que l'on croyait tout oublié.

Mon mari ne sera jamais plus inquiété pour cette affaire.

Mais le Milieu allait me procurer de nouvelles émotions.

Une nuit de l'hiver 1954, abrutie de somnifères, j'ai du mal à ouvrir les yeux quand j'entends de violents coups de poing frappés en bas contre la porte de l'immeuble.

– madame Paoleschi, madame Paoleschi! appelle-t-on dans la rue.

Je me traîne jusqu'à la fenêtre. Deux hommes en gabardine sont dans la rue où règne un remue-ménage insolite à trois heures du matin.

– Police! Nous avons à vous parler!

Je crie de monter, passe un peignoir, ouvre et introduis les deux hommes dans ma salle à manger.

– Qu'est-ce qui se passe?

– Votre mari a eu un accident. Vous feriez bien, Madame, de vous habiller pour venir avec nous.

– Un accident de voiture?

– Non. On lui a tiré dessus. Il a été blessé par une rafale de mitraillette à quelques mètres de chez vous, devant la boucherie Cantini-Flandin. Il nous a demandé : « Allez chercher Marie! »

– Ma foi, je n'ai rien entendu. J'avais pris des cachets pour dormir. Mais mon mari, où il se trouve?

– Il a été transporté à l'hôpital de la Conception.

– On peut le voir?

– Oui, sans doute. Habillez-vous vite, on vous emmène.

Je m'attends au pire. D'après les bribes de conversation que je surprends dans la voiture de police, les flics n'ont pas l'air de donner cher de la peau de Dominique. En arrivant à la Conception, l'inspecteur chargé de m'accompagner lance à son collègue planté en faction devant la porte de la chambre :

– Alors, comment il va? Il est mort?

– Non. C'est un coriace. Il a encaissé neuf balles dans le corps et il n'a même pas perdu connaissance.

En m'apercevant, Dominique gémit de joie. Son teint est livide. Il a perdu du sang en abondance, mais il trouve encore la force de m'attirer vers lui. Un peu oppressé, il souffle dans mon cou d'une voix douce à laquelle je ne suis pas accoutumée :

– Marie, ma petite Marie, ne me quitte pas une seconde. Je n'ai jamais aimé que toi, tu sais!

En cet instant, toutes mes rancœurs s'envolent comme feuilles mortes dans une bourrasque de mistral. Tendrement, je lui réponds en passant la main sur son visage :

– Tu sais bien, Doumé, que je ne te quitterai jamais. Repose-toi. Je m'occuperai de tout.

Après les soins d'urgence, il faudra l'endormir et extraire les projectiles. L'intervention se passe bien. Son travail achevé, le chirurgien examine Dominique avec attention, puis pousse un soupir de soulagement.

– Vous alors, on peut vraiment vous appeler Trompe-la-Mort. Sur les neuf balles qui vous ont touché, pas une ne met votre vie en danger. Deux aux épaules, trois aux jambes, une dans le bras, une dans la main, une dans la fesse... et la dernière a éraflé la peau des parties sans causer de dommage. Une simple égratignure! Dans quinze jours, trois semaines au plus tard, je signe votre bulletin de sortie. Seulement, un bon conseil : tâchez de boire moins à l'avenir!

Vers six heures du matin, Dominique épuisé s'endort sous l'effet des calmants. J'en profite pour courir avertir mon beau-frère Pierre qui habite rue Sainte. En passant sur le quai des Belges, désert, j'aperçois, de mon taxi, Antoine Paolini en train d'entrer dans un bar déjà ouvert.

Une inexplicable intuition me dit que Paolini, dit Planche, pourrait bien être l'homme qui a descendu, ou fait descendre mon mari. Pour qu'il se trouve à une heure aussi matinale sur le Vieux Port, c'est qu'il cherche des nouvelles de la fusillade. Dans les bars de ce quartier habituellement fréquentés par les hommes de sa bande, il veut certainement apprendre quelque chose. A vrai dire, ce n'est qu'une supposition. Mais je connais la réputation de Planche, et j'ai vaguement entendu dire qu'entre lui et mon mari il y a eu des frictions à propos d'une affaire de trafic de cigarettes : l'affaire du *Combinatie*.

De toute façon, pour ne pas envenimer l'histoire, je me suis toujours bien gardée de souffler un mot de cette intuition à Dominique. Il y a des soupçons que, dans le Milieu, il vaut mieux ne pas ébruiter. Ils risqueraient de faire éclater trop de feux d'artifice. Mais on ne me retirera jamais de l'idée que Planche est l'instigateur de la fusillade...

Par mesure de précaution, avec un cousin accouru en toute hâte à son chevet, nous ne laissons jamais le blessé seul dans son lit. Tour à tour, nous montons la garde près de lui, le doigt sur la détente d'un calibre, de peur que quelqu'un ne vienne l'achever. Les exemples de ce genre ne manquent pas.

Les enquêteurs viennent perquisitionner chez moi. A leur façon d'opérer, on dirait que c'est moi la coupable... Mais en fait, l'enquête de la Brigade criminelle piétine.

On a relevé sur les lieux quatorze douilles et des témoins ont vu une traction avant suivre Dominique, tous feux éteints, puis repartir en marche arrière après avoir lâché les rafales. Mais les policiers n'en sont pas plus avancés. Ils me demandent mon avis sur les motifs de la mitraillade et sur l'identité possible du tireur. Pince-sans-rire impénitente, je leur réponds :

– D'après moi, ça devait être un retraité du troisième âge !

– Ah, oui ? Et pourquoi, madame Paoleschi ?

– Parce que, pour rater une telle cible, il fallait drôlement sucrer les fraises, ou avoir une de ces trouilles...

Mon humour ne semble pas très apprécié de ces messieurs, qui réitèrent leur question :

– Vraiment, madame Paoleschi, vous ne voyez pas qui a pu tirer sur votre mari ?

Ma seconde réponse ne les satisfera pas davantage. C'est celle qu'ils entendent invariablement lorsqu'ils enquêtent sur un drame du Milieu :

– Mon mari n'avait pas d'ennemis. Il rentrait de son cabaret le *Paris-Montmartre*. Sans doute avait-il forcé un peu sur le champagne. Je ne vois pas qui a pu chercher à le descendre. A moins que, dans la nuit, on l'ait pris pour un autre...

Ils n'insistent pas. L'affaire ne sera jamais tirée au clair.

Moins de trois semaines plus tard, Dominique se retrouve sur pied. Pas la moindre séquelle de ses blessures. Comme si rien ne s'était passé, il reprend ses habitudes : le jeu, le pastis, le champagne.

Pendant longtemps, la fusillade dont Dominique avait été victime n'a cessé de me harceler au cours de mes insomnies. Il répugnait à m'en parler. Avait-il également des soupçons ? Il ne m'en a jamais fait part. Dans le Milieu, on dit volontiers que, dans ce genre de règlements de comptes, il n'y a que deux personnes au courant : l'auteur et la victime. Et, bien sûr, aucune des deux n'ouvre la bouche.

Des années s'écoulèrent.

Dominique était maintenant un grand malade. Ce à quoi les balles n'avaient pu aboutir, l'alcool était en train d'y parvenir sournoisement. Il avait beaucoup bu ces dernières années. Le pastis terrassait le colosse. Trois hémorragies l'avaient déjà durement secoué. Sa cirrhose s'aggravait. On avait beau essayer de le raisonner, il n'en faisait qu'à sa tête et continuait à boire.

Au docteur Casalonga qui le suppliait d'arrêter et de supprimer surtout le *Ricard,* il répondit :

– Bon, ça va. Je prendrai du *Casanis.* Et le « Casa », c'est Corse.

Il ne se plaignait jamais, mais il savait qu'il était condamné sans rémission. Ses forces déclinaient à vue d'œil.

Le 5 mai 1965, il descendit faire un petit tour sur la Canebière et remonta avec le journal. Il paraissait tout chaviré.

– O Doumé, qu'est-ce qui t'arrive ? Tu ne te sens pas bien ?

– Regarde, fit-il en me tendant *le Provençal.* Ils ont tué Robert hier soir...

Je parcourus fébrilement l'article publié sous une énorme manchette. Oui, c'était une bien triste nouvelle. L'ancien associé de mon mari, l'ex-commissaire de police Robert Blémant, avait été abattu par deux tueurs alors qu'il regagnait en compagnie de sa femme Antonia, à bord de sa Mercedes blanche toute neuve, sa propriété des Petits Birons, à Pélissane. Sur les quatorze projectiles qui avaient transformé sa voiture en passoire, quatre avaient fait mouche, dont deux en pleine tête.

Dominique était effondré. Il s'est longuement torturé l'esprit afin de découvrir qui avait pu commettre un pareil crime. Il échafaudait des hypothèses au cours desquelles il passait en revue un à un tous les grands noms du Milieu. Les motifs qui avaient commandé cette exécution lui échappaient. Après avoir passé son après-midi à chercher le coupable sans trouver de réponse, il a rechargé son Smith & Wesson et m'a annoncé avant de se mettre au lit :

– Si je savais qui a descendu Robert, parole d'homme, j'aurais encore la force d'aller l'abattre comme une bête puante.

Dans cette déclaration, il n'y avait, pour une fois, aucune part de cinéma. La fin mystérieuse de notre grand ami l'avait profondément touché. Il devait mourir sans connaître la vérité.

De semaine en semaine, son état empirait. Il vivait dans une semi-prostration permanente. Plus rien ne l'intéressait. Il n'y avait que la lecture du journal à propos de l'assassinat de Robert Blémant pour le sortir de sa torpeur quelques instants. L'enquête n'avançait guère et le Milieu restait perplexe en dépit des rumeurs qui couraient.

Lorsque je lui disais : « J'ai rencontré Untel, il m'a demandé de tes nouvelles et va venir te voir », il regardait dans le vague et répondait d'un ton las :

– Je ne veux plus voir personne.

Il se rendait compte qu'il avait fait son temps et qu'il ne devait pas donner en spectacle sa décrépitude. Sa fierté sauvage le lui interdisait.

Notre ami Bona, l'ancienne vedette des « gangsters de la pétanque », comme disaient les journaux, demeurait le dernier fidèle. Il passait voir Dominique deux ou trois fois par semaine. Leur conversation ne durait guère. Au bout de quelques minutes, ni l'un ni l'autre ne savait plus de quoi parler. Alors, pour rompre le silence pesant qui s'était installé dans la chambre, le brave Bona lâchait doucement :

– Tu sais, Doumé, les collègues seraient contents de venir te dire un petit bonjour.

La vieille carcasse se redressait péniblement dans son lit pour mettre les choses au point :

– Écoute, Bona, ou tu viens et tu me fous la paix. Ou tu viens pour me parler des amis et, dans ce cas-là, tu n'as qu'à te tirer et ne plus remettre les pieds ici.

Le docteur Casalonga décida qu'il valait mieux l'hospitaliser :

– A l'hôpital, il sera veillé constamment et il ne pourra plus boire de pastis...

Une fois mon mari hospitalisé, ma belle-sœur Paula et moi, nous nous relayâmes à son chevet.

Mais la fin approchait. Il s'éteignait progressivement. Les internes et le patron étaient formels : il n'y avait plus d'espoir. Seule, sa robuste constitution lui permettait encore de résister à la mort. Il faisait l'étonnement de tous.

– Le corps est pratiquement mort, mais le cœur tient toujours le coup, diagnostiquait un interne de garde. Quel colosse!

Le 26 janvier 1966, vers vingt-trois heures, Dominique ouvrit les yeux, fixa sa sœur Paula, puis articula fort distinctement :

– O Paula! Que c'est long... Que c'est long!

Quelques secondes plus tard, il poursuivait dans un râle :

– Lydro [1]..., il avait deux enfants...

Ce furent ses dernières paroles.

Quand j'arrivai au petit matin pour relayer Paula, j'appris que j'étais veuve...

Nous fîmes annoncer le décès dans les journaux du lendemain à la rubrique des convois funèbres :

> « Jean-Dominique Paoleschi, soixante-huit ans, sera inhumé à dix heures au cimetière Saint-Pierre, dans la plus stricte intimité. La famille ne reçoit pas. »

Une fois de plus, le téléphone du Milieu fonctionna intensément. Il y eut foule aux obsèques de mon mari, l'ancien caïd Dominique Paoleschi.

Précédé d'une immense couronne, Antoine Guérini, l'empereur des nuits de Marseille, s'avança pour me présenter ses condoléances :

1. Lydro Spirito.

– Marie, si vous avez besoin de quoi que ce soit, vous savez où me trouver...

Mon mari était mort dans son lit. Quand je recense ceux qui ont échappé à une fin violente, je les compte sur les doigts d'une main : Spirito; Antoine Peretti, mon premier homme, devenu milliardaire avec les cercles de jeux; Jo Renucci; Paulot Leca, le trafiquant de cigarettes; et Mémé Guérini... C'est peu!

Oui, c'est bien peu, à côté du nombre des parents, amis ou simples connaissances brusquement liquidés. En vérité, la vie de Dominique n'avait jamais cessé d'être éclaboussée de sang.

Ses réactions variaient selon les victimes. Dans certains cas, l'oraison funèbre se limitait à une phrase d'approbation : « Le salaud, il ne l'a pas volé! » Mais quand la victime comptait parmi ses amis, il allait vérifier ses armes en menaçant :

– Celui qui a tué mon ami ne mérite plus de vivre!

Et, depuis l'exécution de son cousin germain Jean Stefani, que d'oraisons funèbres de ce genre ont jalonné le parcours de mon mari. La liste semble interminable : Antoine La Rocca, dit la Scoumoune, que j'avais connu dans ma jeunesse au bar Saint-Jean et qui fut abattu en 1947 devant *Le Monico*, à Pigalle; François Lucchinacci, dit le Notaire, et tous les morts de la tragique vendetta de l'Ange, jusqu'à Salicetti lui-même; Jeannot Susini, dit le Boîteux, tué dans une cabine téléphonique; Dominique Nicoli, exécuté devant son bar un soir de 14 juillet, pendant le feu d'artifice; Ange Giudicelli, dit U Caputu [1] tiré à distance comme un mouflon, dans sa propriété du cap d'Antibes; Tintin Tramini, liquidé dans son saloon du *Kentucky Ranch* près de Salon-de-Provence; Marius Salvati, supprimé alors qu'il promenait son chien; et Joseph Piereschi, qui mourut, lui, d'une fin étrange pour un homme du Milieu : il cherchait, pendant l'Occupation,

1. La Grosse Tête.

à se réfugier en Amérique avec sa femme après avoir réalisé un joli coup. Il se mit donc en rapport avec le fameux docteur Petiot qui, sous prétexte de leur faire une piqûre contre la malaria, les envoya tous deux *ad patres* pour s'emparer de leur magot; Antoine, le jeune frère de Dominique, abattu par Jean Fabi après la tuerie du bordel de Bonifacio; enfin Antoine Paolini, dit Planche, la « femme mystérieuse » de la vendetta Salicetti, ce Planche que j'avais soupçonné en 1954, lors de l'agression contre mon mari, d'en être l'instigateur, et qui, un an après, était descendu, à Marseille, contre le mur d'un cimetière...

ANTOINE PAOLINI DIT PLANCHE ET L'AFFAIRE DU COMBINATIE

C'est en ouvrant le journal, le matin du 5 novembre 1955, que j'appris la mort d'Antoine Paolini, dit Planche.

Je dois avouer que la nouvelle me remplit d'aise :

– Celui-là, il ne l'a pas volé! me suis-je écrié, et je ne vais pas porter le deuil!

Je revoyais toujours Planche entrant dans le bar du Vieux Port au petit matin, trois heures après la fusillade contre mon mari en novembre 1954. Mon intuition ne m'avait alors certainement pas abusée : Planche était l'instigateur de cette agression.

Dans le fond, je le connaissais assez peu personnellement. Je n'ai vu sa femme, une fille très bien, que deux ou trois fois. Mais, de lui, je me suis toujours méfiée. Son comportement ne m'a jamais été sympathique. Il n'a jamais mis les pieds à la maison, comme le faisait le Notaire, notre excellent ami François Lucchinacci, qui me réclamait la *zuppa corsa* chaque fois qu'il venait partager notre repas. Même si, à l'époque de la vendetta Salicetti, mon mari avait de bons contacts avec lui...

C'est au Notaire que revenait la responsabilité du sobriquet donné dans le milieu à Paoloni; il l'avait un jour baptisé Planche, à cause de sa minceur, et le surnom lui était resté.

C'était un garçon élancé à la silhouette souple, avec un visage fin, des cheveux châtains et des yeux noirs très mobiles. Il était né à Ajaccio, dans une humble famille, le 15 décembre 1912. Venu tout jeune à Marseille où il habitait le quartier du Panier, il a eu une jeunesse turbulente. Peu de temps après la Libération, il s'est lancé dans le trafic des cigarettes. Homme de tête, n'ayant pas son pareil pour organiser un débarquement clandestin, il a ainsi gagné des millions dans la contrebande.

Mais c'est un dur; il entretient une équipe de gardes du corps trié sur le volet. Cependant sa générosité est proverbiale; dans une expédition où dix hommes suffiraient, il en embauche vingt ou trente :

– Tant pis pour les frais généraux, gouaille-t-il, il faut bien que tout le monde vive!

Et il a organisé en faveur des malades et des blessés de sa bande une sorte de sécurité sociale, qui prend en charge les indisponibles.

Bientôt, il possède une petite flottille de bateaux fraudeurs, dont fait partie son yacht personnel, le *Kidimieux*. Ses bâtiments sont équipés des instruments les plus modernes : radars et équipements radio, afin d'être en liaison constante avec les hommes restés à terre pour réceptionner la marchandise.

Ainsi, il a conquis sa cote de caïd. Il est craint et respecté. Il joue au grand seigneur. Il roule dans des voitures américaines somptueuses. Il « travaille » avec des grosses têtes du trafic de cigarettes comme le gangster américain Elliott Forrest, ou le « grossium » du Milieu de Gênes, Piedimonte.

Une nuit tout étoilée de juillet 1952, à Tanger, Piedimonte fait une proposition à l'Américain :

– Dans quelque temps, je vais avoir deux mille caisses de cigarettes à charger sur un de mes bateaux, le *Combinatie*. C'est un vieux raffiot, mais il tiendra le coup pour l'opération que je projette. Voici le topo : tu suivras le *Combinatie* avec un de tes bateaux monté tout au plus par trois ou quatre marins. La nuit, à un signal convenu, tu accosteras mon bâtiment et tu monteras à bord avec ton équipage. Tes hommes et toi, vous aurez le visage couvert de cagoules style Ku Klux Klan... Vous serez tous armés, mais sans balles dans le canon. Une fois à bord, vous neutraliserez mon équipage. Je me laisserai enfermer dans ma cabine. Vous n'aurez plus qu'à transborder les caisses sur votre bateau. Vous pourrez les débarquer à Marseille ou en Corse, là où vous aurez un correspondant sûr...

– Tu veux parler de Planche ?

– C'est ça.

– Pas de problème. C'est le chef des contrebandiers de Marseille. Il a le monopole des cigarettes. Son équipe est exercée à toutes les opérations. Comme il me loue de temps en temps des bateaux, je tiens à rester en bons termes avec lui. C'est un type pas commode. Si j'essayais de le doubler en passant les « blondes » sans son accord, j'aurais des chances de me retrouver un de ces quatre matins dans un cercueil ! Ce n'est pas pour rien qu'à Marseille on l'appelle le Al Capone français...

– Ne te fais pas de bile, Elliott, Planche est aussi mon ami. Je connais ses compétences. Avec lui, il n'y aura pas d'histoires. Maintenant, voyons un peu les bénéfices probables. Tous frais payés, je les évalue à un minimum de 150 000 dollars. En plus, on assure la camelote au prix fort ; un bateau-pirate l'arraisonne en haute mer ! Double bénéfice : la vente des cigarettes et l'assurance. Ma combine vaut le coup, non ?

– O.K., Piedimonte ! Marché conclu.

Paolini est mis dans le coup. Il donne son accord. Tout va bien. C'est lui qui réceptionnera la marchandise à Marseille.

Le 4 octobre 1952, le *Combinatie* de Piedimonte appareille de Tanger. Dans la nuit, à quinze milles des côtes espagnoles, il est accosté, comme convenu, par l'*Esme* monté par Elliott et son équipe. Il fait pleine lune. Les hommes de Forrest sautent sur le pont du bateau arraisonné. Piedimonte est enfermé dans sa cabine. Les caisses sont chargées sur l'*Esme*. La mer est calme comme un miroir. Au matin, les deux bateaux naviguent de conserve en direction de Marseille.

Dans la journée, une violente tempête de mistral se lève. Dans les vagues, les deux bateaux se perdent de vue. L'*Esme* arrive le premier à l'île de Riou, entre Marseille et Cassis, où deux barques de pêche attendent avec dix hommes à bord. La mer est démontée. Impossible d'effectuer un transbordement. Il faut renoncer. L'*Esme* et le *Combinatie,* qui a fini par le rejoindre, mettent le cap sur Ajaccio, où les cigarettes seront débarquées en deux fois et confiées à la garde de Paolini.

Après un petit crochet par la Sardaigne, les deux bâtiments se séparent : l'*Esme* va prendre quelque temps de repos à Palamos, au nord de Barcelone; le *Combinatie* retourne à Tanger.

C'est alors que la bombe éclate : L'*Esme* est identifié comme le bateau agresseur. Son capitaine se met à table, en déclarant qu'il a été contraint de conduire son bateau jusqu'en Corse sous la menace de revolvers. Piedimonte, interrogé par la police, déclare que Forrest se trouvait à bord de l'*Esme* lors de l'arraisonnement du *Combinatie.*

Les amis de l'Américain parviennent à le planquer dans un mas du Vaucluse en le présentant au fermier comme un romancier américain sourd-muet. Interpol est sur les dents. Pour un temps, les contrebandiers doivent mettre un frein à leurs activités.

Mais Planche a besoin d'argent pour payer ses hommes. Et puis, il veut acheter un nouveau yacht.

Il s'empare donc du stock de cigarettes entreposé en Corse dans les villas du bord de mer, dans des fermes isolées au milieu du maquis et jusque dans des tombeaux et mausolées du cimetière d'Ajaccio. Il en vend une partie en Italie, mais il omet de partager avec ses assosiés.

Le procédé du fait accompli n'est guère apprécié. Une scission se produit dans la bande. C'est plus qu'une brouille. Ce sont des menaces de guerre.

Et puis tout se gâte du côté de la police : les complices du piratage sont arrêtés à tour de rôle : Forrest dans sa planque du Vaucluse; Planche à Ajaccio d'où il est transféré à Marseille. Seul, Piedimonte demeure introuvable.

Tandis que Planche et Forrest se morfondent en prison, les membres de l'organisation restés en liberté commencent à se chamailler au sujet du stock de marchandise encore entreposé en Corse. Certains préconisent d'attendre le retour de Planche pour régler l'affaire. Les plus pressés, dont Nick Ventura et Jean Colonna, sont pour l'écoulement immédiat des cigarettes. Comme les différents dépôts sont disséminés en plusieurs endroits des environs d'Ajaccio, la situation est passablement embrouillée. Néanmoins, on peut penser que le clan Colonna-Ventura s'approprie plusieurs dépôts pour son propre compte et que, de leur côté, les partisans de Planche en font autant. L'impression générale qui se dégage de cet imbroglio est qu'aucun des deux clans n'est d'accord sur ses parts respectives.

Au bout de quelques mois, Planche sort enfin des Baumettes. A peine a-t-il retrouvé sa liberté que des balles lui sifflent aux oreilles dans une rue du Panier à Marseille. C'est le prélude à la furieuse sérénade que vont se jouer les deux clans rivaux durant de longs mois.

Une des tâches les plus urgentes pour Planche, c'est de régler une fois pour toutes les comptes à propos du stock du *Combinatie*. Aussi se rend-il à Ajaccio, où il a la surprise de constater que, même parmi ses fidèles, règne un certain mécontentement.

– Nous avons besoin d'argent, lui réclament-ils.

Sa réponse ne les apaise guère :

– J'ai beaucoup dépensé pour assurer ma défense et celle de nos collègues arrêtés en même temps que moi. Soyez braves, patientez un peu; je ne peux rien vous donner pour l'instant.

Dépités, plusieurs de ses hommes vont s'entendre avec Jean Colonna et Ventura pour s'emparer d'un stock de cigarettes qu'il a confié à un de ses amis, patron de bar à Ajaccio. Paolini apprend la manœuvre. Il ne se laissera pas damer le pion plus longtemps. Il envoie un de ses tueurs exécuter un des dissidents, Laurent Bartoli, au moment où celui-ci s'installe derrière le volant de sa voiture, rue du Vieux-Puits, à Marseille.

Planche s'attaque là à forte partie. Nick Ventura a de solides appuis politiques dans cette ville. Et Jean Colonna, ancien propriétaire de restaurants et de boîtes à

Montmartre, est devenu maire de son village : Pila-Canale, en Corse du Sud ; il a des relations forts utiles dans toute l'île.

Des amis des deux camps tentent de s'interposer pour éviter les affrontements qui se préparent.

Offrant sa médiation, Jean Colonna cherche à faire comprendre à Planche qu'il s'est mis dans son tort en vendant un stock de cigarettes sans le consentement de ses associés. L'entretien dure deux heures. Lorsque les deux hommes se quittent vers minuit, aucun arrangement n'a pu intervenir, mais les ponts entre les deux camps ne semblent pas coupés.

Un peu plus tard, Jean Colonna arrête sa traction avant 15 CV à proximité de l'hôtel *Impérial* où il est descendu. Il se sent tranquille. Il est seul. Pourquoi se faire accompagner de ses gardes du corps dans ce quartier paisible ? Ce ne sont pas des discussions, même assez orageuses, avec un ami et ancien associé qui peuvent lui faire redouter une agression. Et puis une sorte de trêve ne s'est-elle pas établie entre les deux clans ?

Il marche à petits pas dans cette nuit douce du 18 février 1955. Auprès du boulevard Lantivy bordé de palmiers et de lauriers-roses, une mer languide et argentée murmure une tendre romance. Il va traverser la chaussée.

A cet instant, trois silhouettes émergent de derrière la palissade qui protège un chantier de construction jouxtant l'hôtel *Impérial*. Colonna a un réflexe instinctif : il met la main à sa poche et se saisit de son revolver. Trop tard... colt, carabine américaine et fusil de chasse chargé de chevrotines sont entrés en action. Atteint aux jambes par la triple salve, Colonna s'affaisse, tombe sur les genoux puis, dans un effort surhumain, parvient à battre en retraite pour se jeter à plat ventre sous sa voiture.

Mais les tueurs s'acharnent. Ils dirigent à présent leurs armes vers les jambes qui dépassent et tirent, tirent, tirent... Persuadés enfin d'avoir achevé leur victime, ils rejoignent leur voiture garée à quelques mètres et foncent vers le casino.

MARIE PAOLESCHI, jeune (cliché X)

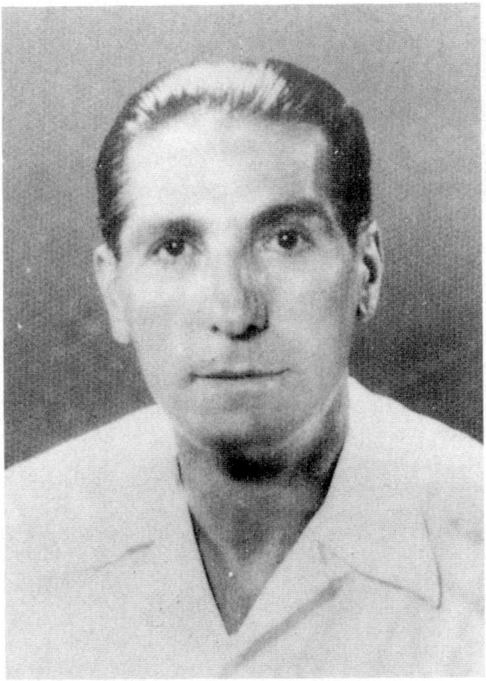

DOMINIQUE PAOLESCHI, mari de Marie La Jolie (cliché X), collection particulière

Dans le vieux quartier "coin" exotique

Contrebandiers de cigarettes avec le gangster américain ELIOTT FORREST (cliché X)

FRANÇOIS LYDRO SPIRITO
(cliché X), collection particulière

ANTOINE PAOLINI, dit PLANCHE
(photo X)

ANTOINE GUÉRINI
(photo X), collection Pierre Domenech

MÉMÉ GUÉRINI après
son arrestation en 1967
(cliché X), collection particulière

LES OBSÈQUES D'ANTOINE GUÉRINI à Calenzana
– un événement en Corse – (photo Pierre Domenech)

FRANÇOIS LUCCHINACCI, dit "LE NOTAIRE",
abattu par les tueurs de L'ANGE (cliché X)

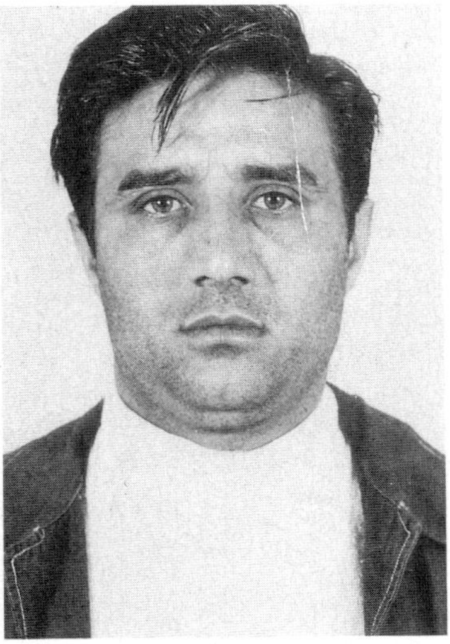

Les deux inséparables BUSTICO, dit SANDRE, et SALVATI, dit MÉU,
les tueurs de PLANCHE (cliché X)

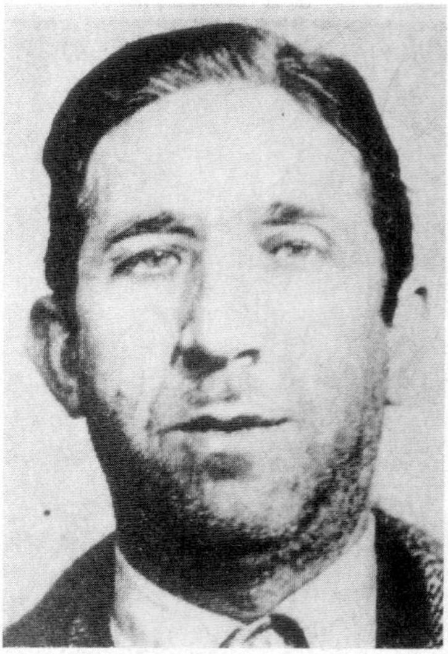

PAULOT LECA, dans l'affaire des Bijoux de la Bégum (cliché X)

ANGE SALICETTI (photo archives)

MARIE PAOLESCHI lors d'une conférence de presse (cliché X)

PAUL VENTURE CARBONE
(cliché X), collection particulière

MARIE PAOLESCHI lors de la signature de son premier ouvrage
"Marie La Jolie", à la librairie Faure à Marseille

DOMINIQUE PAOLESCHI, mari de Marie La Jolie
(cliché X), collection particulière

MARIE PAOLESCHI, (photo Olivier Laraque)

Colonna n'a pas perdu connaissance en dépit des terribles blessures qui lui ont littéralement coupé les jambes un peu au-dessus du genou. Il brandit encore son revolver lorsque les policiers alertés par la fusillade viennent le ramasser pour le conduire à la clinique Ménassé.

– Dis-nous qui t'a tiré dessus, tu seras vengé, lui demandent-ils.

Respectueux de la loi du silence, il se contente de répondre :

– Pas tant de boniment! Conduisez-moi vite à la salle d'opération, je ne sens plus mes jambes.

Le lendemain, il devra subir l'amputation des deux jambes. Mais il l'ignorera pendant huit jours. Sa main droite a été également touchée, et il supplie le chirurgien :

– Docteur, faites l'impossible pour me sauver cette main. J'en aurai encore besoin. S'il y en a qui chassent le sanglier, ils ne seront pas seuls; moi aussi, je le chasse. Et bientôt, ce n'est pas le gibier qui va manquer!

Par un curieux hasard, la chambre voisine de celle de Colonna est occupée par Yves Cassegrain, fils du propriétaire du café, *Le Sporting,* François Cassegrain, un ami d'enfance de Planche. Quand celui-ci va rendre visite à son fils, il croise dans les couloirs de la clinique le frère de Jean Colonna, Jacques. Et tous deux échangent des nouvelles de leurs opérés. Ils ne prévoient pas le rôle que la fatalité va leur faire tenir par la suite...

Nuit et jour, tout le temps de son hospitalisation, les gardes du corps de Jean Colonna assurent sa protection. En plus, des patrouilles d'hommes sûrs de Pila-Canale circulent en ville : on redoute que ses ennemis viennent l'achever dans son lit.

Rétabli, quelques semaines plus tard, Jean Colonna décide d'aller se faire appareiller une prothèse en Angleterre; il profitera pour son voyage d'une nouvelle liaison aérienne directe Ajaccio-Londres. Son frère Jacques et trois gardes du corps l'accompagnent jusqu'au décollage de l'avion.

– Vivement que je puisse me tenir debout, déclara-t-il en embarquant allongé sur son brancard. Après, je reviendrai à la chasse...

Colonna reste plusieurs mois à Londres. Le temps d'une lente et douloureuse adaptation à ses prothèses. Il rentre en Corse à la fin de l'été. Faisant preuve d'un grand courage, il arrive à marcher. Pascal, l'un de ses gardes du corps les plus fidèles, ne le quitte pas d'une semelle. Il l'accompagne à la chasse, et le place à un poste d'où il pourra facilement tirer le sanglier ; il l'emmène à la pêche à la truite dans les torrents de la montagne. Mais le grand blessé ne sort guère de son fief. Il sait que ses ennemis rôdent dans l'île. Il « se garde », tout en se tenant au courant des nouvelles.

Il sait que l'agression sauvage dont il a été victime n'est pas restée longtemps sans réponse. Le 12 mars 1955, avant son départ pour l'Angleterre, huit coups de feu ont claqué, en plein jour, à l'angle de la rue Jean-François Leca et de la place de l'Observance à Marseille. C'est Planche qu'on a visé.

Treize heures venaient de sonner. Planche montait dans sa 4 CV verte de location... Soudain, une traction noire le double. Instinctivement, il se rejette en arrière sur son siège, tout en se baissant pour se protéger. Il entend les balles siffler à ses oreilles et perforer la vitre de sécurité. Au même instant, il ressent une violente douleur à l'épaule gauche. Il a malgré tout la force de saisir le revolver qu'il porte sous l'aisselle gauche. Sa main ruisselle de sang. Il n'en bondit pas moins hors de la voiture pour tenir tête à ses agresseurs. Trop tard !

Les tireurs ont déjà disparu au bout de la rue. De colère, Planche jette son arme sur le trottoir et l'envoie promener au loin d'un coup de pied.

– Les salauds ! Ils m'ont eu ! grommelle-t-il en portant la main sur sa manche, trouée à hauteur de l'épaule. Le sang coule abondamment.

Il se retourne : on vient de l'interpeller.

– Alors, Planche, c'est sur toi qu'on a voulu faire un carton ?

Le bruit de la fusillade a fait accourir sur les lieux le commissaire Bézert, un as de la Criminelle, et l'inspecteur Visserot.

– Je n'ai pas besoin de vos services, réplique le blessé. Faites-moi plutôt conduire à la clinique Monticelli.

Dans la rue, un rassemblement de curieux se forme. Presque tous reconnaissent Planche, un enfant du quartier. La camionnette de Police-Secours se fraye un chemin dans la foule à grands coups de klaxon et stoppe contre la 4 CV.

– Allongez-vous sur ce brancard! dit un gardien de la paix au blessé dont le regard épie le moindre mouvement insolite autour de lui.

– Pas la peine! Je vais monter tout seul.

Il s'installe dans la fourgonnette. Dans son visage très pâle, ses yeux ont des reflets d'acier. Ses mâchoires sont serrées. A la clinique, il refuse toute aide pour monter jusqu'à la salle d'opération.

Pourtant, son état est grave. Le projectile qui l'a atteint a traversé son épaule et ses poumons, endommageant la plèvre au passage, a perforé ses intestins et atteint son pancréas, pour terminer son effarante trajectoire dans son genou d'où les chirurgiens l'extraient. C'est une balle de 11 mm coupée en croix à la pointe. Preuve que ses agresseurs ne voulaient pas le manquer...

Planche luttera longtemps contre la mort. Mais sa volonté indomptable et sa constitution nerveuse finiront par triompher. Il passera le cap fatal que les médecins ont fixé. Il en réchappera. Bientôt, il pourra assouvir sa vengeance.

A la clinique, la police craint une nouvelle agression dans la chambre même du blessé. Une surveillance discrète a donc été organisée. Or, un après-midi vers quinze heures, l'attention des policiers est attirée par une voiture d'où descendent trois hommes. Les inspecteurs se précipitent. Vérification faite, il ne s'agit pas de tueurs, mais de trois amis de Planche qui viennent effectuer la relève de ses gardes du corps.

Ce qui plonge les policiers dans la stupeur, c'est l'identité des trois anges gardiens : le premier, François Vergier, détaché au Centre de rééducation des délinquants de l'Étape, est gardien de la maison d'arrêt d'Aix-en-Provence. Le second, Dominique Lorenzi, est censé purger une peine de prison dans ladite maison d'arrêt. Quant au troisième, Antoine Bonfanti, il a un passé particulièrement chargé. Le plus cocasse, c'est que le gardien de prison reconnaît sans difficulté :

– Eh bien, oui! Ça fait plusieurs jours que nous montons la garde ici. Chaque soir, Dominique Lorenzi regagne avec moi sa cellule. Il m'a donné sa parole qu'il ne se sauverait pas. Il faut bien veiller sur notre ami, pas vrai ?

Planche est encore à la clinique lorsqu'il apprend la mort d'un de ses cousins d'Ajaccio. Il s'agit d'un braconnier, Jean Tristani; il faisait sans doute partie du commando qui avait attaqué Jean Colonna en février.

Ce jour-là, Tristani est allé pêcher des truites dans la Gravone en compagnie de son ami Leca. Par le mauvais chemin qui serpente entre les cistes du maquis, ils rentrent en voiture à Ajaccio. Soudain, du côté de Mezzavia, le chauffeur donne un brusque coup de frein. Au milieu de la route, gît une valise.

– Jeannot, va donc voir un peu ce que c'est, fait-il en stoppant à un mètre du bagage.

Tristani descend et s'avance vers la valise. Au même instant, des hommes se dressent au-dessus des buissons et ouvrent le feu. Transpercé comme une écumoire par les balles de colt et les chevrotines, le malheureux s'abat en grognant de douleur. A terre, il essaie de se soulever sur ses coudes pour dévisager ses agresseurs. Mais ceux-ci sont déjà penchés sur lui et l'achèvent à bout portant.

Leca, son compagnon, n'est pas le moins du monde inquiété.

Le 16 avril, c'est la riposte du clan Paolini. A Marseille cette fois-ci, dans une rue du Panier.

Un certain Jules Renucci circule en voiture dans les rues étroites du vieux quartier. Une rafale de mitraillette est tirée d'une auto dont on a pris soin de retirer la glace arrière; mais les tueurs ratent leur cible : Renucci n'a que des égratignures.

Dans son lit, à la clinique, Planche grince des dents :

– Les fadas! Faites-moi sortir d'ici et vous allez un peu voir!

Quelques jours s'écoulent. Planche est enfin debout. Il va passer sa convalescence en Corse, en compagnie de deux durs qui ont participé à la fusillade contre Jean Colonna, Sandre Bustico et Méù Salvati. C'est là qu'une mauvaise nouvelle lui parviendra :

– Ton ami Jacques Oliva vient de se faire descendre à Marseille derrière le cimetière Saint-Pierre. On l'avait enlevé en voiture, séquestré et torturé pour qu'il lâche l'endroit où tu te planques.

Planche séjourne à ce moment-là dans une ferme de Balagne, aux environs de Calvi. C'est le 11 juin 1955.

Trois semaines plus tard, à huit heures du matin, trois « touristes » vêtus de shorts et de chemisettes à manches courtes, les yeux dissimulés derrière des lunettes de soleil, s'approchent d'un automobiliste occupé à faire une marche arrière sur le boulevard Albert Ier à Ajaccio. Ils tirent tous les trois ensemble. Oliva est vengé... Leur victime rend le dernier soupir quelques instants après à son domicile, où elle a été transportée. Il s'agit de Jacques Colonna, frère de Jean Colonna, qui est à Londres pour l'appareillage de ses jambes. C'est le 18 juillet.

Le 27 août, toujours à Ajaccio, François Cassegrain paie la mort de Jacques Colonna. A la terrasse de son café *Le Sporting*, il est abattu, comme un sanglier, par une charge de chevrotines liées les unes aux autres par un mince fil d'acier pour qu'elles ne s'éparpillent pas. Ses intestins sont littéralement déchiquetés.

Le 6 septembre, à Ajaccio encore, sur le cours Grandval, c'est au tour de Philippe Cassegrain, le frère de François. Il se promène, en compagnie de son autre frère Jean et de son cousin Pierre Coti... Philippe est tué sur le coup. Jean encaisse une balle dans le ventre. Leur cousin s'en tire avec une blessure superficielle. Ce triplé a été réalisé par un seul tireur, qui a profité de l'effet de surprise.

La liquidation systématique de ses partisans par le clan adverse fait pâlir l'étoile de Planche. Toutefois, il ne s'avoue pas vaincu. Il n'est quand même plus qu'un homme traqué qui « se garde » sous la protection du dernier carré de ses fidèles, des jeunes fous de la gâchette.

Jeannot Carbone, avec qui j'ai fait, à l'époque, le voyage Marseille-Ajaccio en avion, m'a confié alors :

– Pour que Planche en soit réduit à recruter ses gardes du corps parmi les jeunes loups, il faut que ça aille vraiment mal pour lui. Mais il est tellement orgueilleux qu'il ne voudra jamais céder! Faire tuer les Cassegrain, c'était de la folie. Il faut voir l'atmosphère de drame qui pèse sur la ville. Tout Ajaccio a assisté aux funérailles du pauvre François. Quatre cents voitures ont suivi son corbillard jusqu'au cimetière de la route des Sanguinaires. C'est bien triste, tout ça!

Dans le clan Paolini, le moral est au plus bas. Les défections se succèdent. L'un prétexte des affaires de famille; l'autre invoque sa décision de rompre avec le monde des trafiquants; le troisième ne cache pas le peu de goût qu'il éprouve à mener cette vie de risques perpétuels. Les signes de lassitude se manifestent, de plus en plus forts au fil des jours, même chez les fidèles des fidèles.

A Marseille, les médiateurs du Milieu s'agitent. Ils s'efforcent de prêcher la bonne parole dans un camp comme dans l'autre. Des contacts mystérieux se nouent entre membres de clans adverses. Le célèbre François Spirito sort de sa retraite de Sausset-les-Pins pour proposer ses bons offices aux belligérants.

Du fond de son repaire corse, Planche suit les événements. Des émissaires de confiance viennent le tenir au courant des pourparlers en cours. Il enrage de se sentir impuissant.

Au début d'octobre 1955, il dépêche à Marseille un de ses derniers hommes sûrs, Momon Plaucheur, avec mission d'étudier le climat qui règne là-bas.

Le 12 octobre, Plaucheur se fait cueillir au Bar *Joseph*, rue de Forbin, au cours d'un contrôle de police. Trouvé porteur d'un revolver calibre 11,25, il est condamné à six mois de prison ferme.

Fin octobre. Les premiers froids s'abattent sur les montagnes de Balagne. La vie devient difficile dans la ferme du maquis. Planche passe ses journées à « gamberger ». Il dresse le bilan de ces derniers mois. Pas fameux : beaucoup de vides dans les rangs de sa bande... des morts, des blessés, des lâcheurs... Sur combien d'hommes peut-il encore compter, en dehors de ceux qui l'on suivi en Corse ? Combien, parmi les restants, vont-ils se défiler ?

Et pourtant, à tous ces garçons du Panier qu'il a retirés du cambriolage, de l'agression à main armée, du hold-up ou du proxénétisme, il a fait gagner beaucoup d'argent avec son trafic de cigarettes ! Ah ! L'ingratitude humaine !

Finalement, il décide de retourner à Marseille. Non point pour demander l'armistice à ses ennemis, mais pour lutter jusqu'au bout.

– J'en ai des tas à descendre, déclare-t-il à ses compagnons. Et si mon « calibre » ne suffit pas, je balance des grenades !

Il me rappelle la rage de Salicetti à la fin de ses jours. La haine aveugle; il est prêt aux pires folies.

Par mesure de précaution, il s'est composé un nouveau visage. Il a laissé pousser ses moustaches et teint ses cheveux en roux :

– Ils ne me reconnaîtront pas, apprécie-t-il en s'examinant dans la glace avec une intense attention.

Une fois à Marseille, il s'abstient bien entendu de

remettre les pieds à son domicile de la rue Lucien Rolmer, dans le quartier du Racati, naguère célèbre pour ses *balettis*. C'est là qu'habite Pierrette, une jolie brune au teint mat, de conduite irréprochable, qu'il a épousée alors qu'elle n'avait que dix-sept ans. Il rend quand même des visites discrètes à sa maîtresse Toussainte.

Mais il a peur. Il sursaute à la moindre alerte dans sa « planque » de Saint-Julien dont seuls quelques intimes, comme Bustico et Salvati, connaissent l'adresse.

Ces deux-là, spécialistes du cambriolage et du hold-up, toujours armés, doivent beaucoup à Planche qui les a remarqués et leur a fait une situation dans son organisation. En retour, ils semblent lui vouer une reconnaissance et une admiration sans bornes. Beaux garçons bronzés, ils affectionnent les tenues sport : casquette dernier cri, blouson de daim, chemise fine, pantalon impeccable et mains manucurées... Ils circulent au volant de grosses voitures américaines. Ils sont mariés et bons pères de famille. Salvati fréquente le bar de Marie la Criminelle, à quelques mètres de chez lui, au Panier.

Leur plus coriace adversaire est le commissaire Bézert, de la Criminelle, qui s'est juré de les avoir et passe ses nuits à les traquer dans les rues du quartier.

Il n'y a pas que le fougueux commissaire Bézert pour épier les faits et gestes de Bustico et Salvati. Le clan adverse ne les perd pas de vue non plus. Il sait que, sans leur collaboration, il sera très difficile d'éliminer Antoine Paolini. L'homme est trop rusé. En outre, il se sent aux abois. Malgré tout, pas question de mettre les pouces!

La peur rôde autour de lui, jour et nuit. Parlez d'une existence! Fiévreux, perpétuellement sur le qui-vive, il navigue dans une sorte de vertige. Son imagination fonctionne à plein tube. Il sait qu'il a passé les limites et que son salut dépend exclusivement de la « régularité » de ses deux complices.

Il y avait des années que, moi, l'ex-Marie la Jolie, j'approchais continuellement des hommes de sa trempe et, à travers les rumeurs que je glanais çà et là, une conclusion s'imposait à mon esprit : Planche ne pourrait résister longtemps à la meute sauvage qui le cernait. Il avait joué. Mal. Et il était perdu. C'était couru d'avance.

D'ailleurs, une réflexion de mon mari, échappée un soir à l'improviste, me confirmait dans mes pressentiments :

– Tôt ou tard, Planche va être liquidé. C'est forcé. Les autres ont presque tous les atouts en main.

Dominique n'en dit pas plus. Pourtant, j'avais l'impression qu'il savait ce qui se tramait et allait corroborer le bien-fondé de ma conviction. Le défi ne peut s'éterniser.

D'ailleurs, dans l'ombre, on s'agite. Des contacts ultra-secrets ont lieu entre le clan ennemi et le duo Bustico-Salvati. On finit par leur mettre le marché en main :

– Ou vous nous aidez à faire sortir Planche de sa tanière, ou vous êtes tous les deux des hommes morts. On vous accorde la vie sauve contre celle de votre chef. A vous de choisir!

Leurs hésitations ne durent pas. Ils ont vite fait de peser le pour et le contre. Ils sont jeunes; ils tiennent à la vie... Et la balance penche sans que l'examen de conscience se prolonge au-delà d'une rapide pesée entre la mentalité du Milieu et l'instinct de conservation.

– C'est bon, acceptent-ils en baissant la tête, plutôt gênés, mais décidés.

Au matin du 4 novembre 1955, Bustico et Salvati vont prendre leur patron au saut du lit.

– Antoine, annoncent-ils, on vient te chercher pour aller discuter d'un traité de paix avec nos ennemis.

– Ils vous ont contactés ?

– Oui, hier.

– Et on se retrouve où ?

– A Saint-Julien. Dans un coin tranquille. N'aie crainte!

– Ça va. Je vous accompagne. Le temps de m'habiller...

Planche enfile ses vêtements, avec le souci d'élégance qu'il a toujours manifesté : il met une fine chemise de popeline bleu pâle et un pantalon de serge bleu foncé. Devant la glace, il se coiffe et noue une discrète cravate bleu marine. Puis il passe son veston pied-de-poule d'excellente coupe.

– Il fait froid, dehors ?

– Oui, pas chaud.

Il prend alors sa gabardine beige, non sans glisser dans sa poche droite son fidèle Walther 7,65 avec sept balles dans le chargeur et une dans le canon.

– On ne sait jamais, ironise-t-il. Vous avez la voiture ?

– Elle est devant la porte.

– Sortez les premiers. Je vous suis.

Il monte dans l'auto de ses compagnons. Elle fonce vers la banlieue est. Entre Saint-Julien et les Trois-Lucs, elle tourne sur la gauche et s'engage dans une traverse qui longe le cimetière de Saint-Julien. Planche commence à s'étonner d'être conduit dans un endroit aussi retiré.

– C'est encore loin ? questionne-t-il en avançant la main vers la poche de sa gabardine.

– Non, on est presque arrivés.

A l'angle de la traverse de Fez, la voiture stoppe.

– Descendons. C'est là.

– Mais il n'y a personne, s'étonne le roi du trafic des « blondes » en mettant pied à terre.

Il n'a pas fait trois pas que la réponse arrive. Deux coups de feu tirés à bout portant.

Atteint à la nuque, Planche s'écroule dans les ronces qui poussent contre le mur du cimetière. Sa boîte crânienne a éclaté. Alors les Judas qui l'ont amené dans la gueule du loup s'acharnent sur son corps qu'ils criblent de balles de colt 11,25. Ils veulent être sûrs que leur victime n'en réchappera pas. Vingt-deux balles tirées avec une froide détermination donnent le coup de grâce à la carrière d'Antoine Paolini, dit Planche, roi de la contrebande de tabac blond, responsable d'une des plus implacables vendettas du Milieu, caïd tué par son orgueil...

Le surlendemain, trois cents personnes l'accompagnent à sa dernière demeure. Deux chars de fleurs précèdent le convoi mortuaire. Devant l'église Saint-Lazare où a lieu la cérémonie, une vieille femme corse, le *mezzaro* noué sous le menton, murmure après s'être signée :

– Pauvre Antoine, il avait fait tant de bien aux jeunes du Panier !

Le Milieu respire. Il estime qu'après la fin dramatique d'un de ses représentants les plus voyants, l'âge de jouer au cow-boy est bien passé.

Trop d'hommes valables ont perdu la vie dans la tourmente du *Combinatie*. Le dernier acte de la tragédie est joué. Si elle s'était éternisée, la situation infernale ainsi créée aurait fini par mettre en jeu le destin même du Milieu.

Toutefois, les deux meurtriers paieront leur geste et leur manquement aux règles formelles, à l'armature morale de notre ancien Milieu. Ils auront droit l'un comme l'autre à une fin lamentable.

Alexandre Bustico, dit Sandre, sera tué par les gendarmes au cours de l'attaque d'un bureau de poste, dans la nuit du 21 au 22 mars 1958. A son enterrement, une magnifique couronne de fleurs naturelles attire l'attention. Le ruban ne porte qu'une inscription laconique : « A mon ami. » Les cinquante personnes présentes savent toutes que l'ami anonyme qui a fait envoyer la couronne n'est autre que l'inséparable complice de Sandre, alors en cavale.

Marius Salvati, dit Méù, sera abattu quelques années plus tard par des tueurs embusqués depuis deux jours en face de son domicile, dans une pièce désaffectée de l'Hôtel-Dieu, rue des Vieilles Écuelles, au Panier. Il promenait paisiblement son chien au soleil de onze heures du matin.

Planche avait sa vengeance.

DEUX PERSONNAGES DE LÉGENDE : CARBONE ET SPIRITO

Il n'y avait tout de même pas que les coups durs, la vengeance et les fusillades, dans la vie du Milieu. On savait profiter de la vie et faire la fête...

J'en ai fait des réveillons, dans ma putain de vie, alors que je suivais les itinéraires de la traite des blanches, selon les variations du marché. Et sous toutes les latitudes, dans les Amériques, en Asie, en Afrique, en Europe...

Mais celui dont le souvenir étincelle encore dans ma mémoire est celui de Noël 1937. Il y avait juste six mois que je m'appelais madame Paoleschi. C'était la première grande sortie que m'offrait mon époux depuis notre mariage, célébré à la mairie de Marseille le 6 juin 1937 par-devant Simon Sabiani, l'adjoint au maire, en présence de nos témoins : Joseph Ricci et U Gattu. Alors, pensez si j'étais fière de m'afficher en cette occasion, au bras de mon seigneur et maître, dans mon fourreau de satin gris-bleu, avec mon boléro de vison...

La semaine précédente, Dominique m'avait prévenue :

– Surtout, Marie, pour le réveillon du 24 décembre, ne prends pas d'engagements avec ta famille! Nous sommes invités chez Noël Renucci.

– Le patron du cercle de jeux?

– Oui. Le souper aura lieu au cercle même. Il y a une grande salle. Tu sais, c'est dans l'immeuble qui fait le coin de la Canebière et de la rue Saint-Ferréol.

– Nous serons nombreux?

– Assez. Je sais qu'il y aura ses frères, Jo et Barthélémy, son beau-frère Jeannot Carbone avec sa femme

Francine, et puis les deux autres Carbone, mes amis Paul-Venture et François, celui qu'on appelle Tchikakoff, et leurs femmes Marcelle et Mathilde, Jacques Ulysse avec Marie, Joseph Piereschi, et plusieurs autres couples...

Je saute de joie.

– Ah! Doumé, on peut dire que c'est une bonne surprise. Mathilde et Francine, je ne les ai pas revues depuis Buenos Aires. Nous avions fait la traversée ensemble, dans la même cabine.

Ce jour-là, au lieu d'aller « travailler », je consacre l'après-midi à me faire belle. Aussi ai-je l'air d'une star quand nous faisons notre entrée au cercle. Les autres invitées sont elles aussi éblouissantes. Avec son teint mat et ses cheveux noirs, vêtue d'une robe magnifique en crêpe de Chine blanc, Francine a une classe extraordinaire. Les autres femmes rivalisent d'élégance avec elle.

Sur le plan vestimentaire, ces messieurs n'ont rien à envier à ces dames : smoking ou tenue de soirée avec fleur à la boutonnière, à l'exception de Jacques Ulysse qui, lui, arbore une fausse Légion d'honneur, comme lorsqu'il est convoqué chez le juge d'instruction.

Pourquoi Jo Renucci, ce petit homme d'un mètre cinquante qui fera tant parler de lui par la suite à propos de l'affaire des bons du Trésor volés à Arras et du trafic des cigarettes à Tanger, porte-t-il ce soir-là, dans la poche intérieure de son vêtement, l'inséparable pistolet qui lui a valu déjà plusieurs condamnations pour port d'arme ? Je ne saurais le dire. Aucun renflement particulier ne se remarque à son veston. En tout cas Jo, qui exerce officiellement la profession d'importateur d'agrumes et d'éditeur de chansons (il a « sorti » des chansons de Fernandel et d'Andrex) s'incline, très gentleman, devant les dames et leur baise la main.

Nous sommes vraiment dans le grand monde!

Le couvert a été dressé sur une table de baccara. Argenterie, cristal et fine porcelaine resplendissent. Le repas est pantagruélique. Dans le brouhaha des conversations et des rires, nous dégustons caviar, langoustes, volailles et foie gras. La bûche de Noël, monstrueuse, soulève des cris d'admiration. Après les vins millésimés qui ont coulé à flots, les bouchons de champagne sautent.

Noël Renucci lève sa coupe, réclame le silence et porte un toast à l'assistance :

– Merci, mes amis, d'être venus! Pour moi, aujourd'hui c'est doublement fête : c'est celle de la Nativité, et c'est aussi la mienne puisque mes parents ont eu la bonne idée de me prénommer Noël. Et maintenant que nous sommes au dessert, je vais demander à Marie Paoleschi de bien vouloir nous interpréter une de ses chansons...

En écho à ses paroles, les convives tapent sur les verres avec leur couteau en criant sur l'air des lampions :

– Marie, une chanson, Marie, une chanson...!

Tous les regards sont sur moi. Je me lève. J'ai horreur de me faire prier. En toute modestie, je sais combien ma voix plaît, et ce sera toujours le regret de ma vie de n'avoir pas fait carrière au music-hall.

Rouge d'émotion, et aussi de plaisir, je commence par chanter en espagnol *La Comparsita,* puis j'enchaîne avec deux ou trois chansons corses.

Presque tout mon auditoire est originaire de l'île de Beauté. Pris sous le charme, la gorge nouée par l'émotion d'entendre les chants du pays, il demeure attentif et s'arrête de savourer la bûche de Noël. Et quand je me rassieds, les applaudissements crépitent à n'en plus finir. Pour rompre la nostalgie qui a étreint les convives, Jacques Ulysse, qui préfère le rire à la mélancolie, me demande de montrer l'autre face de mon talent.

– *Andemu, ô Maria, canta di comico, avá* [1]*!*

– *Yé, monsieur Jacques, haddiu capitu!*

Et me voilà qui entonne *Manolo,* une chanson dont le refrain déchaîne une folle ambiance :

1. Allons, Marie, chante du comique maintenant!
Oui, monsieur Jacques, j'ai compris!

« La fille à l'*estama* (le rétameur)
Hier matin épousa
Un vieux célibataire
Qui n' pouvait plus rien faire.
Elle lui dit : Célestin,
Ça tombe vraiment bien
Si t'aimes le travail fait
Tu seras satisfait.
Manolo, t'a rota, t'a rota la cazzarola,
Mamma mia, mamma mia, qué embarras! »

Toute l'assistance reprend en chœur en frappant sur la table. C'est du délire.

– O Marie, avec ton talent, pourquoi tu n'as pas fait l'artiste? me demande Paul Carbone qui se tient encore les côtes.

– *Chi credi* [1], monsieur Paul? Mon père n'a jamais voulu que je monte sur les planches pour chanter. Il disait que c'était un métier qui me ferait mal tourner!

Ma repartie déclenche une nouvelle vague d'hilarité.

Une soirée si bien commencée ne peut que se terminer dans un cabaret. A trois heures du matin, nous faisons une entrée très remarquée à l'*Embassy,* une boîte chic de la rue Vacon. Nous dansons jusqu'à l'aube. Quelle belle nuit de Noël!

Maintenant, messieurs-dames, suivez le guide!

C'est à la visite d'une curieuse galerie, une galerie de truands, que je vous ai conviés. Et la visite continue! C'est pourquoi je me permets de vous faire marquer un temps d'arrêt devant deux tableaux-maîtres, qui constituent le clou de cette estimable exposition. Toutes proportions gardées, je n'hésite pas – et le pauvre Dominique serait d'accord s'il était encore en vie – à les considérer comme des chefs-d'œuvre dans leur genre, aussi connus que *la Joconde* de Léonard de Vinci et la *Maja Desnuda* de Goya

1. Que croyez-vous?

dans le leur, ou bien – pour rester dans le domaine que nous étudions – aussi connus que ces deux grandes figures américaines : Al Capone et Lucky Luciano...

Sans contredit, les deux personnages représentés sur ces portraits comptent parmi les plus célèbres du Milieu français : Carbone et Spirito sont entrés vivants dans la légende. Ce n'est d'ailleurs pas pour rien que l'on a voulu tirer un film de leurs « exploits ». Alain Delon, qui en fut la vedette avec Jean-Paul Belmondo, souhaitait qu'il porte le nom des deux compères; mais la famille Carbone exerça de telles pressions sur les producteurs que le film s'est appelé *Borsalino* : il ne fallait pas attenter à l'honneur du patronyme! Delon en fut pour un voyage éclair à Propriano, où François et Jeannot Carbone le reçurent magistralement avec pâté de merle et langouste, mais refusèrent obstinément le titre initial de la pellicule.

Les trois frères Carbone, je les ai fréquentés dès ma jeunesse. L'aîné, Paul-Bonaventure, la célébrité de la famille, je l'ai connu quand j'avais treize ans et que j'allais danser avec ma copine Nène au Bar *Saint-Jean,* sur le quai du port. C'est là que venait aussi Spirito. Paul Carbone n'était pas un bon danseur. Mais François Spirito, oui...

Vingt ans après, comme dans les romans :

Les cheveux noirs, le visage rond avec des pommettes saillantes, un cou de taureau, une allure générale massive, Paul Carbone est devenu l'empereur de Marseille. Toute exagération mise à part, les années en ont fait un personnage au bras long : agent électoral numéro un de Simon Sabiani, le député, adjoint au maire de Marseille; caïd incontesté du Milieu corse; trafiquant en tous genres; protégé du préfet de police de Paris Jean Chiappe; protégé de l'ambassadeur de France à Madrid François Piétri, telle est sa carte de visite.

Il est né à Propriano le 14 février 1894. C'est donc mon aîné de huit ans. Son père était navigateur aux Messageries maritimes. Venu tout jeune à Marseille avec sa famille, Paul-Venture a obtenu le certificat d'études à l'école communale de la Major. Élève studieux et intelligent, il n'a tout de même pas poursuivi ses études : dès l'âge de douze ans, il est obligé de gagner sa vie pour aider sa mère restée veuve avec trois garçons. Il commence par vendre dans les rues le journal *le Soleil du Midi*. Puis, à quinze ans, il s'embarque sur une tartane qui charge du sable sur les plages de la côte pour aller le revendre à des entrepreneurs. Paul gagne un franc par jour.

Ses heures de loisir, il les passe dans les vieux quartiers de Saint-Jean et du Panier où, avec les pêcheurs et les navigateurs, s'est constituée une véritable colonie corse. Il y retrouve ses camarades d'enfance et, avec eux, organise des parties de dés sur les trottoirs.

Parfois, il y a bagarre. Paul n'est pas le dernier à la « castagne » : un jeune docker qui l'a provoqué dans la rue du Figuier de Cassis se réveille à l'Hôtel-Dieu à la suite d'une « rouste » qui le contraint à deux mois de repos. Ce jour-là, Paul frise la maison de correction.

Il continue à pousser dans la rue. La nuit, les rues chaudes comme la rue Bouterie et la rue de la Reynarde bourdonnent comme des ruches. C'est un incessant va-et-vient de mâles solitaires, de touristes en visite, de militaires et de marins en bordée. Des maisons de tolérance, *Le Chat Noir, la Lune, Aline, Théo, Cythéria,* s'échappe la musique trépidante du piano mécanique et de l'accordéon. De vieilles matrones assises sur des chaises paillées harponnent le vague à l'âme des passants :

– Entrez, entrez, il y a de belles dames à l'intérieur ! Et puis il y a le cinéma cochon... Rien que des films inédits !

Paul entre dire un petit bonjour aux pensionnaires. Ses larges épaules et la puissance tranquille qui se dégage de son corps râblé impressionnent ces dames.

A dix-huit ans, il remplace son commerce de sacs de sable par l'exploitation des femmes. C'est plus rentable et moins fatigant. Et le voilà parti pour l'aventure en Égypte, considérée alors comme la terre promise des « marchands de viande ». Il trouve au Caire toute une colonie de jeunes hommes auxquels le proxénétisme ouvre les plus suaves perspectives. Parmi eux, François Spirito, qui a amené ici sa première femme Angèle, plus connue dans le métier sous le nom de Ninon. Dominique Paoleschi, qui devait plus tard m'épouser, en cavale à ce moment-là à la suite d'un meurtre en Tunisie, et qui « protège » trois femmes, dont deux sœurs; Nature Silvetti, qui s'est coupé un doigt avec un morceau de verre pour sortir de prison, et quelques autres aussi reluisants...

Tout ce joli monde aurait continué longtemps à mener une vie dorée à l'ombre des pyramides, si des rafles opérées par la police locale n'étaient venues semer la panique. Certains reprennent le bateau pour Marseille. D'autres sont jetés en prison. Un mandat d'arrêt international pour homicide volontaire et recel de cadavre à Tunis vaut à mon futur mari d'être refoulé en France sous bonne garde; on sait comment il s'est évadé à l'arrivée à Marseille. Spirito, lui, s'en sort. Passé maître dans l'art de la séduction, le Beau Ficelle, comme on l'appelle, « enlève » alors la vedette d'une troupe théâtrale française en tournée et la place « en maison ».

Carbone a la main moins heureuse; il tombe sur une femme qui lui fend le cœur avec une histoire déchirante : des barbeaux égyptiens l'ont battue, séquestrée et menacée de tortures si elle refusait de travailler dans un établissement pour fellahs.

– Je te prends sous ma protection, assure-t-il.

Huit jours plus tard, ses rivaux l'abordent dans la rue, le font monter dans une voiture et « l'emmènent en belle » au fin fond du désert. Là, ils le font descendre, lui administrent une correction et l'enterrent dans le sable jusqu'au cou en lui barbouillant le visage de miel pour attirer les fourmis... Ce n'est qu'après un supplice de quarante-huit heures que Spirito, lancé à sa recherche, retrouve sa piste. Son ami est plutôt mal en point, à demi mort de soif et le visage déjà attaqué par les fourmis.

Le climat égyptien devient par trop malsain, décident les deux compères, qui cherchent à rentrer en France avec

Lola et Ninon. Et justement, on leur propose de convoyer des expéditions de drogue jusqu'à Marseille.

Ce coup-ci, Carbone tient le filon; ses talents d'organisateur vont pouvoir s'épanouir. Après sa première livraison, il met sur pied de nouveaux réseaux. Parmi les équipages des Messageries maritimes, il recrute de nouveaux collaborateurs et les initie à la préparation de l'héroïne. Pour tromper la vigilance de la douane marseillaise, il a recours à un procédé original : à l'entrée du navire dans la rade, la « came », enfermée dans des sacs étanches, est jetée par-dessus bord. Des pêcheurs des Goudes la repêchent et la ramènent à terre sous leurs filets. Les jours de « livraison », Carbone, du restaurant *Les Roches Blanches,* surveille à la jumelle les opérations de débarquement.

Dans le même temps, l'Argentine s'annonce comme le nouvel El Dorado des bonnes gagneuses. Il y expédie d'abord Lola qui a fait l'Égypte, puis ses belles-sœurs Mathilde et Francine avec qui j'ai travaillé à Buenos Aires. C'est là-bas qu'il apprend l'art de gagner aux cartes.

A son retour en Europe, il écume les casinos de Monte-Carlo et de la Côte. Grâce à des croupiers de connivence qui marquent les cartes d'un trait seulement visible si l'on porte des lunettes spéciales à verres colorés, il réalise des coups fumants. Lorsque, finalement, il est découvert, il s'arrange pour que, grâce à l'intervention de ses amis haut placés, la direction du casino retire sa plainte. Il n'en est pas moins exclu des salles pour un bon moment.

Il se tourne alors vers la prostitution à Paris et à Marseille. De gré ou de force, il acquiert des parts dans plusieurs maisons closes. Mais il reste toujours à l'affût de toutes les combines.

Il montre, une fois encore, son merveilleux sens des affaires au plus fort de la guerre d'Éthiopie, vers 1936-1937. La France et l'Angleterre viennent de décider des sanctions économiques contre l'Italie qui occupe le pays du Négus. Première conséquence : interdiction d'importer en France des produits italiens. Leurs prix commencent à monter, puis ils doublent, triplent, quadruplent... Or, les *Babbis* émigrés, qui sont en forte proportion à Marseille, sont grands consommateurs de parmesan, dont ils assaisonnent spaghetti et ravioli... Carbone a une idée de génie : il s'associe avec Spirito pour acheter, à un prix dérisoire, une vieille tartane, le *Saint-Louis*. Ils en confient le commandement à un oncle de Paul, Rustici, inscrit maritime et pêcheur d'oursins en Corse, à Porto-Pollo.

Le rafiot appareille pour Gênes où il fait son plein de parmesan : trente-quatre tonnes. Le manifeste est établi dans les règles. La cargaison a pour destination Barcelone. Elle a été payée cash.

Le *Saint-Louis* met le cap sur Marseille. Mais voilà que dans les parages de l'île de Porquerolles une voie d'eau se déclare à bord... Le commandant Rustici prend bien soin de consigner cet accident sur son livre. Mais il doit surtout sauver la marchandise à tout prix. Comme le bateau ne se trouve qu'à quelques milles de la Tour Fondue, il va accoster au débarcadère, sans autre incident notable. Les meules de fromage sont déchargées. Les transporteurs ont été prévenus. Mais au moment où deux camions et trois voitures chargées vont partir, la douane surgit comme par hasard. Le parmesan est confisqué.

A quelques jours de là, les meules sont vendues aux enchères à Toulon. Aux acquéreurs éventuels qui se présentent, les deux associés font comprendre qu'ils n'ont pas intérêt à faire monter les prix. Et, par personne interposée, Carbone et Spirito se rendent acquéreurs, à raison de douze francs le kilo, des trente-quatre tonnes déjà payées à Gênes. L'astuce du stratagème est que de cette façon, un important contingent de fromage italien entre légalement en France, en dépit de l'interdiction. Pour le pays tout entier, l'affaire des parmesans de Carbone et Spirito devient la meilleure des histoires marseillaises.

Selon une version confidentielle de l'histoire, le véritable projet comportait quelques différences de détail. Dès le départ de Gênes, il était entendu que le parmesan débarquerait à la Tour Fondue. Un douanier était dans le coup pour laisser le transporteur l'emporter. A la dernière minute, le gabelou complaisant avait été changé de poste par suite d'une indiscrétion. Les contrebandiers étaient tombés dans la gueule du loup...

Tout porte à croire, néanmoins, qu'en dépit de l'amende de cinquante francs pour participation à l'opération de débarquement, d'une condamnation à trois mois de prison avec sursis et du double paiement, les associés ont, à la revente des fromages, profité d'une marge bénéficiaire confortable. Et les sanctions bénignes qu'ils récoltent seront, par ailleurs, les seules qui figureront jamais au casier judiciaire de Paul Carbone.

Son frère Jeannot, mort il y a quelques années à Propriano, avec qui j'évoquais un jour en Corse, chez lui, cette anecdote folklorique de l'existence de Paul, eut ce mot tout pétri d'humour :

– Paul, on aurait dû le décorer pour l'affaire des fromages! A cette époque-là, le parmesan était introuvable en France. Grâce à mon frère, les ménagères ont pu s'en procurer dans le commerce normal à un prix raisonnable. Je ne vois pas quel mal il y avait à ça... Les vrais gangsters, ce sont ceux qui prennent des milliards aux pauvres gens. Ce qui n'a jamais été le cas de mon pauvre frère... Il s'est bien débrouillé, voilà tout! Et il a réussi parce qu'il avait du flair et qu'il ne sortait pas des limites de la légalité...

– Mais, quand même, ses affaires de drogue?

– C'était vrai et faux en même temps. La cocaïne et l'héroïne, par exemple, ça n'est pas dans notre pays une marchandise prohibée. Il est tout simplement interdit d'en vendre à d'autres personnes qu'aux pharmaciens... Mais il n'a jamais été interdit d'en acheter par tonnes pour l'exporter, même en contrebande...

Cette conception inattendue de la légalité en affaires est d'une ingénieuse logique. L'auteur de cette réflexion en porte l'entière responsabilité. Il ajoutait d'ailleurs, avec un sourire ironique :

– Que les affaires de Paul n'aient pas toujours été très catholiques, il faut bien l'admettre. Pour réussir, il ne se fiait qu'à son sens de l'opportunité et aux besoins du marché. Tout ce qui se vendait était bon pour lui : les femmes, les armes, la drogue, les fromages... Il savait s'adapter aux circonstances et à tous les milieux. C'est pour cela qu'il avait tant d'amis dans la politique et le gratin : des ministres, des généraux, des amiraux, des académiciens, des grands journalistes, des avocats en renom...

C'est vrai. Et Carbone, au contraire de son ami Sabiani qui ne vivait que pour la politique, a toujours su tirer profit de ses hautes relations et de son entregent pour mener la grande vie.

Il fréquente les casinos, les cercles de jeux, les palaces, les restaurants les plus réputés. Il crée à côté de l'Opéra la *Brasserie Beauvau* qui, en peu de temps, conquiert une belle place parmi les établissements marseillais à la mode. Il devient de bon ton pour les Parisiens de passage à Marseille d'y aller manger la bouillabaisse, les pieds et paquets, l'aïoli et la langouste expédiée de Propriano. C'est Jeannot Carbone qui supervise l'établissement. Les spécialités gastronomiques de la maison font s'extasier les belles Parisiennes, tout excitées à la pensée d'avoir dîné chez le plus célèbre gangster de France.

Il amarre son yacht *La Roselyne*, qui bat pavillon corse, dans le port de Bandol, et reçoit toutes sortes de personnalités. Géo London, grand reporter au *Journal de Paris* reçoit, à son retour de Chicago où il a réalisé une minutieuse enquête sur les gangs américains, une invitation amicale de Carbone : « Cher Ami, venez passer deux jours avec moi à Marseille. Vous me raconterez ce que vous avez vu aux États-Unis et me direz à quoi tient la puissance d'Al Capone. » Au cours de l'été 1938, le grand physicien Einstein fait une petite croisière avec lui en compagnie de quelques jolies femmes rameutées par Spirito.

– Mesdames, méfiez-vous des vernis à ongles. Ils sont extrêmement toxiques, fait remarquer Einstein à ces jeunes personnes. Car, vous, les femmes, vous avez la manie de vous ronger les ongles!

Carbone est marié. Seulement sa femme, Marcelle, ne peut lui donner d'enfant. Comme il voudrait que le nom des Carbone soit perpétué, il a de nombreuses aventures.

Lorsqu'il quittait ses vêtements devant une femme, celle-ci restait sidérée. Son corps, comme celui de Dominique, constituait un véritable musée du tatouage. Aucun des symboles classiques chers aux mauvais garçons n'y manquait. Sur la poitrine la tête de Maure du blason corse et des inscriptions : *Vive Napoléon* et *Honneur et Patrie*. Dans le dos, un énorme boa rampant à partir du bas des reins... Seul, le visage était indemne. Devant la surprise de la belle, Carbone expliquait :

– C'est des conneries de jeunesse. J'étais aux bataillons d'Afrique et la mode des hommes, là-bas, était de se faire tatouer. J'ai tout essayé pour faire partir ces « bouzilles »... Impossible... Même le gros sel sur les plaies n'y parvient pas!

Où la mode du tatouage allait-elle se nicher chez les gens du Milieu de l'époque 1900-1930 ? Cette vogue ne déclinera qu'un peu avant la guerre de 39-40. Le Milieu se normalisait et ne voulait plus fournir de « signes particuliers » à la police.

Quand il est à Marseille, c'est généralement chez sa mère, rue Audimar, que Carbone habite. Il a une vénération pour la vieille femme. A Paris, son épouse possède un appartement boulevard Péreire. Mais on ne l'y voit pas souvent.

Un soir, au restaurant *Cotti*, avenue de Wagram, il remarque une belle fille bien en chair dont les reparties ont l'air d'amuser au plus haut point ses commensaux.

– Qui c'est ? demande-t-il au restaurateur.

– Manouche. Elle est entretenue par un gros banquier juif.

Une petite fleuriste venant à passer, il fait porter une rose à la jeune femme. Celle-ci le remercie de son sourire le plus séduisant. Elle paraît conquise par ce gentleman aux allures de truand. Carbone lui rend son sourire. Puis il se lève sans insister. Il doit aller à un rendez-vous d'affaires. Manouche et Carbone ne tomberont dans les bras l'un de l'autre que longtemps après. Les circonstances de la vie les tiendront éloignés pendant des années. Lorsqu'ils se retrouveront, un grand amour commencera.

En pleine ascension, Carbone touche à tout où il y a de l'argent à ramasser. Secondé par Spirito, il s'occupe de corridas, de spectacles, de rencontres sportives...

Événement sans précédent à Marseille : le championnat du monde de boxe pour les poids coq. Il est organisé par Carbone, en association avec *Marseille Matin* et *Le Petit Marseillais*. Le propre cousin de Spirito aura à disputer le titre mondial au phénomène pugilistique américain Al Brown, ami très cher de Jean Cocteau. Kid Francis rentre d'une tournée triomphale dans les Amériques avec un palmarès de cent victoires. Le Panaméen Al Brown est à l'apogée de sa carrière. Le match risque d'être très serré. Dès l'ouverture de la location, c'est la ruée sur les places. Les organisateurs se frottent les mains : il y aura une recette record.

Arrive le combat...

L'ambiance est aussi fiévreuse dans le public qu'aux corridas qui se déroulent habituellement sous les platanes de ces arènes. La foule, debout, fait une longue ovation à Kid Francis, l'enfant de Saint-Jean. Il a employé sa prime jeunesse à cirer les chaussures des passants à la terrasse des cafés du quai de la Mairie, à repêcher les oranges tombées des balancelles espagnoles amarrées aux quais et à se « prendre à la castagne » avec ses copains. La pratique des « roustes » gratuites l'a rapidement amené à songer aux combats de boxe qui rapportent. A quatorze ans, le jeune garçon est monté sur un ring de quartier.

Le match commence. D'emblée, Al Brown attaque. Dur, très dur. Kid Francis riposte vaillamment. Les rounds se succèdent avec des alternatives de hauts et de bas pour chacun des adversaires. La fin de la quinzième reprise survient sans que ni le Noir ni le Marseillais aient mis genou à terre. D'un bout à l'autre, le match a été magnifique. Normalement, la victoire devrait revenir au Kid, qui semble s'être assuré le meilleur aux points. Le public anxieux attend le verdict.

L'arbitre comptabilise les points notés par les juges. Mais ceux-ci n'ont pas le temps de finir d'aligner leurs chiffres. Soudain, en un clin d'œil, le ring est envahi. Un juge, empoigné par les cheveux et hissé sur le ring, roule en boule sa feuille de pointage et l'avale. Un autre proclame la victoire de Kid Francis. Un autre annonce Al Brown vainqueur. La foule gronde; elle ne s'est pas déplacée pour assister à la victoire d'un étranger. Elle estime que le combat a été gagné par son compatriote. Peu à peu, la manifestation tourne à l'émeute. Des « calibres » apparaissent au poing des *nervis*. Les chaises commencent à voler. Tout le monde proteste contre la décision d'accorder la victoire au Noir. Elle semble avoir été prise d'avance. L'arbitre américain hurle dans le tumulte :

– *No contest! No contest!*

Des partisans du Kid lui sautent dessus. Il prend peur. Dans son pays, la loi du lynch se pratique encore pour les Noirs. Il n'a pas du tout envie de voir Al Brown pendu à un des platanes qui ombragent les jardins. Il s'affole et, paniqué, s'éclipse dans un remous du public provoqué par les supporters du Kid.

Un juge plus courageux s'apprête à escalader le ring pour proclamer enfin le résultat. Spirito le retient par le bras :

– Faites attention, le prévient-il. Si Al Brown est proclamé vainqueur, je vous garantis qu'il va y avoir un drôle de grabuge.

Le chef de la Sûreté, M. Cals, escorté d'une troupe d'agents, va à son tour occuper le ring. Un autre match commence, entre le public et la police cette fois, à coups de directs et d'uppercuts. Sur les gradins, la foule crie sur l'air des lampions : « Kid Francis... Kid Francis... »

C'est à grand-peine que Al Brown parvient à se dégager. Il ne doit son salut qu'au sprint olympique qu'il pique pour échapper à la meute qui se croit revenue à l'époque de la guerre des *nervis* de 1918-1919 contre les Noirs des vieux quartiers.

Invitée à se prononcer sur le résultat du match, la Fédération de boxe déclare Al Brown vainqueur aux points. Cette défaite imméritée décourage Kid Francis, qui se retire du ring pour fonder un stade de culture physique, le *Sporting Club Montevideo.* Quant à Carbone, il retourne tranquillement à ses affaires... et à la politique avec son ami Sabiani (mais ceci est une autre histoire que je vous raconterai plus tard).

A quelque temps de là, il n'est question dans toute la ville que d'un film de gangsters, dont le maire Henri Tasso vient d'interdire la projection sur les écrans marseillais. Le film s'appelle *Justin de Marseille.* Son scénario est du Marseillais Carlo Rim; il relate les premières luttes entre gangs rivaux dans le trafic de la drogue.

Justement, Carbone et Sabiani ont un voyage à faire à Paris. Ils n'ont rien de plus pressé, une fois arrivés, que d'aller voir le fameux film dans un cinéma des Champs-Élysées. Ils pourront le raconter aux amis à leur retour à Marseille.

L'action débute dans l'animation du débarquement d'un navire venant d'Égypte. Un des passagers est descendu à terre dans un fauteuil roulant. Il a à peine touché le quai que la bagarre éclate. Des hommes coiffés de chapeaux mous se précipitent sur lui... Miraculeusement, l'infirme saute sur ses jambes et disparaît. On assiste alors, l'espace de quelques secondes, à une farouche mêlée autour des coussins (bourrés de drogue) du fauteuil roulant. Des douaniers qui accourent sont accueillis à coups de revolver. C'est le premier épisode de la lutte entre les deux bandes rivales de Justin le Régulier et d'Esposito (l'homme sans mentalité) qui, l'un comme l'autre, échappent toujours aux pièges et aux attentats.

Au cours d'une trêve, Justin apprend par un fada qui lui sert d'espion que le corps d'une ancienne demimondaine locale, décédée au Moyen-Orient, doit être débarqué à La Joliette le lendemain matin. Des renseignements confidentiels incitent Justin et ses hommes à participer à l'enterrement. Le fada est chargé d'aller commander une belle couronne chez la Quique, la fleuriste du cours Saint-Louis, et voilà l'équipe prête à verser des torrents de larmes sur le cercueil de la pauvre morte. Les hommes de Justin se retrouvent sur le môle avec le clan Esposito. Et tous, prêtres et enfants de chœur en tête, suivent en pleurant le corbillard qui franchit les grilles de l'enceinte portuaire devant les douaniers saluant respectueusement. Le cortège prend la direction du cimetière Saint-Pierre. A l'angle de la Tourette surgit un camion qui roule à une vitesse folle. Maladresse ou manœuvre du chauffeur? Une collision épouvantable se produit, le cercueil tombe par terre et s'éventre.

Au lieu du corps de la défunte, des tas de paquets d'opium se répandent sur le pavé, comme des entrailles. Les deux bandes se précipitent et en viennent aux mains. Un groupe charge le cercueil sur une camionnette. Justin et le fada sautent dans un taxi. Esposito et ses hommes, vaincus, préfèrent rentrer chez eux.

La camionnette fonce vers l'Estaque et le butin est mis à l'abri dans les entrepôts de la biscuiterie du Petit Saint-Jean. En volant ainsi un chargement destiné à Esposito, Justin a réglé son compte à son rival...

Carbone et Sabiani ont bien ri en voyant ce film. Et quand ils ont raconté l'histoire à Marseille, à l'heure du pastis, il y en a qui sont venus frapper sur l'épaule du gangster :

– Hé bé! Paul, si on te disait que la légende de Justin de Marseille n'a pas été inventée de toutes pièces... ?

– Bah! Il y a toujours des mauvaises langues!

Et si nous parlions maintenant de l'associé de Paul Carbone, François Lydro Spirito, le Don Juan du Milieu?

Avec son physique, il aurait pu faire du cinéma et tenir le rôle de Justin, le gangster au grand cœur du film interdit à Marseille par une municipalité vertueuse.

Je le vois, planté devant sa glace. Il mesure un mètre quatre-vingts. A l'aide de son peigne de poche, il se coiffe soigneusement. Ses cheveux noirs et lustrés sont rejetés en arrière pour former des vagues harmonieuses. Puis, avec un bâton de fond de teint ocre, il se met à maquiller les trous de son visage grêlé par la petite vérole de sa jeunesse. Maintenant, il s'habille. Il tire la plus grande vanité de sa toilette et de son élégance; un peu le genre de Lucky Luciano : chemise de soie à fines rayures de couleurs tendres, complet d'excellente coupe, pli de pantalon impeccable, perle à la cravate... L'hiver, il porte un pardessus en poil de chameau et un foulard de soie grenat... Il ne se presse pas; il se tourne pour voir si son veston tombe bien. Enfin le voilà prêt.

Il prend son chapeau de feutre, un Borsalino d'origine, gris gorge de pigeon ou vert pâle, selon les jours, et il l'incline sur sa tête, légèrement sur le côté. A présent, il peut sortir. Il a passé la nuit dans l'appartement de la mère de Carbone, rue Audimar, et va descendre la rue de la République jusqu'au Vieux Port. Il marche avec l'allure d'un boxeur retiré du ring après fortune faite. Sur la place de la Bourse, il serre la main des gardiens de la paix.

– Bonjour, monsieur François!

– Salut, mon brave!

Il tourne à la rue Pavillon et pénètre à l'*Amical Bar* qui lui appartient. Des amis viennent le saluer. Comme un homme politique, il a une cour de partisans qui viennent solliciter, qui une intervention, qui une mesure de faveur.

A l'un, il promet qu'il obtiendra le renouvellement de son autorisation de séjour; à l'autre, il assure qu'au prochain bateau de Barcelone il aura sa bouteille de vrai Pernod à 68 degrés. Parfois, il entraîne ses solliciteurs un peu à l'écart du comptoir et il entame avec eux de longues discussions à voix basse. Dans les affaires du Milieu, Spirito aime jouer les « juges de paix ».

Aujourd'hui, c'est d'une fusillade qu'il s'agit. Elle a

éclaté dans un bar du Panier. L'ami d'un interdit de séjour a reçu une balle dans les reins. Comme le « tricard » se trouve dans une situation trop périlleuse pour aller venger son ami, il est venu demander à Spirito, le « calibre » dans la poche, de bien vouloir servir de médiateur dans cette affaire afin de supprimer tout obstacle à quelque arrangement entre les deux parties.

– D'accord, accepte le « juge » après quelques instants de réflexion. Je vais aller avec toi voir le blessé à l'hôpital. Je lui expliquerai mon point de vue. Ça s'arrangera sans doute.

L'affaire s'arrange, bien sûr. Au contact du « beau monde », Spirito a acquis un vernis qui en impose. Il est long, mince et distingué, et son allure est bien différente de celle de son inséparable ami Carbone, massive et féline à la fois, et dans le fond assez rustre. La caractéristique du Beau Ficelle est d'aimer jouer les vedettes et les grands seigneurs. Quand il va dîner au *Negresco* à Nice, son premier soin est de glisser un billet de mille francs dans la main du maître d'hôtel :

– Surtout, mon ami, recommande-t-il en mettant un doigt sur ses lèvres, pas un mot à qui que ce soit que Spirito soupe ici !

Il sait pertinemment que le maître d'hôtel n'aura rien de plus pressé que d'informer les dîneurs et les journalistes niçois de la présence du Grand Lydro en compagnie de sa dernière conquête. Les femmes, c'est sa spécialité. Aucune ne résiste à son charme incontestable. Comme Carbone, il se marie un peu avant la guerre de 39 mais lui, il aura deux enfants, une fille et un garçon.

Bien que sa jeunesse ait été plutôt orageuse, avec des affaires de coups et blessures, d'escroquerie et de proxénétisme, il n'a encore jamais été condamné. Une fois, pourtant, il l'a échappé belle...

Un riche marchand de chaussures marseillais avait été attiré dans un appartement par une de ses protégées :

– Ta fortune n'est rien à côté de celle d'un Sud-Américain qui vient de débarquer à Marseille après avoir réalisé un colossal marché de peaux brutes en Europe, expliqua la belle enfant au marchand de chaussures. Cet Argentin cherche à se faire des relations parmi les gens de la chaussure. C'est pour ça que j'ai pensé te le présenter. Il adore jouer au baccara; aussi, avec quelques amis, nous organisons une petite partie, histoire de le décharger un peu du poids de ses pesetas. Si le cœur t'en dit...

– Tu n'as pas besoin de me faire un dessin : j'ai compris, répondit le négociant avec un clin d'œil malicieux.

Alors intervint un ami de la jeune femme.

– Il faut quand même vous dire, précisa-t-il, que notre homme est du genre méfiant et capricieux. Il n'est pas facile à apprivoiser. Pour lui prendre ses millions, il va falloir d'abord lui laisser gagner quelques milliers de francs. Le tout est de le mettre en confiance. Malheureusement, nous ne sommes pas riches...

– Qu'à cela ne tienne, rétorqua le marchand de chaussures. Je peux très bien faire l'avance des premières mises... Combien faudrait-il au départ ?

– Cent mille devraient suffire...

– Pas de problème.

La partie de baccara fut organisée. Les présentations eurent lieu; l'Argentin fumait un gros cigare; il ne disait pas un mot de français. Le jeu continua plusieurs jours durant dans l'appartement. Les gains de l'Argentin s'élevaient déjà à quatre cent mille francs, correspondant exactement aux avances du marchand de chaussures, qui avait ouvert son portefeuille plus grand que prévu. Celui-ci estima alors que le moment était venu, non seulement de récupérer sa mise, mais de rafler les fameux millions.

– Maintenant, déclara-t-il à ses « associés », il faut porter le grand coup.

On en discuta longuement dans la nuit qui devait précéder la cascade finale des millions.

Le lendemain, quand le marchand de chaussures se présenta à la table de jeu, l'Argentin s'était fait excuser. Les autres avaient l'air sincèrement navrés de ce contretemps. Ils promirent de mettre la ville sens dessus dessous pour retrouver le fuyard et les quatre cents « sacs »... Mais, tandis qu'on discutait ferme, la police fit irruption dans la pièce et dressa procès-verbal pour tenue de jeux clandestins.

– Ah! c'est la providence qui vous envoie, s'écria le marchand de chaussures : j'allais justement à l'Évêché [1] raconter ce qui vient d'arriver...

Les policiers, bons princes, consentirent après un interrogatoire serré à le mettre hors de cause, non sans lui avoir fait signer le procès-verbal de ses aveux.

Une fois dehors, l'homme, qui avait enfin compris, s'en fut conter ses ennuis à la vraie police.

– D'accord, lui répondit-on, vous êtes la victime de faux policiers et d'escrocs spécialisés. Seulement, un bon conseil : vous feriez mieux de ne pas porter plainte... C'est Spirito qui a monté la partie... Si vous déposez une plainte contre lui, vous n'êtes pas au bout de vos embêtements.

Un peu penaud, le marchand de chaussures n'insista pas.

A l'aube du 2 mars 1934, le printemps un peu en avance éclate sur tous les murs de Marseille en une bien étrange floraison. De Saint-Jean aux Chartreux, d'Endoume à Menpenti, du Cannet à Vieille-Chapelle, des milliers et des milliers d'affiches blanches alertent la population. La colle des placards hâtivement posés au cours de la nuit dégouline encore sous le soleil naissant.

Les travailleurs matinaux se précipitent pour lire. Ils restent stupéfaits. La proclamation sort vraiment du genre habituel.

« PEUPLE DE MARSEILLE :
CARBONE ET SPIRITO SONT MES AMIS.
JE N'ADMETTRAI PAS QU'ON TOUCHE
A UN SEUL DE LEURS CHEVEUX.
Signé : Simon SABIANI, adjoint au maire. »

1. Hôtel de police de Marseille.

De quoi se sont rendus coupables Carbone et Spirito, dont toute la ville parle avec passion depuis huit jours? Quels impérieux mobiles ont fait prendre la mouche à un personnage aussi haut placé sur le plan local que Simon Sabiani, adjoint au maire Flaissières?

Réponse à la première question : il s'agit d'une basse vengeance de police.

Réponse à la seconde : une fidélité peu commune à l'amitié et un point d'honneur d'autant plus courageux et chevaleresque que le signataire de cette affiche vengeresse s'attaque au ministère Chautemps, à l'enquête d'un inspecteur de police trop zélé et à la décision d'un juge d'instruction.

Comme Sabiani n'a pas que des amis à Marseille, certains ricanent à la lecture de son appel au peuple :

– Ça lui va bien, de prendre parti pour les gangsters! Maintenant il veut jouer les Don Quichotte et les redresseurs de torts! Pour qui il se croit?

L'origine de l'affaire remonte juste à dix jours : le 21 février 1934, le corps du conseiller à la Cour, Albert Prince, est retrouvé affreusement écrasé sur la voie de chemin de fer Paris-Dijon, au kilomètre 312. Il s'agit d'une des nombreuses retombées du scandale Stavisky. Le suicide ne fait pratiquement aucun doute. Le ministre de la Justice, Chéron, charge de l'enquête l'inspecteur Bonny [1], qu'il considère comme « le plus grand policier de France ». Bonny voit là une occasion d'assouvir une vieille rancune à l'égard des deux gangsters marseillais qu'il n'a jamais pu coincer. Il ne trouve rien de mieux que d'en faire deux assassins et de mettre dans le même sac leur ami de Monte-Carlo, le baron de Lussats. Ainsi, il recevra les félicitations officielles et aura de l'avancement, croit-il...

Les trois hommes sont arrêtés et transférés à la prison de Dijon. Carbone prend pour avocats son éminent compatriote, maître de Moro-Giafferi, ancien ministre, et

1. L'inspecteur Bonny sera fusillé à la Libération pour intelligence avec l'ennemi.

maître Marcel Ceccaldi. Spirito confie sa défense à maître Pierre Milani, futur bâtonnier du barreau de Marseille.

L'examen du dossier permet tout de suite aux avocats de se rendre compte que l'accusation ne tient pas. Ce sera pour eux un jeu d'enfant d'en démolir le mécanisme. D'ailleurs, le double alibi qu'invoque Carbone dans le cabinet du juge d'instruction Rabut va s'avérer irréfutable.

Primo : un médecin marseillais très connu, le docteur Marcel Grassi, vient déclarer au chef de la Sûreté marseillaise M. Cals, sur commission rogatoire du juge Rabut :

– Pas de doute possible, monsieur le commissaire. Le jour même de la fin tragique du conseiller Prince, je soignais Paul Carbone, son frère François et sa belle-sœur Mathilde au domicile de Mme Carbone mère, 2 rue Audimar. Voici mon carnet de visites avec les rendez-vous, et les fiches médicales de ces trois clients avec les dates du traitement que je leur administrais à tous les trois en même temps, pour ne pas avoir à me déranger plusieurs fois...

Secundo : Carbone, de son côté, avait déclaré au magistrat instructeur :

– Le jour de la mort du conseiller Prince, monsieur le juge, j'avais rendez-vous avec mon médecin et, dans la soirée, je devais traiter une affaire à Marseille avec un ami, le manadier Joseph Sol, qui élève des toros de combat au Mas du Pèbre en Camargue. J'ai acheté ce jour-là un lot de six toros, payés cash. Je dois ajouter que ce bétail de corrida ne m'a pas coûté cher : j'ai passé la nuit du 20 au 21 février à jouer au poker dans un cercle de la Canebière et les cartes m'ont été favorables. J'ai regagné le prix de mes toros. Vous pouvez vérifier : c'est facile.

La colle des affiches du fougueux Sabiani est à peine séchée que ses deux protégés obtiennent un non-lieu et des excuses officielles. Une réception triomphale organisée en un temps record par l'adjoint au maire attendra Carbone et Spirito en gare Saint-Charles. Des milliers de personnes se pressent sur le quai pour les accueillir. De la portière de leur compartiment de première classe, les deux compères peuvent alors mesurer l'étendue de leur popularité.

Comme de juste, mon mari se trouvait au premier rang sur le quai de la gare pour accueillir ses amis. La « bombe » qu'ils firent ce soir-là dans un restaurant italien du quartier Saint-Lazare...!

Novembre 1935.

Un kidnapping soulève l'indignation des Marseillais. Le petit Claude Malméjac, fils d'un éminent professeur à la faculté de médecine, est enlevé par un inconnu au parc Chanot alors qu'il faisait sa promenade quotidienne avec sa nurse.

L'enquête de police démarre rapidement, mais elle ne tarde pas à piétiner. Aucun indice valable n'est relevé. Le signalement du ravisseur est des plus vagues. Tous les effectifs de l'Évêché sont mis sur le pied de guerre pour le retrouver.

C'est alors que débarque de Paris un cousin des Malméjac. Il a tellement entendu parler par les journaux de la toute-puissance du Milieu marseillais qu'il s'est mis dans la tête de contacter une des personnalités les plus marquantes de ce monde à part. Il apprend en flânant dans les bars au cent glaces et aux mille nickels qui illuminent la nuit le quartier de la Bourse qu'à deux pas de là, à l'*Amical Bar,* il risque de rencontrer des gros bonnets du Mitan. Il finit par être présenté à Spirito.

Le Beau Ficelle est au courant du kidnapping. Très grand seigneur, il assure :

– Cher monsieur, je puis vous certifier que pas un homme du Milieu n'est dans le coup de l'enlèvement du petit Malméjac. Le kidnapping, nous considérons ça comme une chose ignoble. Il n'y a que les Américains pour oser enlever un enfant, comme ils l'ont fait avec le fils de Lindberg. En France, nous ne sommes pas pourris à ce point. Vous avez rudement bien fait de venir me trouver. Mes amis et moi, nous allons remuer ciel et terre pour découvrir ce petit et mettre la main sur le salaud qui l'a enlevé...

Deux jours après, le ravisseur est retrouvé dans une villa de Beaumont. Il s'agit d'un repris de justice, André Clément, pratiquement inconnu dans le Milieu et déjà condamné par contumace à vingt ans de travaux forcés. C'est un isolé, un minable, un « demeuré » à moitié cinglé, pour lequel Spirito a ce mot de mépris :

– Peuh! Ce fada, encore plus fada qu'Étienne, qu'on nous le laisse. Il ne recommencera plus!

Étienne est ce fada professionnel qui chante *Carmen* à la terrasse des cafés de Marseille en mimant les phases de la corrida. Marcel Pagnol s'est inspiré de ce personnage inoffensif pour en faire le « Piquoiseau » de *Marius,* comme Carlo Rim pour camper « Le Bègue », le fada de son film *Justin de Marseille.*

Le 27 octobre 1938, au moment où le président Daladier prononce son discours inaugural devant le Congrès radical qui se tient au parc Chanot, un formidable incendie se déclare aux Nouvelles Galeries, à l'angle de la rue de l'Arbre et de la Canebière. Attisé par un violent mistral, le feu traverse la Canebière et ne tarde pas à embraser l'hôtel *Noailles,* le *Grand Hôtel* et les immeubles voisins. Les pompiers, qui n'ont qu'un matériel insuffisant, la police débordée et la foule qui s'est amassée s'agitent en vain devant l'infernal brasier. Des gens, les vêtements en flammes, sautent par les fenêtres en hurlant et viennent s'écraser sur les trottoirs.

Carbone et Spirito sont parmi la foule. Ils voient sur le bord d'une fenêtre, au troisième étage de l'hôtel *Noailles,* deux femmes qui appellent au secours. Ils les reconnaissent. Courageusement, ils se précipitent dans les flammes, grimpent quatre à quatre l'escalier, enfoncent une porte et arrachent au feu la marquise de Crussol, égérie du président Daladier, et l'artiste Cora Madou, épouse de Guy La Chambre, ministre de l'Air. Ils sauvent non seulement leurs personnes, mais leurs bijoux, qui sont appréciables.

Les deux compères vont se remettre de leur exploit devant les pastis de l'*Amical Bar,* avec leurs sourcils roussis et leurs vêtements brûlés par endroits. A la fin du récit du sauvetage qu'ils ont dû faire aux amis, un petit plaisantin s'écrie :

– Dis, Chois [1], sois brave, tu ne vas quand même pas me faire croire que les bijoux, tu n'en as pas gardé un peu... pour la commission...!

Le regard chargé de mitraille que lui lance Spirito lui coupe net l'envie de continuer sa plaisanterie.

Au cours de l'été 1939, la population marseillaise est invitée à passer au bleu les vitres des fenêtres. Des tranchées-abris sont creusées sur la place Victor Gelu. Le bon félibre qui indique du doigt le chemin des maisons de tolérance de la rue de la Reynarde se demande ce qui va se passer.

Le 3 septembre, la guerre est déclarée. C'est la drôle de guerre, qui durera jusqu'au printemps suivant. En juin 1940, Hitler a envahi la Belgique, la Hollande, l'Est et le Nord de la France. C'est l'exode vers le Sud. Le 22 juin, c'est l'armistice.

La veille de l'armistice, les Italiens sont venus bombarder le Vieux Port. C'est le quartier de la mairie qui a le plus souffert. Autour de la Vieille Major, un grand nombre d'enfants, de vieillards et de policiers ont été tués. On parle de cent quarante-trois morts et cent trente-six blessés. Les filles de la rue Bouterie ont été épargnées!

Pétain devient le chef de l'État. Une de ses premières préoccupations est de faire enfermer dans ses camps de concentration tous ceux que le régime de Vichy considère comme des asociaux : gangsters, souteneurs, repris de justice, communistes et anarchistes. Spirito se retrouve enfermé avec son ami Carbone au camp de Sisteron. Il râle :

– Du temps du Front populaire, on nous pourchassait parce qu'on soutenait les nationaux. Maintenant qu'ils

1. François.

sont au pouvoir, ils nous flanquent en prison. Va chercher à comprendre !

Mais de mystérieuses interventions se produisent. Vichy cède sous la pression de Doriot et de Sabiani. Carbone et Spirito sont relâchés. De par leur appartenance au P.P.F., les deux compères se trouvent obligés d'opter pour la collaboration (deux camps s'offrent alors au Milieu : soit celui qu'a rejoint Simon Sabiani, soit la Résistance. C'est dans la Résistance que passeront les Guérini, leurs adversaires politiques).

Lorsque le 11 novembre 1942, les Allemands envahissent la zone libre et entrent à Marseille, Carbone et Spirito s'enrôlent dans la police allemande comme V-Mann (hommes de confiance) du service de Sécurité. Nantis d'une belle carte jaune, ils vont se trouver à l'abri des indiscrétions de la police française, et voir s'ouvrir en grand devant eux les portes du marché noir et des trafics en tous genres

Alors que Carbone s'y refuse, Spirito va plus loin. Il se laisse embrigader par la sinistre Gestapo de la rue Lauriston.

– Quand même, il ne faut pas confondre, explique Carbone à ses amis de Marseille. Je ne trahis pas. Je reste simplement fidèle à mes amitiés politiques : Doriot et Sabiani se sont ralliés à la collaboration. Mais je refuse absolument de participer, comme Lafont et l'inspecteur Bonny, aux basses besognes de la Carlingue [1]. Spirito se mouille beaucoup. C'est pour ça que je suis en froid avec lui... Il a tort, comme il avait tort dans le temps pour une affaire où nous nous étions violemment disputés. J'avais dû sortir mon « calibre » et, dans le feu de la discussion, le coup était parti : j'avais blessé au pied mon meilleur ami... Aujourd'hui, je le laisse faire ce qu'il veut : l'homme est libre. Mais moi, mon rôle chez les Fritz, c'est de faire du renseignement politique, pas de torturer les Résistants ni de rançonner les Juifs... La preuve, c'est qu'ici les adversaires les plus farouches de Simon Sabiani, les frères

1. La Gestapo.

Guérini, se sont rangés de l'autre bord et que je me garde bien de les « donner » aux autorités d'Occupation...

Très rapidement, grâce à son flair, Carbone se révèle un extraordinaire brasseur d'affaires. Il achète au-dessous de la taxe tout ce qu'il y a à acheter et il le revend au plus haut prix aux occupants dont les besoins sont énormes : camions, tractions avant, stocks de peaux de chamois, catgut pour les interventions chirurgicales, bas de soie, peinture sous-marine, oranges, etc.

Il a son bureau d'import-export à deux pas des Champs-Élysées, au 2 de la rue du Colisée. Il a retrouvé Manouche, qu'il avait remarquée des années auparavant, un soir au restaurant *Cotti.* Depuis qu'on la voit à son bras, il est devenu un personnage du Tout-Paris dans les cabarets et les restaurants à la mode. Il vit avec la jeune femme dans un luxueux appartement du boulevard Gouvion Saint-Cyr dont les murs sont décorés de toiles de Vlaminck et de Kiesling et des portraits que Jean-Gabriel Domergue et Van Dongen avaient faits de sa maîtresse. C'est la grande vie.

Les premières semaines de l'année 1943 apportent des nuées sombres dans ce ciel serein. Il n'est question à Marseille que de la prochaine destruction des vieux quartiers de sa jeunesse. Comme il a des parts dans un certain nombre de « maisons », il vient à Marseille et multiplie les démarches auprès des responsables du projet, le préfet Bousquet et le général S.S. Oberg. Peine perdue! Comme il s'emporte et menace de « faire un malheur », on le met en prison, juste le temps de procéder aux destructions.

Début février, les vieux quartiers sont livrés à la dynamite, trente-cinq mille personnes de Saint-Jean sont expulsées et parquées dans un camp à Fréjus. Douze patrons de maisons de tolérance et leurs pensionnaires doivent plier bagage et chercher de l'embauche ailleurs...

Les occupants et leurs amis français prétendaient que les vieux quartiers étaient un repaire de bandits, de déserteurs et de trafiquants d'armes. En réalité, mis à part quelques individus en situation irrégulière, la police allemande ne découvre pas grand-chose : huit bombes, dix fusils-mitrailleurs, deux caisses de cartouches, plus dix porcs et quatre chèvres...

Quatorze hectares sont rasés et quinze cents immeubles transformés en tas de ruines. Carbone en a gros sur le cœur. En outre, il n'est pas d'accord avec Sabiani qui a fait engager son fils François dans la Légion antibolchevique et qui laisse les miliciens arrêter les patriotes et piller les Israélites. On a l'impression qu'il se rend compte, dès à présent, que le vent est en train de tourner et que, pour l'Allemagne et ses amis, s'annonce déjà le commencement de la fin...

Il oublie ses sombres pressentiments lorsque, à la fin du mois d'août, Manouche lui annonce :

– Paul, j'attends un petit!

Il conduit aussitôt sa maîtresse chez un médecin de la rue de la République qui diagnostique une grossesse de deux mois. Et pour fêter la bonne nouvelle, à l'issue de longues libations à la *Brasserie des Templiers,* il convie une dizaine d'amis à dîner *Chez Maurice Brun,* le fameux restaurateur de tradition provençale du quai de Rive-Neuve. Flots de champagne après le repas religieusement servi par Mestre brun, et la *Coupo Santo* d'honneur, chantée par le patron à l'harmonium.

Mais Carbone ne connaîtra jamais son fils...

Par un matin frisquet de décembre 1943, une nouvelle se propage, qui provoque la stupeur dans les bars de Marseille :

– Venture Carbone, le pauvre, il vient de mourir, cette nuit, dans un accident de chemin de fer du côté de Lyon. Il paraît que c'est le maquis qui a fait sauter le train...

Devant le comptoir de l'*Amical Bar,* Spirito pâlit, éclate brusquement en sanglots puis, la voix éteinte par l'émotion, murmure :

– Peuchère, c'est comme si j'avais perdu la moitié de moi-même... Et Paul qui venait de louer une villa à Madrid pour que Manouche puisse accoucher tranquillement!

Un voyage d'affaires avait appelé Carbone à Marseille. Il remontait à Paris et, au départ de Saint-Charles, il avait cédé sa couchette – celle du bas – à un invalide.

Le train avait déraillé aux environs de Chalon-sur-Saône. Son wagon s'était couché contre la locomotive et avait pris feu. L'invalide se tirait indemne de la catastrophe. Carbone, sur la couchette supérieure, avait le bassin défoncé, la jambe droite sectionnée et la gauche écrasée jusqu'au genou. Tandis qu'on lui faisait un garrot de fortune, il balbutiait, les yeux mi-clos :

– Ce coup-ci, je suis fait...

On l'étendit sur le ballast. Le thermomètre marquait quinze degrés au-dessous de zéro. Un de ses compagnons de voyage lui tendit une fiasque :

– Buvez, ça vous fera du bien.

Carbone, qui se raidissait pour ne pas crier de douleur, demanda simplement avant de porter le goulot à ses lèvres.

– Ce n'est pas du rhum, au moins ?

– Non, c'est du cognac.

– Du cognac, *va be* ! Le rhum, c'est trop sinistre !

Il engloutit une longue gorgée d'alcool. Cela le revigora.

– Ça fait du bien. Si des fois vous aviez une cigarette ?

On la lui alluma. Il en tira quelques bouffées et trouva la force de plaisanter :

– Merci... Ce sera la dernière cigarette du condamné.

Cet humour macabre a fait l'admiration de M. Roussel, P.D.-G. des laboratoires du même nom, qui fut un grand résistant. Il ignorait l'identité du blessé, mais ses tatouages spectaculaires trahissaient plutôt le mauvais garçon que l'enfant de chœur.

Sur le ballast, les secours commencent à arriver. On étend Carbone sur un brancard. Il ferme les yeux. La douleur, ou la fin proche ? Il rend le dernier soupir peu après son arrivée à l'hôpital des Brotteaux à Lyon.

Spirito à qui l'on a téléphoné tout de suite après

l'accident, arrive en fin de matinée avec une dizaine de voitures d'amis. La police lyonnaise l'informe qu'elle a décidé d'enterrer Carbone dans la fosse commune du cimetière de la ville. Un concert de protestations s'élève en même temps que les revolvers sortent des ceintures et les cartes jaunes des portefeuilles :

– Nous emmènerons le corps de notre ami à Paris afin qu'il ait des funérailles nationales. Police allemande!

Les policiers lyonnais doivent s'incliner.

Les obsèques de Paul ont lieu à Paris, à l'église Sainte-Marie des Batignolles, proche du domicile de sa femme boulevard Péreire. Y assistent le Milieu corse au grand complet, une importante délégation marseillaise avec Simon Sabiani à sa tête, le clan de la collaboration franco-allemande avec l'ambassadeur Otto Abetz, Paul Marion secrétaire d'État du gouvernement Pétain, le monde artistique avec Tino Rossi et Mistinguett, le demi-monde avec Cobedo, le tenancier du *Fourcy* et du *Panier fleuri,* et les pensionnaires, en grand deuil, de ces maisons d'abattage. En tout, plus de trois mille personnes.

Provisoirement inhumé dans le caveau de son ami Antoine Peretti au Père-Lachaise [1], le corps de Paul-Bonaventure Carbone n'a été transféré à Propriano que quelques années après. Une conspiration du silence s'était établie autour de sa vieille « mamma » clouée par la paralysie sur un fauteuil roulant. L'infirme, qui adorait son fils aîné, termina ainsi ses jours sans savoir sa fin tragique.

À l'époque, certains ont prétendu que le déraillement du train avait été provoqué exprès pour supprimer Carbone. C'est faux. Seule, la fatalité a voulu qu'il se trouvât dans ce train et sur la couchette supérieure.

Fin mars 1944, Manouche mit au monde, dans une clinique de Boulogne-sur-Seine, le fils posthume de Paul,

1. Antoine Peretti fut le premier « protecteur » de Marie Paoleschi. Devenu « l'empereur » des cercles de jeux à Paris, il s'est retiré dans son château près de Sartène en Corse, où il est mort il y a cinq ans.

qui reçut les prénoms des trois frères Carbone : Jean, Paul, François. Pour qu'il puisse porter le nom de son père, on raconte que Mathilde, la femme de François, se serait fait passer pour la mère du bébé, afin que l'état civil puisse enregistrer la naissance sous le nom de Carbone [1].

Au fil des mois, les choses vont de plus en plus mal pour les Allemands et les collaborateurs. Sabiani perd son fils François, tué sur le front de l'Est. Marseille est bombardée par les Américains le 27 mai ; une bombe tombe à côté de la *Brasserie Beauvau,* qui appartient aux Carbone. Les Alliés débarquent en Normandie le 6 juin 1944.

Le 15 août, c'est le débarquement allié en Provence. Les collaborateurs préparent leurs valises. Spirito et Sabiani filent en Espagne. De là, ils s'embarqueront pour les Amériques ; Sabiani pour l'Argentine ; Spirito, sous un faux passeport établi au nom de Charles-Henri Faccia, pour le Canada. C'est là qu'il apprendra sa condamnation à mort par contumace, pour intelligence avec l'ennemi. Expulsé du Canada, il se réfugie aux États-Unis. Il y restera cinq ans. Bien que fort discrètes, ses activités attirent sur lui l'attention de la police américaine. Compromis dans une affaire de trafic de drogue, il est condamné à deux ans de prison qu'il va purger à la maison d'arrêt d'Atlanta en Georgie.

A l'issue de sa peine, le F.B.I. – à la suite d'une intervention d'Interpol – prépare son extradition. Il est conduit sous bonne escorte à bord du paquebot *United States.*

Le 7 février 1954, les policiers français le prennent en charge à son débarquement au Havre. L'âge a quelque peu épaissi sa silhouette et blanchi ses tempes. Malgré tout, le Beau Ficelle a encore de beaux restes.

Il est en France l'objet de trois inculpations. Mais, faute de preuves, il est acquitté. Désormais, il mènera la

1. Marie Paoleschi, qui connaît bien Mathilde et sa « mentalité », soutient que cette histoire ne tient pas debout.

vie d'un père tranquille, s'occupera d'abord de la direction de l'*Hôtel de la Réserve* à Sausset-les-Pins, une jolie station des environs de Marseille, puis prendra une affaire avec sa seconde femme Marie à proximité de Toulon. Encore très écouté dans le Milieu où son auréole de caïd n'est pas ternie, il interviendra à plusieurs reprises dans l'affaire du *Combinatie*. Il sera président d'une société de pétanque.

François Spirito meurt le 9 octobre 1967 à l'hôpital Paul Desbief à Marseille, veillé jusqu'au bout par sa deuxième épouse et par la sœur de sa première femme, infirmière dans cet établissement.

Quant à Simon Sabiani, après avoir tenu un night-club Avenida de Oriente à Buenos Aires, il reviendra en 1950 à Barcelone où, parmi les anciens P.P.F. réfugiés *tra los montes,* il retrouvera François Carbone, alias Tchikakoff, qui tient le bar *Le Darling* dans une des rues chaudes du Barrio Chino, et le père du grand acteur Gérard Philipe qui donne, pour vivre, des leçons de français aux jeunes Catalanes. Avant de mourir, Sabiani tiendra à aller embrasser sa mère en Corse. Il s'y rendra sur un cargo et en repartira aussi clandestinement qu'il était venu. Il mourra à Barcelone l'année suivante.

Avec Sabiani, Spirito et Carbone, disparaît l'une des plus brillantes et des plus tumultueuses époques de l'histoire de Marseille... L'époque des *nervis* en bleu de chauffe, des *cagoles* dans les *balettis* des vieux quartiers, des élections mouvementées, de certaines mœurs politiques, des fusillades au coin des rues, des opérettes marseillaises de l'Alcazar, des pièces de Marcel Pagnol et de mes débuts... dans le Milieu...

PAULOT LECA
ET LES BIJOUX DE LA BÉGUM

A vrai dire, je suis loin d'éprouver de la sympathie à l'égard de tous les amis de mon mari... Certains, je les trouve trop prétentieux, trop « glorieux »... D'autres, pas réguliers, pas francs du collier...

Paulot Leca appartiendrait plutôt à la première catégorie. En dépit de son palmarès impressionnant, il n'a jamais suscité en moi d'autre sentiment que la considération (je ne peux nier qu'il a fait ses preuves dans le Milieu).

En gros, voici quelques-uns de ses faits d'armes les plus remarquables.

En 1938, il participe à la fameuse attaque du « train de l'or » exécutée dans la plus pure tradition des détrousseurs de diligences du Far-West. Le butin va chercher dans les cent soixante-quatorze kilos de métal précieux, sans compter quelques kilos de bijoux de valeur en plus. Malheureusement, après le coup, il y a une « bavure ». Ou plutôt un bavard. Résultat : la bande est coffrée. Paulot, lui, s'en tire, grâce à un alibi en béton qu'il avait eu l'astuce de se fabriquer.

En 1940, le gouvernement de Vichy fait rafler les gros bonnets du Milieu marseillais pour les envoyer « en villégiature » dans des camps de concentration. Carbone, Spirito, Jo Renucci, les frères Guérini ont été pris dans le filet. On les envoie dans les Alpes d'où, leurs relations politiques aidant, ils ne tardent pas à regagner Marseille. Paulot, lui, se retrouve au camp de Mauzac, avec l'écrivain Jean Cassou, le professeur de lettres Pierre Bertaux (qui, plus tard, à la Libération, lui rendra de grands services) et un Corse du Panier, Mario Saredi, dit le Beau Mario ou Galine, qui tournera par la suite dans les films d'Alain Delon et Jean-Paul Belmondo. Avec son fume-cigarette en or éternellement vissé entre ses dents, Paulot devient rapidement une des vedettes du camp. Il soudoie un surveillant corse qui laisse la porte du camp entrouverte au moment de la relève de la garde, et s'évade en compagnie de Pierre Bertaux. Pendant quelques mois, il vivra d'expédients dans la région de Toulouse, avec une boîte magique de son invention qui aurait eu le mérite de fabriquer des billets de cinq mille francs.

Dans les années 1945-1946, il trafique dans les faux dollars et réussit plusieurs cambriolages d'objets d'art dans les châteaux du Midi et du Centre. Il s'en sort sans histoires.

C'est durant cette période qu'il a un jour le coup de foudre pour une très jolie fille rencontrée dans le bar de son ami Lolo Marignani. La jeune femme est accompagnée d'un garçon d'allure plutôt banale qu'on appelle le Parisien. Un demi-sel, vraisemblablement. Paulot se décide :

– Cette fille me plaît, il me la faut! confie-t-il à Lolo Marignani.

– *Aïo, un temi niente!* [1] lui répond le patron du bar.

Paulot se laisse glisser de son tabouret et se dirige vers la belle inconnue en négligeant ostensiblement la présence du Parisien. Il s'incline en touchant le bord de son chapeau :

– Mademoiselle, permettez-moi de vous offrir l'apéritif!

– Avec plaisir, accepte-t-elle en lui tendant la main.

La conversation s'engage. Au bout d'un moment, il déclare posément en fixant la jeune femme :

– A partir de maintenant, c'est moi qui suis ton ami. Ton blanc-bec n'a qu'à aller se faire voir ailleurs.

– Félicitations! Vous êtes un direct, vous, Monsieur... Monsieur comment?

1. Allons, tu ne crains rien!

– Paulot. Et toi ?
– Éliane.
Leurs verres terminés, il lui prend le bras et l'entraîne vers la porte. En passant près du comptoir, il dit assez haut pour que le Parisien l'entende :
– Une femme de ta classe, ça me ferait mal de la voir affublée d'un minable pareil !
Le Parisien ne tique pas. Les autres consommateurs, qui prévoyaient une bagarre, en sont pour leurs frais.
Un peu plus tard, à la *Brasserie Beauvau* appartenant à Paul Carbone, rendez-vous du monde des affaires, Paulot apprendra de sa compagne qu'elle est la fille du président de la Société des auteurs dramatiques.
Éliane s'attache sincèrement à son gentleman-gangster, comme elle l'appelle devant les intimes. Lui, il ne sait qu'inventer pour la gâter : manteaux de fourrure, bijoux, toilettes des plus grands couturiers. Pour se procurer de l'argent, il se livre à toutes sortes de trafics, depuis les cartes d'alimentation jusqu'au vol des documents militaires secrets de la marine allemande, qu'il va remettre à la D.S.T. de Nice. C'est pour cette raison que les autorités fermeront les yeux sur certaines de ses autres activités.
En 1948, le voici à Tanger, plaque tournante de la contrebande du tabac blond. Une fois encore, il se révèle un « cerveau ». C'est le début de sa fortune : appartement somptueux, jolie femme, yacht de milliardaire, l'*Éliette,* à bord duquel il effectuera de magnifiques croisières en Méditerranée ; le grand standing, quoi !
Dans son immeuble cossu en pierres de taille de la place Delibes, Paulot a toutes les apparences et les manières de l'homme d'affaires arrivé. Ses complets sont toujours sobres et impeccables ; sa garde-robe en compte une trentaine. Il porte des chemises sur mesure et ses cravates sont choisies avec un goût très sûr. Toujours soigné et toujours soucieux de sa petite santé, il coupe sa cigarette en deux et n'en met qu'une moitié dans son éternel fume-cigarette en or. Ses efforts pour jouir de la considération générale sont touchants. Dans l'escalier, il

salue avec une aimable componction les gens qu'il croise. Il confie à mon mari qu'il s'est fait construire dans son village un splendide tombeau en marbre et qu'il a donné de l'argent au curé pour réparer l'église où il a été baptisé. Peut-être veut-il se faire pardonner devant Dieu son premier vol, commis dans cette même église lors du mariage de sa sœur?

Son obsession de respectabilité est l'une des raisons pour lesquelles il espace de plus en plus ses relations avec le menu fretin du Milieu. Chez lui, il ne reçoit que la fine fleur des truands. Ses meilleurs amis sont mon mari, Jacques Ulysse, le propriétaire du restaurant *Au Roi d'Ithaque,* Charles Vinciléoni qui tient *La Daurade* où Éliane a été caissière un certain temps, Sauveur Architta qui avait eu des ennuis avec les faux dollars de Cabriès, et Étienne Silvetti, dit Nature, propriétaire de *La Guinguette de Nogent* sur le quai de Rive-Neuve.

A côté de ces personnages qui ont tous eu, de près ou de loin, maille à partir avec la justice, Paulot fréquente de riches négociants, des propriétaires de chaînes de cinéma, des médecins, des avocats, des hauts fonctionnaires, quelques hommes politiques et aussi plusieurs relations d'Éliane qui comptent parmi les personnalités du Tout-Paris.

Au début de l'été 1949, Paulot Leca fait la tournée de ses amis et connaissances. Sa première visite est pour Dominique qu'il vient voir au *Paris-Montmartre.*

L'orchestre n'a pas encore commencé à jouer lorsque Paulot arrive devant le comptoir du cabaret : il est trop tôt. Apercevant son ami, mon mari s'avance à sa rencontre, la main tendue :

– Quel bon vent t'amène, Paulot?

– Doumé, je viens te voir pour une grosse affaire.

– Je t'écoute. Il n'y a encore personne.

– Ici, ce n'est guère possible. J'aimerais mieux un endroit plus tranquille. Chez toi, par exemple.

– Je veux bien; mais quand?

– Quand tu voudras. Demain après-midi, si ça t'arrange. Vers cinq heures. Ça te va ?

– D'accord. En attendant, si on buvait une petite coupe ?

– Volontiers.

Les deux hommes parlent de choses et d'autres devant le bar. Les premiers clients arrivent. Lorsque l'orchestre attaque les premières mesures, Paulot claque brusquement sa main sur le comptoir.

– *Ciao,* Doumé ! je me casse. A demain.

Mon mari l'accompagne jusqu'à la porte.

– *Ciao,* Paulot. A demain.

Le lendemain, à l'heure dite, Paulot se présente à notre appartement, 20, rue Longue-des-Capucins. C'est moi qui viens ouvrir.

– Tiens, monsieur Leca ! Comment va la santé ?

– Bien, merci, madame Dominique. Votre mari est là ?

– Oui, il doit terminer sa sieste. Je vais le prévenir. Prenez la peine de vous asseoir.

Dominique, qui a entendu du bruit, arrive, les yeux bouffis de sommeil.

– Alors, Paulot, tu viens pour ta grosse affaire ? s'enquiert-il après les banalités d'usage.

Paulot jette un coup d'œil sur moi qui les observe à la dérobée. Puis, me désignant du menton, il dit :

– *Per parlà, seria meliu che siamu tutti dui !*

– *Capitu* [1] !

Dominique se tourne vers moi pour m'intimer :

– Allez, Marie, laisse-nous. Nous avons besoin d'être seuls un moment.

Soumise, je m'éclipse dans la cuisine attenant à la salle à manger. Mais comme je suis de nature plutôt curieuse, et que j'aime savoir le but des mystérieux entretiens que mon seigneur et maître a si souvent avec les grosses têtes du Milieu, j'ai pratiqué, à l'aide d'une vrille, un trou dans

1. Il vaudrait mieux que nous soyons seuls tous les deux pour parler !
– Compris !

la porte de la cuisine qui donne sur la pièce où les deux hommes vont discuter. L'oreille collée à cette ouverture, je ne perds pas une bouchée des conversations. Non pas pour « faire la balance » – on dit de moi que je suis « comme une tombe » – mais pour être au courant, autant que faire se peut, des activités plus ou moins recommandables de Dominique.

Ils parlent corse. Mon mari se vautre dans un fauteuil. Paulot est resté debout. Je le vois encore comme si j'y étais : il est plutôt frêle et petit (il mesure un mètre soixante-sept exactement), il ressemble vaguement à Jean-Paul Belmondo avec son visage allongé, son nez cabossé et ses yeux bleus et froids ; bien qu'il n'ait pas un visage d'Apollon, sa physionomie n'en dégage pas moins un certain charme.

– Écoute-moi bien, Doumé, a commencé Paulot à voix basse comme s'il se méfiait. Je vais t'expliquer le topo. L'Aga Khan, tu as entendu parler ?

– Cette question ! Tout le monde sait que c'est le dieu des Ismaéliens et que ses fidèles lui refilent chaque année son poids en or et en diamant. Mais qu'est-ce que tu comptes prendre avec lui ?

Une seconde, je vois le sourire de suffisance de Paulot, puis je l'entends répliquer :

– La grosse pincée. Trois ou quatre milliards [1].

Dominique s'esclaffe :

– Tu n'envoies pas le bouchon un peu loin ?

– Parole d'homme ! Suis-moi bien. Sa femme, la Bégum, s'apprête à partir en voyage avec lui en emportant ses bijoux, évalués à trois milliards minimum.

– Comment tu sais tout ça ?

– Par sa femme de chambre qui couche avec un ami. Les bijoux seront enfermés dans une petite mallette qu'elle portera. Ils doivent prendre l'avion pour Londres le 3 août à l'aéroport de Nice. Alors, pas besoin de te faire un dessin... On les braque à la sortie de leur villa. Ils n'ont pas d'escorte... A nous le trésor !

1. L'affaire se passe en 1949. Il s'agit donc de francs « anciens » ; soit 3 milliards de centimes.

– Très jolie, ton histoire. Mais les bijoux, c'est pas franc. C'est difficile à fourguer.

– Ne crois pas ça. J'ai tout prévu. On aura ce qu'il faut à Paris. Un ami diamantaire et Corse, par-dessus le marché. Tu vois, ça change tout. Pas mal combiné, hein ? Qu'est-ce que tu en dis ?

– Le braquage, c'est pas trop mon rayon.

– Quoi ? Ça ne t'intéresse pas ?

– Non, Paulot. Je flaire le coup foireux. Vous serez obligés de mégoter avec les « fourgues »... Non, je ne marche pas.

– Ô Doumé, tu vieillis ou quoi ? Mais je ne te supplie pas. Pour une opération de cette importance, j'avais tout de suite pensé à toi ! Je n'allais quand même pas la proposer à un *Iagalenti* quelconque. Enfin tant pis, n'en parlons plus !

Il ne s'attarde pas. Très cérémonieusement, il demande à Dominique la permission de saluer son épouse avant de prendre congé :

– Excusez-moi, madame Paoleschi, nous avons eu avec Doumé une longue conversation d'affaires. Ce n'était pas drôle pour une femme.

On connaît les bons usages dans le Milieu. Personne des hommes que nous fréquentons n'emploie le langage imagé des héros des romans de Francis Carco. L'argot n'existe plus que dans les « polars » de la Série noire.

Paulot poursuit méthodiquement sa prospection. Il contacte, l'un après l'autre, la dizaine d'hommes qu'il juge capables d'exécuter le hold-up. Finalement, son choix se porte sur cinq d'entre eux, à qui il expose les grandes lignes de son projet. Ils répondent tous : présent !

– Bien sûr que tu peux compter sur moi, Paulot. Travailler avec toi sur un coup pareil, ça ne se refuse pas !

Aujourd'hui que beaucoup d'eau a coulé sous les ponts et que la prescription est venue, je peux fournir, d'après les confidences que m'a faites mon mari, la version exacte du vol des bijoux de la Bégum imaginé par son ami Paulot, et préciser le rôle de chaque complice.

Les cinq hommes qui ont accepté de faire le coup ont tous les qualités requises pour une telle opération. Et surtout, ils ont la « mentalité ». Lorsque, plus tard, mon mari connaîtra leurs noms : Paul Mondoloni, Jacques Benedetti, François Sanna dit Chois, Mémé Ruberti et le Gros Roger Senanedj, il ne fera de réserve que pour ce dernier :

– Paulot aurait dû se méfier du Gros Roger! commentera-t-il en aparté.

Son équipe une fois recrutée, Paulot s'en va trouver son ami René le Braqueur avec lequel il est déjà en cheville pour l'écoulement de faux marks en Allemagne. Il voudrait obtenir sa collaboration technique pour la préparation du coup.

– D'accord, consent René après avoir écouté attentivement son exposé. L'affaire n'a pas l'air de mal se présenter. Seulement, Paulot, permets-moi un conseil : commençons par le commencement!

– C'est-à-dire ?

– C'est-à-dire qu'on pourrait, tous les deux, aller faire un petit tour du côté de Cannes. J'aimerais étudier le terrain.

– J'allais justement te le proposer.

René le Braqueur a longtemps été considéré, dans le milieu des braqueurs de banques internationaux, comme un organisateur modèle. L'offre de Paulot le prend un peu au dépourvu. L'âge venant, ce bel homme d'une quarantaine d'années a « décroché » du hold-up, préférant exploiter des magasins de tissus et s'adonner au trafic, moins dangereux, des faux marks et des faux dollars.

Pour lui, Paulot s'est lancé dans le détail des explications :

– Laissons tomber pour le moment notre affaire de marks à Stuttgart. Le coup que je te propose est d'un rapport énormément plus fructueux. Trois milliards de bijoux, ça ne te dit rien ? Et ne t'imagine pas que je rêve ou que je galège!

Les deux hommes discutent dans le magnifique appartement de Paulot, place Delibes, dont les murs sont couverts de toiles signées des meilleurs peintres provençaux : Chabaud, Seyssaud, Pierre Ambrogiani, Antoine Ferrari, et dont les meubles de style servent de présentoirs à d'admirables objets d'art. La domestique vient de déposer devant eux un plateau garni de bouteilles d'apéritifs.

– Fais-moi confiance, René, déclare Paulot, ce coup-là peut être le couronnement de notre carrière. Et c'est du tout cuit... Un de mes collègues qu'on appelle le Colonel, et qui vit sur la Côte, a pour maîtresse la femme de chambre de la Bégum : « Je sabre la confidente de Son Altesse la Bégum! », m'a-t-il confié, et il a continué : « Une nuit, cette femme, qui se nomme Frieda Marty, m'a raconté que sa patronne et l'Aga Khan doivent bientôt se rendre chez les Ismaéliens, dont ils sont les dieux, afin de recevoir l'équivalent du poids de l'Aga Khan en or et en diamants. A l'occasion de ce voyage officiel qui comporte un petit crochet par Londres, la Bégum emportera tous ses bijoux évalués à plus de trois milliards! » En principe, la date du départ est fixée au 3 août. D'ici là, il peut y avoir des changements, mais tu saisis le topo ? Un petit hold-up en douceur, et à nous le magot! Tu marches avec moi, non ?

– C'est vrai que c'est tentant!

– D'autant plus que nous ne serons pas nombreux pour ce « travail », insiste Paulot. Toi, moi, le Gros Roger et deux ou trois Corses de mes amis. Rien que des hommes sûrs. Pour l'instant, je vais annuler notre affaire de fausse monnaie en Allemagne. Dès mon retour, je te fais signe et nous allons tous les deux sur place à Cannes.

C'est ce qu'ils font quelques jours plus tard. Ils inspectent les lieux et choisissent l'endroit idéal pour le braquage. Ils relèvent les plans sur un calepin. Ils déterminent le rôle de chacun. Du beau travail!

Dès lors il n'y a plus qu'à attendre, pour passer à l'action, la date du départ de l'Aga Khan.

Là-dessus, un petit voyage d'affaires oblige René à aller passer quelques jours sur la côte basque. Avant de partir, il a pris soin de laisser à Paulot le nom de son hôtel. Ainsi, au cas où le voyage de l'Aga Khan serait avancé, il pourrait regagner Marseille en vitesse. Paulot, de son côté, doit très prochainement épouser Éliane; il en a averti René...

Or ne voilà-t-il pas qu'un matin à Biarritz, en ouvrant le journal, René reçoit un choc au cœur. En première page, on relate le vol des bijoux de la Bégum, tel qu'il l'avait conçu avec Paulot. C'est incroyable, mais c'est, hélas, la réalité! Simplement, au lieu des trois milliards de bijoux annoncés, la Bégum n'en avait sur elle que pour trois cents millions! Ce n'est quand même pas vilain...

En tout cas, René bout de savoir la vérité. Quels peuvent être les salopards qui ont fait le coup à leur place? Pas une seconde, il ne soupçonne Paulot de l'avoir « doublé ». Il est trop correct pour ça.

Il lui faudra attendre son retour à Marseille pour connaître le fin mot de l'histoire. C'est le Gros Roger Senanedj qui a opéré. Jolie mentalité! Comme convenu, le colonel Watson lui a bien indiqué la date, et l'heure précise du départ de l'Aga Khan. Or, cela tombait le jour même du mariage de Paulot et, pratiquement, à la même heure! Par le plus grand des hasards? Cette coïncidence troublante faisait en tout cas l'affaire de la police et de la presse française et étrangère, très excitée par cette histoire rocambolesque : Paulot Leca, le roi de l'alibi, faisant exécuter le braquage du siècle à l'instant précis où il répondait « Oui » à l'officier d'état civil de la mairie de Marseille, devant deux témoins au-dessus de tout soupçon, un avoué et un négociant. C'était plus beau que du cinéma!

Seulement, c'était trop beau pour être vrai. Dans la réalité, à ce que mon mari m'a appris par la suite, Paulot avait bel et bien été écarté du coup par un gourmand : le Gros Roger! Bien sûr, celui-ci jurait ses grands dieux qu'il n'avait pas pu prévenir Paulot à temps de la date et de l'heure précises du voyage du dieu des Ismaéliens, et que c'était pour ne pas rater une pareille occasion qu'il avait pris sur lui d'effectuer le braquage lui-même, avec les garçons déjà embauchés. Du reste, Paulot n'avait pas à s'inquiéter. Il recevrait sa part de butin, en tant que « cerveau » de l'affaire.

Paulot n'en décolère pas moins. Il n'est pas homme à passer l'éponge. Et le Gros et sa maîtresse seront vite retirés de la circulation... et enterrés dans la chaux vive, m'a certifié Dominique.

Mais comment s'est passé le fabuleux hold-up?

3 août 1949. Un soleil écrasant pèse sur la Côte d'Azur. Cernée par la pinède, l'odeur âpre de la résine et des plantes méditerranéennes chauffées à blanc, et le silence de la solitude, la villa Yakimour pourrait être le château de la Belle au Bois Dormant. Les volets sont fermés. Aucun signe de vie autour de cette fastueuse demeure du Cannet.

Pourtant, à l'intérieur, on s'agite. Frieda Marty, la femme de chambre de la Bégum, boucle les valises. L'Aga Khan glisse des billets de banque dans son portefeuille. Dans une des salles de bains, son épouse fait une dernière retouche à sa beauté majestueuse avant de monter en voiture.

– Madame, c'est l'heure, annonce le chauffeur, Claude Borgeaud, qui vient de ranger la Cadillac de louage le long du perron. Il est juste midi.

L'Aga Khan, légèrement poussif, s'éponge le front avec son mouchoir.

– Oui, c'est l'heure, fait-il après avoir consulté la grande horloge du hall. L'avion décolle de Nice à 13 h 21 et, avec les encombrements en cette saison, il vaut mieux ne pas tarder!

Le chauffeur charge les bagages dans le coffre de la voiture. L'Aga Khan descend lentement les marches du perron et va s'installer à côté du chauffeur. La Bégum et sa femme de chambre prennent place à l'arrière. La Bégum tient son sac à main sur ses genoux. A ses pieds, elle a posé une petite sacoche de cuir rouge à fermeture éclair. Une sacoche qui contient, outre un en-cas composé de quelques sandwichs, deux cent cinquante mille francs en billets et deux cent vingt millions de bijoux, dont le diamant célèbre appelé « la Marquise ».

Vraiment, par cette chaleur, il n'y a qu'eux et les cigales pour avoir la force de bouger. Les cigales, insensibles aux trente-huit degrés à l'ombre, s'en donnent à cœur joie en émettant dans l'air surchauffé leurs stridulations perçantes. Mais non! Il y a aussi, à cette heure sacro-sainte de la sieste, un cycliste en short, tout suant, qui pédale dans le raidillon qui mène à la villa Yakimour.

Midi dix. La Cadillac franchit les grilles de la propriété et s'engage sur la petite route qui descend au Cannet. A moins de cent mètres de là, dans un virage, le chauffeur donne brusquement des coups de klaxon. Le cycliste, vêtu d'une chemisette blanche et d'un short, a débouché de la gauche et zigzague devant la voiture, l'empêchant de doubler.

La Cadillac ralentit. Un peu plus bas, au bout de la courbe, une traction avant est arrêtée, presque en travers de la chaussée. A côté de la voiture, lui tournant le dos, un homme semble satisfaire un besoin naturel contre un mur de soutènement. Le chauffeur de la Cadillac ralentit encore et stoppe. Il prend l'homme du mur pour un conducteur sans gêne et s'apprête à l'interpeller quand celui-ci se retourne d'un bond et s'avance vers lui. Il n'était pas en train d'uriner. Ses mains jointes à la hauteur de la braguette ne reboutonnent pas son pantalon, elles sont crispées sur une mitraillette dirigée vers le chauffeur. Au même instant, deux hommes coiffés de bérets basques et portant des lunettes de soleil surgissent de la traction noire, revolver au poing. Un troisième individu est resté au volant de la voiture dont le moteur tourne au ralenti. L'homme à la mitraillette reste immobile, planté au milieu de la route, tandis que les deux autres se dirigent vers la portière arrière de la Cadillac et intiment avec un fort accent méridional :

– Ne bougez pas! Soyez braves. On ne vous fera pas de mal. On veut simplement les bijoux et la monnaie.

L'Aga Khan comprend tout de suite. Sans un mot, avec une moue de dédain, il tend son portefeuille qui ne contient que vingt mille francs. La Bégum remet aux agresseurs la petite sacoche rouge, puis porte machinalement la main à son collier, estimé à soixante millions. Sur sa robe claire, deux clips en brillants étincellent. Elle les détache de la dentelle blanche et défait le fermoir de son collier en disant, très femme du monde :

– Messieurs les bandits, vous oubliez ceci!

Un des agresseurs s'incline galamment en prenant les bijoux qu'elle lui tend :

– Merci, Madame. Je n'ai pas l'habitude de porter la main sur les dames.

Se tournant alors vers ses compagnons, il ordonne :

– En route! On se casse!

Les trois hommes s'enfournent précipitamment dans la traction avant qui vire sur les chapeaux de roues et disparaît dans un nuage de poussière. Claude Borgeaud a quand même eu la présence d'esprit de relever son numéro. Tandis qu'il le note, la Bégum, très pâle, regarde son époux en soupirant :

– Mon Dieu! Que nous arrive-t-il? C'est épouvantable!

L'Aga Khan posa sa main sur la sienne en murmurant doucement :

– Voyons, calme-toi! Ce n'est rien.

Le butin emporté par les gangsters s'élève cependant à près de trois cents millions de francs en bijoux et quelques centaines de milliers de francs en billets de banque. Le hold-up, exécuté selon le scénario minuté par Paulot Leca et son ami René, a réussi!

A la même heure, au même instant, Paulot Leca prend Éliane pour femme légitime dans la salle des mariages de la mairie de Marseille, en présence de ses deux témoins, Me A..., avoué, et M. S....... négociant.

A l'issue de la cérémonie, Paulot emmène son monde à

l'hôtel des *Roches Blanches* à Cassis, où a été commandé le repas de noces réservé aux intimes. Ils s'y rendent à bord d'une Simca 8 et d'une BMW...

De même que pour l'agression du train de l'or, la preuve pouvait être aisément apportée que le marié ne se trouvait pas sur les lieux au moment du hold-up. Alibi irréfutable...

Tandis que, devant le panorama grandiose du cap Canaille plongeant ses vertigineuses falaises dans la mer d'un bleu insoutenable, les bouchons de champagne sautaient joyeusement, le chauffeur Claude Borgeaud déposait ses passagers devant le commissariat de police de Cannes.

– Je me nomme Aga Khan, âgé de soixante-douze ans, sans profession... Nous venions de quitter la villa Yakimour pour aller prendre l'avion à Nice et je me trouvais à l'avant de la Cadillac de location conduite par le chauffeur Claude Borgeaud quand, dans le virage au-dessous de ma propriété...

C'est ainsi que débutait la déposition faite devant le commissaire Almeiras par le prince des Ismaéliens. Non plus que sa femme, il ne fut capable de donner de ses agresseurs un signalement plus complet que « assez jeune, taille moyenne, fort accent du Midi... »

Par contre, le chauffeur, en relevant le numéro d'immatriculation de la traction – une voiture volée selon toute vraisemblance – avait apporté un indice capital.

Une demi-heure après l'agression, l'enquête démarrait. Alertés téléphoniquement, les policiers de la neuvième brigade de Police mobile de Marseille déclaraient à l'unanimité :

– Un seul homme sur la Côte est capable de réussir un coup pareil, c'est Paulot Leca!

Le matin du jeudi 4 août, Paulot Leca sort de l'hôtel dont les fenêtres s'ouvrent sur la plage de la Ciotat et la pointe des Lecques, où le couple a passé sa nuit de noces. Il va chez le marchand de journaux acheter *le Provençal*.

Machinalement, il le déplie avant de monter dans la voiture, que conduit Éliane. Il sursaute.

En haut, à gauche, sur la première page, s'étale sur quatre colonnes une manchette en gros caractères :

LA SÉRIE CONTINUE
LA BÉGUM ET L'AGA KHAN, ATTAQUÉS PRÈS DE CANNES PAR DES BANDITS EN AUTO, SONT DÉPOUILLÉS DE LEURS BIJOUX ESTIMÉS A 300 MILLIONS DE FRANCS!!!

Maîtrisant sa nervosité, Paulot s'installe sur le siège avant près de sa femme et commence à lire l'article de la Une dont la suite se trouve en page 3. Au fur et à mesure qu'il prend connaissance du déroulement des faits et de la version qu'en donne la police, son visage exprime une stupéfaction de plus en plus vive.

– Avoir osé faire ça! grommelle-t-il en tournant les pages.

Un encadré, en page 3, révèle la découverte, à proximité de l'hôtel *Californie,* de la traction avant immatriculée 1707 RN 7 qui a servi au hold-up.

– Putain, râle-t-il, les salauds, ils m'ont doublé!

Éliane le connaît. Dans ces cas-là, elle préfère rester silencieuse. Inutile d'envenimer les choses. Quand son mari a terminé sa lecture, il lui tend le journal :

– Tiens, lis!

Elle lit d'une traite.

– Encore un hold-up! Hier, c'était le gang des tractions avant qui opérait à Aix-en-Provence... Tu crois que c'est le même?

– Je ne pense pas. Je téléphonerai tout à l'heure à Marseille.

Éliane referme le journal, toute songeuse.

– Qu'est-ce qu'on fait?

– On va aux Lecques. En route!

Le voyage de noces se poursuit, avec une étape à la Madrague des Lecques et une autre à Bandol. A la Madrague, Paulot a une longue conversation téléphonique.

– Il y a du nouveau ? interroge Éliane.

Il hausse les épaules :

– Ils ont l'air de nager.

Les journaux continuent de consacrer de longues colonnes à l'affaire qui, à cause de la personnalité des victimes, passionne l'opinion... autant que mon mari :

– Je lui avais bien dit à Paulot que c'était un coup foireux, répète-t-il en hochant la tête.

Lorsque l'affaire éclate, M. Georges Valantin, directeur des services de police judiciaire à la Sûreté nationale, se trouve en vacances à Cannes. C'est un homme d'une cinquantaine d'années, les cheveux blancs coupés en brosse, l'air décidé et le genre pète-sec. Plutôt que de laisser le soin de l'enquête au commissaire Truchi de Marseille, il la prend immédiatement en main.

La chance lui sourit. La traction de l'agression est retrouvée le jour même. Évidemment une voiture volée, six mois auparavant. A l'examen, on se rend compte que la batterie est neuve et d'une marque peu courante : Dinin.

– Recherchez les concessionnaires de la marque, téléphone aussitôt M. Valantin à Truchi.

– Bien, monsieur le directeur!

Les inspecteurs de la P.J. ratissent les garagistes. Le 5 août au soir, le concessionnaire de la marque Dinin est retrouvé. Il se nomme Decoin et tient un garage à Marseille.

Au petit déjeuner du 6 août, Valantin manque d'avoir un infarctus. Les journaux relatent de long en large l'histoire de la batterie. M. Eglenne, chef de la Sûreté à Cannes, bout de colère.

– Quel est l'abruti qui a donné les tuyaux aux journalistes ?

Valantin décroche son téléphone et passe un savon à Truchi :

– Où se trouve Decoin ?

– Parti en week-end.

– Vous l'avez interrogé ?

– Bien sûr. Pendant deux heures d'affilée. Il se souvient de deux autres clients, mais absolument pas de celui qui a acheté la batterie de la traction.

Valantin trépigne :

– Qui l'a interrogé? Vous? Le commissaire Battini?

– Non, un officier de police du service. Un garçon adroit.

– Et il l'a laissé partir en week-end...! Félicitations! Un bon conseil : vous avez intérêt à lui remettre la main dessus au plus tôt. Tâchez de me l'amener ici lundi matin dernier délai! Je l'interrogerai moi-même!

– Très bien, monsieur le directeur!

Valantin raccroche avec un geste furieux. Il a compris que le garagiste, effrayé par la lecture des journaux, a préféré ne plus se rappeler l'identité du client suspect. Ces contretemps, ces maladresses l'exaspèrent. Il ne décolère pas jusqu'à ce qu'on lui présente le garagiste à Cannes.

Stupéfaction! Decoin a retrouvé la mémoire.

– Je me souviens de l'acheteur. Seulement, je ne le connais que par son sobriquet : le Gros Roger, ou encore Roger le Juif.

Au fichier de l'Identité judiciaire, on en apprend davantage : « Roger Mardochée Senanedj, né le 27 mars 1911 en Gironde. Un mètre quatre-vingts. Forte corpulence : cent cinq kilos. Cheveux châtain foncé, yeux marron, visage rond, nez convexe. Coactionnaire du bar *La Canebière*. Trafiquant de bons d'essence. »

– Peuh! Un minable, grogne Valantin. Qu'on le retrouve, et je vous fous mon billet qu'il se mettra à table en moins de deux!

Par mesure de précaution, il recommande à tous les services de police d'observer la plus complète discrétion sur cette piste et lance un avis de recherche en Suisse, et particulièrement à Genève, à Lausanne et dans le canton de Vaud. Un tuyau a révélé que le gros Roger pourrait voyager par là, accompagné de sa maîtresse Renée Rémy, une jolie fille dite Renée la Brune. Elle aussi figure au fichier : « Née le 23 janvier 1928 à Saint-Germainen-Laye, elle est la fille d'une tenancière de maison close de la rue Thubaneau à Marseille. Cheveux noirs. Caractère entreprenant. »

Valantin redoute tellement une fuite qu'il communique lui-même l'information à son supérieur, M. Pierre Bertaux, chef de la Sûreté, et à M. Chènevier, commissaire divisionnaire.

Les heures passent, interminables. Enfin un message : « Senanedj a quitté Marseille dans la soirée du samedi 6 août. Direction : la frontière suisse. Était accompagné de Renée Rémy. » On n'en sait pas plus. Valantin ne peut pas s'empêcher de contempler les photos anthropométriques des deux fugitifs qu'on a mises sur son bureau. Elles sont loin d'être des portraits d'art. N'empêche, la jeune femme a un visage ravissant. Quant à l'homme, sa grosse tête de gorille, son front bas et ses joues tombantes n'en font pas un Adonis.

– *La Belle et la Bête,* murmure le directeur de la P.J. en pensant au film de Jean Cocteau.

Le 8 août, *Nice-Matin* publie une nouvelle stupéfiante : « Dans une brasserie niçoise, les gangsters du Cannet auraient rencontré hier des inspecteurs de la compagnie Tyler qui enquête pour le compte des Lloyd's de Londres, assureurs des bijoux de la Bégum, en vue de négocier leur restitution. »

Les récompenses promises par les assureurs sont tentantes : quinze millions des Lloyd's s'ajoutant aux cinq millions déjà offerts par la Bégum, soit quinze pour cent des bijoux récupérés, à toute personne qui ferait arrêter les agresseurs [1].

Valantin n'apprécie pas du tout ces marchandages qui se déroulent en dehors de lui. Il téléphone aux services de police de Nice. Fureur et stupeur : non seulement des contacts ont été pris entre la compagnie d'assurances et les bandits, mais le négociateur des Lloyd's n'est autre que le commissaire Hugues, spécialisé dans la branche incendie

1. En francs actuels, cela représenterait au total environ 800 000 francs (quatre-vingts millions de centimes).

à la Sûreté de Nice! Valantin, blanc de rage, donne un grand coup de poing sur la table. De quoi il se mêle, ce commissaire? Qui lui a donné ses ordres? Pourquoi a-t-il agi derrière son dos?

En fait, Hugues est l'espion de Pierre Bertaux, le directeur de la Sûreté, l'ancien compagnon de détention de Paulot Leca au camp de Mauzac... C'est louche, tout ça... pense Valantin, qui convoque pour le lendemain le commissaire Hugues et le représentant de la Compagnie Tyler dans son bureau de Cannes.

Le 9 août, la discussion est orageuse. Hugues refuse de s'expliquer, alléguant que le juge d'instruction de Grasse est tenu au courant des tractations.

– De toute façon, déclare-t-il sèchement, les soi-disant représentants des gangsters, Discopolo et Lazzarini, ne sont que de pâles voyous alléchés par l'importance des primes et incapables de fournir le moindre renseignement.

Trois jours plus tard, le 12 août, nouveau message à la police : « Un garage de Cannes a reçu un appel téléphonique de Senanedj, de Genève. Il doit venir retirer demain sa voiture en réparation. »

13 août. Une souricière est mise en place. Mais les journaux annoncent sous de gros titres que les auteurs présumés de l'agression du Cannet seraient identifiés; il s'agirait des nommés Roger Senanedj et Renée Rémy, actuellement introuvables. Le Gros Roger n'est pas fou : « Ce n'est vraiment pas le moment de se pointer du côté de Cannes », pense-t-il aussitôt... Les quotidiens publient également une information selon laquelle « la douane américaine – dans l'espoir de retrouver les bijoux de la Bégum – visite tous les navires en provenance d'Italie qui accostent à New York ».

– Ils ont bonne mine, gouaille le Gros Roger.

La discrétion la plus absolue avait pourtant été recommandée par Valantin, afin que la presse ne fût mise au courant d'aucun élément permettant d'alerter les gangsters! D'où vient la fuite? Quatre personnes seulement connaissaient l'identité de Senanedj : Pierre Bertaux, le commissaire Chabot qui avait transmis l'information au divisionnaire Chènevier, et Valantin.

Quoi qu'il en soit, c'est la catastrophe : le Gros Roger a filé!

L'affaire retombe à zéro. L'enquête piétine. Valantin, écœuré, remonte à Paris où, dès son arrivée, il se heurte à l'animosité de Pierre Bertaux, le grand patron. Celui-ci l'accuse d'avoir empoché six cent mille francs des mains des Lloyd's à titre de prime pour les premiers renseignements.

– C'est exact, rétorque Valantin, mais je les ai utilisés pour payer mes indicateurs.

– Faux, archi-faux, bondit Bertaux. La piste Senanedj a été donnée par le garagiste Decoin à vous-même le 8 août au matin.

Valantin explose :

– Je vous remets ma démission!

– Je la refuse!

Désormais, on supprime à Valantin ses notes de frais. Il lui faudra présenter des justificatifs pour avoir droit aux « fonds spéciaux » habituels. Ces brimades ne font qu'exacerber son ressentiment à l'égard de son chef direct. Il en arrive à douter de l'intégrité de celui-ci. L'hostilité latente entre les deux hommes avant l'affaire du hold-up empire de jour en jour.

– On ne me lèvera pas de l'idée, confie un jour Valantin à sa femme, avec son accent du Gard, que ce Pierre Bertaux joue un drôle de jeu dans cette histoire!

Mon mari, qui n'ignore pas les relations amicales qui se sont nouées au camp de Mauzac entre Paulot Leca et Pierre Bertaux, se contente de sourire à la lecture des journaux relatant ce nouvel épisode de la guerre des polices.

Comme tout joueur digne de ce nom possède une martingale qui prétend le faire gagner à tous les coups, Paulot dispose d'une tactique d'une indéniable efficacité en ce qui concerne l'art et la manière d'échapper à la justice. Elle s'inspire du conseil de Napoléon : *La seule victoire en amour...! Eh oui, c'est la fuite!* La fuite avant qu'il ne soit trop tard. La disparition dans la nature. Depuis de longues années, son système a fait ses preuves. Pas la peine d'en inventer un autre.

Au début de l'année 1950, les dernières nouvelles de l'enquête publiées par les journaux l'incitent à y avoir recours. Il fait part de ses intentions à Eliane.

– Ça commence à sentir le roussi, lui déclare-t-il un matin après la lecture des informations. Je vais aller voir Charles et je prendrai la décision qui convient...

Charles, c'est Charles Vincileoni, le patron du restaurant *La Daurade,* un de ses compatriotes de Valle-di-Mezzana. Plus qu'un ami de toujours : un confident de bon conseil, un complice à l'occasion... Les deux hommes discutent longuement dans un coin tranquille de cet excellent restaurant, situé dans l'une des rues les plus pittoresques de Rive-Neuve. C'est le quartier des marchands de coquillages qui portent des noms de personnages d'opérette marseillaise : Jo d'Adèle, Pascaline, Gaëtan, l'Ange, Sauveur, Nine, dont les inventaires peints en vert exhalent avec leurs produits artistiquement présentés les parfums des plus beaux fruits des vergers de Neptune : oursins violets et roses, moules bleue sombre ou poilues de roux, violets fleuris de corail, huîtres, arapèdes, clovisses, palourdes...

– Oui, il vaut mieux que je parte, fait Paulot en se levant à la fin de la conversation. J'irai à la chasse en Camargue. En cas de quelque chose, tu n'auras qu'à demander à Eliane de t'y conduire. Alors, nous aviserons...

– Sois tranquille, nous te tiendrons au courant, répond Charles. Cent dix kilomètres, c'est vite fait.

Entre les enquêteurs et lui, Paulot préfère mettre le grand Rhône et les espaces sans fin du delta. Allez le dénicher du côté du Bois-des-Rièges ou de la Tour-du-Vallat! Par là, il n'y a que des étangs et de la « sansouïre » à perte de vue. C'est le pays de la solitude et des plus beaux oiseaux du monde. Le silence n'y est troublé que par le cri des mouettes et le mugissement des toros de combat broutant les salicornes. On n'est relié au monde que par le poste de radio qui donne les bulletins d'information. Certains jours, lorsque le vent souffle du nord, les vols de canards sont si nombreux et si épais que le ciel en est obscurci. C'est là que se trouve la chasse de Cabane Blanche, dont Paulot possède des actions. C'est là qu'il réalise ses tableaux de canards les plus impressionnants.

Le soir même, sa femme le conduit en Camargue. Au sein de la nature inviolée, il retrouvera la paix. Le garde-chasse lui préparera ses repas. Il a une petite chambre monacale à sa disposition. Le soir, il fera la veillée en compagnie du garde et des gardians des manades voisines. Cela lui rappellera les nuits d'hiver en Corse.

Quelques jours passent. Les nouvelles se précisent. L'enquête se resserre. De temps à autre, le speaker rappelle la mystérieuse disparition du Gros Roger et de Renée-la-Brune depuis la fin août et évoque les infatigables investigations des policiers pour les retrouver. La police a beau remuer ciel et terre, elle donne l'impression de perdre son temps de ce côté-là. Par contre, elle progresse nettement en direction des autres membres de la bande.

Elle vient d'épingler Chois – autrement dit, François Sanna, le petit noiraud qui a mis son revolver sous le nez de la Bégum – et Mémé Ruberti qui jouait si bien les cyclistes en short sur la route de la villa Yakimour.

– Hum! Ces deux-là finiront par parler, pronostique Paulot, inquiet de la tournure que prennent les événements. Charles et Éliane ne devraient pas tarder à rappliquer avec le pognon...

Il a de l'argent, en effet, et sur le plan matériel, il peut voir venir. Lorsqu'il a retrouvé Senanedj, quelque quinze jours après l'agression, et lui a reproché véhémentement d'avoir fait le coup sans lui, le Gros Roger a bredouillé de vagues explications : « Je ne voulais pas te doubler... C'était pour ne pas te déranger le jour de ton mariage... J'ai toujours eu l'intention de te remettre ta part... »

Paulot l'a bel et bien quitté avec une centaine de millions en bijoux qu'il a chargé un ami de liquider. C'est à partir de ce jour-là qu'on perd définitivement la trace de Roger Senanedj et de Renée Rémy. Leurs corps ne seront jamais retrouvés. Si l'on en croit les rumeurs qui ont couru dans le Milieu, la chaux vive a rongé leurs cadavres jusqu'aux os...

L'intuition de Paulot ne l'a pas trompé. Charles Vincileoni et Éliane arrivent à la Cabane Blanche.

– Les choses se gâtent, annonce Charles en se précipitant devant le feu de bois qui crépite dans la cheminée monumentale. J'ai reçu un coup de fil de ta cousine qui tient le bar de la place du Quatre-Septembre. Elle a assisté à l'arrestation de Chois et de Mémé. Elle m'a tout raconté. Tu devrais te mettre en cavale. Un jour ou l'autre, quelqu'un va manger le morceau. Voilà l'argent que j'ai pu rassembler pour ta part des bijoux. Ça approche des cent briques...

– Moi, en prévision de ton départ, j'ai préparé ta valise, intervient Éliane qui bat de la semelle pour se réchauffer les pieds.

Dehors, le mistral souffle en rafales. Le mas craque comme un bateau dans la tempête. Paulot remet une souche dans le feu. Il réfléchit intensément : « La cavale, c'est bien beau, mais quand on a une femme et un bel appartement, ça vous fend le cœur de tout quitter... Et pour combien de temps ? »

Il se plante devant la cheminée et articule lentement :

– Bon, je vais partir. Il le faut. Seulement, auparavant, j'aimerais consulter mes avocats, maîtres Chiappe et Filippi, et demander à Dominique Nicoli son avis sur le reste des bijoux.

Ils repartent donc tous les trois pour Marseille, à bord de la BMW conduite par Éliane. Paulot retourne chez lui pour se changer et prendre ses rendez-vous pour le lendemain. Il ne sort pas ce soir-là. Il a trop de choses à dire à sa femme.

A l'issue des entretiens avec ses conseils et avec le caïd Dominique Nicoli, qui sert d'arbitre dans les affaires du

Milieu, Paulot décide de restituer à la police une partie des bijoux : la part des agresseurs. C'est un de ses avocats qui prendra contact avec le détenteur du magot et se chargera de la restitution.

Ses affaires ainsi réglées, Paulot peut partir la conscience tranquille. Il emprunte la filière que lui a indiquée René le Braqueur. D'abord, l'Italie. Puis, de Gênes, un bateau à destination de l'Amérique du Sud via Barcelone. De Buenos Aires il remontera par la suite jusqu'à New York où il séjournera pendant plus d'un an.

Ce que Paulot avait redouté arriva : Chois donna des noms à la police :

– C'est Paulot Leca qui a monté le coup. Pour les bijoux, vous pourriez aussi aller voir du côté de Charles Vincileoni.

Un ordre de recherche concernant les deux amis est diffusé à toutes les polices et aux services frontaliers. Des perquisitions effectuées à leurs domiciles ne donnent aucun résultat. Aucun indice sur les bijoux ni sur l'endroit où se cachent les deux fugitifs.

Valantin qui est un coriace a une illumination : les indiscrétions à la presse qui ont permis à Senanedj de prendre le large, les tractations de la compagnie d'assurances à propos des bijoux, l'étrange conduite du commissaire Hugues, tout s'éclaire! Il téléphone à Bertaux :

– Ce sont vos amis Leca et Vincileoni qui ont les bijoux. Et ils sont introuvables.

– Avez-vous prévenu la presse?

– Oui, bien sûr.

– Bon.

Et Bertaux de raccrocher d'un coup sec.

Au domicile de Paulot Leca, Éliane avait déclaré aux policiers de sa voix la plus suave :

– Vous n'avez pas de chance. Vous ratez mon mari de quelques heures. Il est allé à la chasse en Camargue.

– Où ça?

– A la Cabane Blanche du Vaccarès, dont il est actionnaire.

Les policiers s'y précipitèrent. Trop tard. Ils n'y trouvèrent que trois ou quatre chevaux blancs enfermés dans le *bouvaù*. En levant la tête vers le ciel immense, ils aperçurent un grand vol de canards sauvages qui se dirigeait à tire-d'aile vers l'est. La direction de l'Italie... Et il sembla à leurs oreilles que, venu de l'étang aussi vaste qu'une petite mer, arrivait le ricanement des flamants roses pataugeant dans la vase...

Mon mari ne ricana pas en refermant le journal qui rapportait les déboires de l'enquête policière. Il m'interpella en haussant les épaules :

– Tu vois, Marie, Paulot, c'est le plus fort. Il n'a pas eu le temps de passer me voir... Mais je suis sûr qu'il ne se rendra que lorsque les vagues se seront calmées et qu'il aura pu arranger le coup...

Les puritains qui font grief à la police d'exploiter les renseignements apportés par les « balances » peuvent s'indigner : l'affaire des bijoux de la Bégum n'est « sortie » que grâce à un tuyau communiqué au chef du S.R.P.J. de Marseille, le commissaire Robert Mattéi.

En ce début de 1950, les primes offertes par la compagnie d'assurances à qui permettrait de retrouver les bijoux avaient donné à certaines langues d'intenses démangeaisons. C'est ainsi qu'un indicateur apporta au commissaire la liste complète des prénoms des auteurs du hold-up du Cannet : Mémé, Petit Paul, Jacques, Chois, avec le Gros Roger. Ce bavard donna, par-dessus le marché, l'adresse du bar, place du Quatre-Septembre à Marseille, où se réunissait tout ce joli monde.

A l'aide de recoupements assez faciles, les policiers ne tardèrent pas à « loger » deux de ces messieurs : le Gros Roger, pas de problème, c'est Roger Senanedj qui s'est brusquement volatilisé l'été précédent. Mémé, c'est le diminutif de Barthélémy; or, justement dans ce bar du septième arrondissement, il y a un habitué qui s'appelle Barthélémy Ruberti... Quant aux autres, Petit Paul,

Jacques et Chois, leur identification s'avérait plus compliquée. Mais par un coup de chance – ou de malchance! – Mémé Ruberti fut appréhendé alors qu'il se trouvait en compagnie d'un certain François Sanna. N'était-ce pas le mystérieux Chois? Dans le Milieu marseillais, François se dit Chois.

A l'Évêché, aucun des deux hommes ne fait de difficulté pour se mettre à table. Ils racontent aux policiers la manière dont le Gros Roger a dirigé le braquage et mettent un patronyme sur les prénoms de Jacques et de Petit Paul. Jacques, c'est Benedetti, alors détenu à la prison de Bastia pour tentative de meurtre; Petit Paul, c'est Mondoloni, en voyage à Paris.

Le premier est rapidement ramené de Corse. Il « s'allonge » sans qu'on ait besoin de le « manipuler ». D'esprit borné, il se contente de corroborer les déclarations de Ruberti et de Sanna.

– Qui détient les bijoux? lui demande un chef de service.

Sans l'ombre d'une hésitation, il répond :

– C'est Paul qui s'en est chargé!

Dans l'esprit du policier s'opère une confusion. Pour lui, Paul, c'est Paul Mondoloni qu'on recherche à Paris. Il commet alors cette gaffe monumentale :

– Ah oui! Paul Mondoloni, lâche-t-il comme s'il était au courant.

Benedetti ne pipe mot.

Les investigations pour mettre la main sur Mondoloni s'intensifient avec d'autant plus d'ardeur que la police a maintenant la conviction que c'est lui qui détient le butin. Finalement, on le retrouve et il est confronté à Mémé et à Chois. Au cours de l'interrogatoire, il s'emporte; s'adressant à ses comparses, il s'exclame d'un ton rageur :

– Quand on veut dire la vérité, il faut la dire en entier...! Toi, Mémé, et toi, Chois, vous savez très bien que ce n'est pas moi qui ai les bijoux. Allez-y! Dites-leur qui c'est!

Les deux hommes baissent la tête, honteux.

– Allez-y, dites-leur! répète Petit Paul.

Ses yeux perçants comme l'acier les fixent cruellement :

– Allez-y! Parlez puisque vous avez commencé!

Ils se taisent. Il faudra un sérieux passage à tabac pour que Sanna retrouve l'usage de la parole. Il complète sa déposition en racontant qu'après le hold-up, les agresseurs ont dissimulé leur butin dans une casserole enterrée dans le jardin d'un nommé Jolivet, droguiste à Vallauris.

– Où sont passés Senanedj et sa maîtresse?

Silence.

– Les bijoux ont-ils été partagés?

Silence obstiné.

Deux inspecteurs le saisissent par les épaules et le secouent comme un prunier. Des gifles pleuvent.

– Parle! Sans ça...

Cuisiné sans répit, Chois finit par donner un nom.

– Les bijoux, c'est Paulot Leca qui les a.

On connaît la suite. Les policiers arrivent trop tard au nid. L'oiseau s'est envolé.

Chois va en dire encore plus. Ce qu'il va dire est de la plus haute importance :

– Quand on nous a proposé le coup, nous n'étions guère rassurés. Nous attaquer à des personnalités comme l'Aga Khan et la Bégum semblait très risqué. Mais le Gros Roger nous a réconfortés : « Mais enfin, puisque c'est Paulot Leca qui a tout manigancé, vous n'avez aucune crainte à avoir. Il a un ami haut placé dans la police. Alors, vous pensez bien qu'en cas de pépin, il le fera intervenir! »

En dépit de la longue traque qui s'est organisée sur tout le territoire, Leca et Vincileoni continuent à jouer les hommes invisibles. Par contre, à Nice, il y a du nouveau.

Un individu qui prétend appartenir au Milieu vient de proposer ses bons offices au commissaire Ambrosi, des Renseignements généraux.

– On vous restitue les bijoux. En contrepartie, nous réclamons la prime de quinze pour cent de leur valeur offerte par les Lloyd's. À prendre ou à laisser!

Chargé de négocier cette affaire délicate, Valantin se montre intraitable. Il refuse le marchandage.

Puis, quelques jours après la « cavale » de Paulot, le téléphone retentit dans le bureau du commissaire Truchi à Marseille.

– Allô! Le commissaire Truchi?

– Lui-même.

– On a déposé un paquet pour vous dans la cour de l'Évêché.

– Qui ça?

On a déjà raccroché.

C'est par la cour de l'hôtel de police faisant face à la Vieille Major qu'on communique avec les services de la police judiciaire. Le commissaire Truchi descend quatre à quatre les deux étages. Il trouve en effet un paquet ficelé et cacheté de cire avec une grande étiquette qui porte cette mention : « A M. Jean Truchi, 9e Brigade. A ouvrir en présence de M. Sacotte, juge d'instruction. »

M. Sacotte accourt. Le paquet est ouvert dans le bureau du patron. Un ruissellement de pierres précieuses, de broches, de bagues, de colliers de perles, des rubis, des émeraudes, des bracelets en or, des diamants...

A l'intérieur du colis a été glissée une lettre :

« Monsieur le commissaire. Ayant suivi dans les journaux l'enquête concernant le vol de la Bégum, il est un devoir pour moi, et ma mentalité m'oblige à vous restituer ce qui est en ma possession. Le reste a été emporté par Senanedj. Je tiens à vous préciser que Paulot Leca est innocent de tout. S'il a disparu, c'est qu'il a peur qu'à cause de son passé on le mette en prison pour rien. »

Les experts sont convoqués. Pas d'erreur, il s'agit bien des bijoux de la Bégum, mais il en manque un certain nombre, dont la célèbre « Marquise ».

Comment expliquer le retour de ces bijoux?

Le commissaire Truchi donne l'explication suivante :

– Avant d'être transférés devant le juge Sacotte, les quatre gangsters arrêtés, Sanna, Ruberti, Mondoloni et Benedetti, avaient été confrontés dans les locaux de la Police judiciaire. Ensuite, un échange de vues avait eu lieu entre les inculpés et les policiers. Se ralliant au point de vue de ces derniers, les inculpés admirent que leur sort pouvait être nettement amélioré au cas où le magot serait restitué. Ils se mirent tous d'accord pour faire leur possible dans ce sens. Nous ne savons pas comment ils s'y sont pris. Ils ont dû parler de cette restitution avec leurs défenseurs, lesquels comprirent immédiatement combien leur tâche serait facilitée si les victimes étaient désintéressées. La police a d'ailleurs appris par ses informateurs que les avocats des inculpés avaient laissé entendre dans le Milieu marseillais qu'il valait mieux se rallier à la solution de la restitution.

D'autre part, il ne faut pas oublier que Paulot Leca, avant de s'enfuir, avait été consulter ses avocats et les avait priés de faire rapporter ces bijoux à la police.

Il convient sans doute d'insister sur une des raisons qui avaient amené les voleurs à restituer leur part des bijoux. Avant leur arrestation, Paulot Leca ne leur avait pas caché son courroux à l'égard du Gros Roger et ses inquiétudes pour le cas où celui-ci viendrait à être appréhendé :

– S'il tombe entre les mains de la police, nous sommes cuits!

Roger Senanedj était dès lors condamné à être rayé du monde des vivants!

Quoi qu'il en soit, après l'échange de vues entre policiers et gangsters dans les locaux de la P. J., les voleurs avaient en effet demandé à se réunir pour discuter sans témoins.

– Accordé!

A l'issue de ce conseil de famille, ils avaient déclaré aux policiers :

– Laissez tomber du côté de Senanedj. Il s'est sauvé à l'étranger. Nous, on est d'accord pour vous restituer les bijoux. On va simplement voir comment s'y prendre.

– Marché conclu !

De la prison des Baumettes, les inculpés chargèrent leurs avocats respectifs de contacter les détenteurs des bijoux.

De toute façon, la restitution provoque moins de stupeur à la police que dans la presse. Des titres énormes s'étalent dans les journaux de Paris et de province. Seulement, la victoire n'est pas complète. La totalité des bijoux ne figure pas dans le contenu du colis mystérieusement parachuté. Certains, dont Paulot Leca, disent les journalistes, « ont dû retenir leur commission au passage. Ce qui a été restitué, c'est la part des prisonniers. Entre autres pierres précieuses, manque la " Marquise "... »

Et voici que le diamant célèbre refait surface à son tour.

A Paris, le commissaire Chènevier apprend par un de ses indicateurs qu'un patron de bar nommé Mathieu Battistelli cherche à « fourguer » une pierre magnifique, un diamant qui pourrait bien être la « Marquise ». Arrêté, l'homme joue les innocents. On perquisitionne à son domicile. La pierre ne s'y trouve pas. Il faut le relâcher. Pourtant, d'après les indications qu'on a fournies au commissaire, la « Marquise » serait bien en sa possession. Le mouchard a même précisé :

– Le caillou a été retaillé par un certain Froment qui est en cheville avec un acheteur américain.

Pour récupérer le diamant, Chènevier dresse un piège. Il envoie chez Battistelli un pseudo-acquéreur prêt à surenchérir, qui, pour endormir la méfiance du patron de bar et du lapidaire, fera proposer en plus par un courtier, en contrepartie de la « Marquise », une rivière de diamants parfaitement authentiques, estimée à vingt-cinq millions (de l'époque, soit plus d'un million de francs actuels). Le commissaire court un gros risque en confiant pour quelques heures à Battistelli la rivière, prêtée par un grand joaillier parisien : celui de ne jamais la revoir, pas plus que le diamant. Au rendez-vous fixé par Battistelli à l'acheteur bidon, Froment doit apporter la « Marquise ».

Le piège fonctionne à merveille. Le commissaire Chènevier et ses hommes interceptent le lapidaire à la sortie de son domicile, le poussent dans le couloir d'un immeuble et le fouillent séance tenante. Cruelle déception! Il n'a rien sur lui. Ce n'est qu'en procédant à une seconde fouille plus approfondie que l'inspecteur Borniche découvre la « Marquise » dissimulée dans la doublure du veston.

Le caillou sera ramené de Paris à Marseille par l'officier de police Maurice Hours, qui l'a caché dans une boîte d'allumettes. Un bijou estimé à soixante millions!

Il ne reste plus qu'à cueillir Battistelli, qui jurera toujours ses grands dieux qu'il avait acheté cette pierre pendant l'Occupation à deux Israélites, morts ensuite en déportation.

C'est par les journaux du Nouveau Monde que Paulot Leca apprend ce dernier épisode de l'enquête.

Paulot est arrivé sans encombre à New York après sa longue remontée du continent américain du sud vers le nord. Il s'est installé dans un hôtel tranquille où on ne lui a pas posé trop de questions. Il possède un passeport américain établi au nom de Paul Léonetti, né le 2 avril 1902 à Muro (Corse) et exerçant la profession de maître d'hôtel au 351 W 51 st Street. Il est fier d'avoir réussi à dépister la police. Mais maintenant que l'excitation de sa « cavale » a disparu, sa solitude l'accable.

Il se rend compte de la situation. Il n'est plus qu'un vague émigré perdu dans cette ville affolante de onze millions d'habitants, sans amis, sans relations... Rien qu'un petit homme à la silhouette de Charlie Chaplin, insignifiant et méfiant, noyé dans un univers sans joie. Et dire que, trois mois auparavant, il était encore quelqu'un dans le Milieu français...

A son départ, on lui avait dit que, tout au long de son voyage, il rencontrerait des compatriotes ou des amis. C'est vrai. Au cours de son odyssée, il en a trouvé un peu partout. Des réfugiés politiques qui se sont expatriés pour sauver leur peau à la Libération... Des vétérans de la traite des Blanches fixés dans les pays lointains... Des jeunes loups tentés par le trafic de la drogue...

On lui avait aussi assuré qu'à New York il en retrouverait en cherchant un peu... On lui avait cité des noms : Antoine Sinibaldi, soupçonné d'avoir liquidé en 1946 l'employé de banque Léon Baudine dans l'affaire du vol de titres de la Banque d'Indochine... Le fameux Lydro Spirito, condamné à mort par contumace à la Libération, qui se cache entre le Canada et les États-Unis sous le nom de Charles-Henri Faccia... Don Pietro, un Sicilien suspecté d'appartenir à la Mafia, patron de pizzeria à Marseille et mêlé à des affaires de drogue...

Dès son arrivée, il se renseigne discrètement. Sinibaldi travaille comme cuisinier dans un hôtel de San Francisco. Spirito vient d'être jeté en prison à Atlanta pour trafic de drogue. Don Pietro ne fait que de brèves apparitions à New York. Il se retrouve donc seul dans une ville étrangère. L'argent qu'il a en sa possession lui permet de vivre à l'aise pendant des années. Seulement, la pensée de rester inactif pendant tout ce temps lui est intolérable. A quoi pourrait-il s'employer ? Prendre un travail dans la restauration ou l'hôtellerie ? Il n'en a pas besoin. Et si les services de l'emploi faisaient une enquête ?

Il n'a pas de vices. Il ne boit pas. Il ne peut que faire de longues stations dans le restaurant italien où il a pris ses habitudes. Certes, il pourrait visiter le pays. C'est grand, les États-Unis, de l'Atlantique au Pacifique ! Il pourrait aller voir le Far-West, les cow-boys et les Indiens qu'il ne connaît que par les westerns... Aller se dorer au soleil de Miami... Mais, dans sa situation, ce serait trop risqué. Un rien peut le perdre.

Alors, il tue le temps comme il peut. Il flâne. Il fait de longues siestes. Il apprend à baragouiner l'américain. Il écrit à sa femme. Il reçoit aussi de ses nouvelles : voilà son seul plaisir.

Des mois et des mois de *farniente* s'écoulent, gris, monotones...

Début juin 1951. Onze heures du matin. Un beau soleil sur Marseille. Quelqu'un sonne à la porte de l'appartement de la place Delibes. Un voyageur à l'air fatigué, qui porte une petite valise.

La porte s'ouvre. Éliane manque de tomber à la renverse. C'est Paulot, un doigt sur les lèvres.

– Il n'y a personne?

– Non, entre!

Il jette un coup d'œil dans l'escalier et se glisse chez lui. Et les voici dans les bras l'un de l'autre...

– Près de dix-huit mois, chéri, balbutie-t-elle.

– Oui, c'est long!

Ils se regardent, émus. Elle n'a pas changé. Toujours ravissante. Lui arbore une petite moustache blonde, et il a teint ses cheveux. Il porte un complet neuf gris foncé, de coupe américaine, et une chemise bleue avec des boutons au col. Malgré sa stricte élégance et son allure soignée, il a pris un coup de vieux.

– Comment as-tu fait pour venir?

– J'ai fait la traversée New York-Le Havre à bord du *Liberté* avec mon passeport américain bidon. Pas un accroc. Au Havre, un douanier qui a dû me prendre pour un autre m'a même fait un signe amical de la main.

L'anecdote les fait éclater de rire tous les deux.

– Alors tout a marché comme sur des roulettes?

– Exactement.

– Tu t'es débrouillé comme un chef. Aussi bien à l'aller qu'au retour. J'espère que tu es là pour quelque temps?

Il sourit mélancoliquement.

– Pas trop.

Elle lui caresse tendrement la joue.

– Et alors, où as-tu l'intention de rester?

– Ici, à Marseille. Le temps de régler deux ou trois affaires.

Elle l'examine, soudain inquiète.

– Tu ne crains pas que ce soit risqué? Et si on te reconnaissait?

– Tu as remarqué, je me suis changé la figure. Ils ne penseront jamais que je suis à Marseille.

Elle le regarde alors avec une sorte d'admiration mêlée de crainte.

– Quand même, sois prudent!

Éliane a allumé une cigarette. En soufflant un nuage de fumée vers le plafond lambrissé, elle demande :

– Comment se fait-il que tu aies quitté New York?

Il se gratte la nuque et cherche ses mots.

– Je languissais. J'avais le mal du pays, comme on dit. Et puis il me tardait de te revoir...

Il se lève et la prend amoureusement par la taille. Elle écrase sa cigarette dans le cendrier et lui tend sa bouche.

– C'est vrai, Paulot, que je te manquais?

Il caresse ses jambes sous sa robe. Pour la saison, ses cuisses sont déjà bien bronzées.

– Que tu es belle! Viens, chérie!

Il est près de treize heures quand Paulot sort du lit.

– Je vais prendre une douche, annonce-t-il. Toi, chérie, tu devrais penser à faire manger ton petit homme. Il crève littéralement de faim. Dans l'avion, on ne lui a offert que l'apéritif!

Elle se lève à son tour et commence à se rhabiller. Voyant qu'il l'observe avec admiration, elle se retourne, met les mains sur ses hanches et le regarde fixement.

– Quoi, tu veux te recoucher, vaurien? Allons, va vite sous la douche! Moi, je cours aux provisions. Je n'ai que des tomates. Et j'ai peur que les boutiques ne ferment...

Après la joie des retrouvailles, il revient aux choses sérieuses :

– Je ne vais pas pouvoir m'éterniser à Marseille. Dans dix, quinze jours, je vais être obligé de reprendre le bateau pour New York. D'ici là, j'aurai vu mon avocat et je lui aurai fait préparer notre requête de divorce...

Éliane suffoque. Des larmes brillent à ses yeux.

– Tu es fou ou quoi, Paulot? Nous, divorcer!

– Oui. Laisse-moi t'expliquer. Tu vas demander le divorce. Tu vendras l'appartement et tu viendras me rejoindre là-bas...

Elle sourit, rassurée, et essuie la larme qui coulait sur sa joue.

– Dans ces conditions, ça change tout! Mais crois-tu que ça vaille la peine de divorcer pour aller te retrouver en Amérique?

Il la contemple silencieusement pendant quelques secondes et prend sa voix la plus douce pour lui exposer :

– Comprends-moi bien, chérie. Ce sera un divorce bidon. Uniquement pour dérouter la police et faire cesser la surveillance qu'ils pourraient exercer autour de toi à seule fin de parvenir jusqu'à moi. Tu piges? Je t'ai déjà expliqué cent fois mon système pour passer à travers les mailles du filet. Tu sais que mon principe est d'échapper aux premiers interrogatoires qui permettent huit fois sur dix aux « condés » de gagner la partie... Moi, je laisse passer le temps qu'il faut. Je ne suis pas pressé. Une fois l'affaire classée, plus ou moins oubliée, je réapparais, le sourire aux lèvres, décontracté, avec dans la poche un alibi inattaquable et des témoins à décharge au-dessus de tout soupçon. Tu as vu comment j'ai récupéré ma part de bijoux sur le braquage de l'Aga Khan. Je vais laisser courir un bon bout de temps : sept, huit ans, peut-être plus. Les résultats du procès, je les verrai de loin. Comme je suis en cavale, les juges vont me filer le maximum... Quinze, vingt ans, au moins. Aucune importance. Une fois que tout sera tassé, je referai surface pour réclamer la justice.

Ils terminent le repas des retrouvailles, attablés l'un en face de l'autre, chacun plongé quelques instants dans ses propres pensées. Éliane songe au divorce. Paulot aux moyens de passer inaperçu pendant son séjour incognito à Marseille.

– Ton optimisme me laisse rêveuse, fait-elle brusquement, rompant le silence la première.

– Peut-être. En un sens. Mais j'ai l'habitude de la justice. Je sais comment il faut l'aborder.

Tandis qu'il contemple ses cheveux noirs, sa peau dorée, ses yeux couleur de violette et la forme délicate de son visage, elle suit sa petite idée :

– Il y avait trop de gens dans le coup de la Bégum. C'était fatal qu'il y ait des bavures. Heureusement, toi, tu es le plus fort. Tu t'en tires toujours! Ah, si tu avais mis ton intelligence au service du Bien comme aurait dit ma pauvre mère, tu serais arrivé à une situation formidable!

– Arrête ton char, veux-tu! A l'heure actuelle, si on veut vivre et s'enrichir dans la légalité, il faut avoir des tas de diplômes... Tu crois que j'ai beaucoup usé mes fonds de culotte sur les bancs de l'école, à l'âge où je gardais les chèvres au village? J'aimais mieux courir la montagne, chasser le sanglier, braconner la truite dans les torrents!

Elle part d'un petit rire.

– Tu n'as pas changé! Tu vis toujours à ta guise, sans t'occuper des lois et des gens... Cela n'a pas empêché qu'on s'entendait bien tous les deux.

Les yeux de Paulot se plissent.

– Ne parle donc pas comme si c'était déjà du passé!

Elle hoche lentement la tête en le regardant avec attendrissement.

– Du moment que nous allons divorcer, nous pouvons parler du bon temps que nous avons vécu ensemble, non?

– Et qui nous attend encore... Tu sais, les liens sacrés du mariage, ce n'est pas ça qui apporte le bonheur. Entre nous, il y a quelque chose de plus fort, de plus profond... Et puis nous serons bientôt réunis pour toujours.

Elle sourit, rassérénée.

Pourtant il leur faudra encore bien du temps pour retrouver une vie normale. Mais elle a choisi la vie d'aventures aux côtés d'un truand, et elle estime tout naturel d'avoir à affronter à nouveau les aléas auxquels échappent d'ordinaire les ménages bourgeois.

Une fois Paulot reparti pour l'Amérique, Éliane met en vente leur splendide appartement. Elle a un peu le cœur gros d'avoir à quitter bientôt ce luxueux intérieur où elle a été si heureuse. Mais c'est une fataliste. Elle prend la vie comme elle vient.

Au cours de ses démarches auprès des agents immobiliers, elle fait la connaissance d'un courtier d'origine grecque. Il s'appelle Charles. Il est très beau garçon. Il n'a pas son pareil pour faire la cour aux femmes. Éliane s'en amourache.

Quand elle touche l'argent de la vente, ce capital qui lui tombe du ciel la grise et lui fait perdre la tête. Une fringale de vie à grandes guides l'entraîne dans un tourbillon démentiel de plaisirs. On dirait qu'elle cherche à s'étourdir au rythme des voyages, des soirées brillantes, des amours factices... L'argent de l'appartement s'envole aux escales dans les palaces de Paris, de Rome, de Monte-Carlo, de Genève... Charles lui joue le grand jeu de la passion et la gruge tant qu'il peut.

Telle la cigale de la fable, elle chante tout l'été. Mais elle se trouve fort dépourvue quand la bise est venue. C'est le moment que choisit Charles pour l'abandonner. Il était temps!

Le Milieu commençait à s'inquiéter des frasques et des prodigalités de la femme de Paulot. En signe d'égard pour lui, il entreprend de faire une *teinche* [1] afin de payer à Éliane son billet pour New York.

Le divorce enfin prononcé, elle va rejoindre Paulot. Tenu parfaitement au courant, en son temps, de la conduite de son ex-épouse, il ne fait aucun reproche, aucune scène à l'infidèle. Il est tout à la joie de la retrouver. Déjà, quand il avait appris son infortune par un ami corse venu convoyer une livraison de drogue à New York, au lieu de se lancer en invectives, comme Raimu dans la scène inoubliable de *la Femme du boulanger,* il s'était maîtrisé et avait considéré cette passade avec une philosophie qui avait sidéré son compatriote. Il lui avait tenu un raisonnement teinté de résignation et de bon sens qui prouvait son attachement à Éliane :

– Il faut que je sois logique avec moi-même, avait-il dit. J'ai demandé à ma femme de divorcer. Elle l'a fait.

1. Collecte faite pour aider un ami dans le besoin.

Redevenu libre, elle a voulu en profiter un peu. J'étais à des milliers de kilomètres d'elle. Est-ce que j'avais le droit d'exiger une fidélité totale? Elle est jeune. Il y a une grosse différence d'âge entre nous. Bah! Elle s'est donné du bon temps... Ça n'a pas duré une éternité! Une jolie femme ne peut pas rester seule. C'est la vie! Quand elle viendra me retrouver, tout sera oublié. Je passerai l'éponge. N'empêche que le jour où je retournerai en France, il vaudra mieux pour ce gigolo qu'il ne se trouve pas sur mon passage!

Selon certains intimes de Paulot, cette romance aurait été combinée pour faire diversion. Éliane n'aurait lié quelque temps sa vie à celle du Grec qu'avec l'assentiment de son ex-mari et dans le but de faire cesser la surveillance dont elle était l'objet de la part de la police qui cherchait toujours, grâce à elle, à remonter jusqu'au fugitif.

Avec un fin renard comme Paulot, tout était possible!

Jusqu'au procès qui aura lieu en juillet 1953, le duel que se livrent les deux polices, Sûreté contre Police judiciaire, va connaître de furieux assauts et des passes d'armes pathétiques. C'est une guerre intestine quotidienne qui ébranle les bâtiments de la rue des Saussaies. Pierre Bertaux essaie par tous les moyens de se débarrasser de Valantin.

Dans le courant du mois de mai 1950, il atteint son but : M. Queuille, ministre de l'Intérieur, accepte de suspendre de ses fonctions le directeur de la Police judiciaire. Par la même occasion, il nomme une commission d'enquête pour vérifier ses comptes et ses notes de frais.

Valantin explose. Le 30 juin, il adresse un rapport circonstancié au procureur général de la Seine. Il y accuse ouvertement Pierre Bertaux d'avoir protégé « son ami Leca » tout au long de l'affaire du vol des bijoux de la Bégum. L'enquête qui s'ensuit se termine par un non-lieu, mais elle permet de dévoiler un fait étrange : Bertaux aurait demandé à un certain moment à M. Queuille de garder dans son coffre du ministère pendant quelques jours le paquet contenant les bijoux volés. M. Queuille avait refusé : il ne tenait pas à ce qu'on l'accuse de recel ! Prié de s'expliquer, Bertaux aurait répondu en termes vagues. Finalement, l'affaire aurait été classée.

Cependant Valantin ne désarme pas.

– Puisqu'on ne veut tenir aucun compte de mes accusations, menace-t-il, je déballerai tout le paquet au moment du procès.

Celui-ci s'ouvre le lundi 6 juillet 1953. A partir de cette date, et jusqu'au 18 juillet, Paulot Leca va suivre par la pensée, du fond de sa retraite new-yorkaise, son déroulement devant la cour d'assises des Bouches-du-Rhône.

Certes, il ne verra ni la foule qui se bouscule autour du palais de justice d'Aix-en-Provence ni la ruée des reporters et des chroniqueurs judiciaires accourus au grand spectacle. Mais il imaginera sans peine le climat et la fièvre qui, pendant près de deux semaines, vont régner sur la bonne ville du roi René. D'ailleurs, chaque soir, vers vingt heures, un bref compte rendu des débats lui sera fait téléphoniquement par une voix anonyme.

L'opinion publique se passionne. Il faut dire que, dès le début, ce festival judiciaire est fertile en rebondissements et en coups de théâtre fracassants. La personnalité des victimes du hold-up vient ajouter son prestige aux péripéties des audiences. Le langage haut en couleur de certains accusés apporte la note comique à ces nombreuses audiences auxquelles ne sont admises que cinquante personnes filtrées par un service d'ordre renforcé. Par moments, on croirait presque assister à une de ces anciennes revues marseillaises de l'*Alcazar*.

A l'exception de Paulot Leca, de Charles Vincileoni excusé à cause de son état de santé et détenu à la maison d'arrêt d'Aix, de Paul Mondoloni qui a préféré abandonner sa caution et aller se bronzer en compagnie d'une jolie fille au soleil de La Havane, et de Roger Senanedj à jamais disparu de la circulation, les complices du hold-up sont réunis sur le banc des accusés : François Sanna, insignifiant ; Barthélémy Ruberti, très coq de village ;

Jacques Benedetti, inquiétant; Jolivet, le droguiste fourvoyé; le lapidaire Froment; Battistelli, impeccable; et le colonel Watson, imposant et digne.

La Bégum fait une entrée très remarquée. Dans l'épanouissement de sa beauté majestueuse, suprêmement élégante dans une robe de taffetas blanc à pois bleu marine, gantée de blanc et coiffée d'un chapeau de fine paille blanche, elle fait, par sa grâce et son tact, la conquête du public.

Dès les interrogatoires, la galerie commence à s'amuser. Les reparties lancées par cette brochette de truands avec le meilleur accent du cru provoquent à chaque instant des éclats de rire. Tout au long des audiences, ces sketches spontanés et ces morceaux d'humour involontaires jaillissent comme des répliques de théâtre.

Ruberti explique au président Partoukalian la signification de son sobriquet :

– En Corse, Mémé, c'est le diminutif de Barthélémy. Ça fait plus affectueux!

Benedetti précise le plus sérieusement du monde la façon dont il a pris le portefeuille de l'Aga Khan :

– Monsieur le prince m'a tendu l'argent qu'il avait dans son portefeuille et il m'a dit : « Prenez, mon ami, mais prenez donc... »

Sanna mime l'agression :

– Nous ne pouvions pas faire de mal à ces messieurs-dames, le prince et la princesse, pour la bonne raison que nos « calibres », ils étaient en bois...

Jolivet, dans le jardin duquel avaient été enterrés les bijoux, se décharge en collant l'entière responsabilité de l'affaire sur le dos de Paulot Leca :

– C'est une tête, celui-là. C'est quelqu'un... Dommage qu'il ne soit pas là aujourd'hui...

Battistelli, le receleur de la « Marquise », élégant dans son costume croisé gris-bleu, tient à mettre les choses au point à propos de sa réputation :

– Je ne suis pas « régulier », monsieur le président, je suis honnête! Le mot régulier est ordinairement employé dans le Milieu; or, moi, je n'appartiens pas au Milieu. Je suis gérant de bar. Avant, j'étais croupier au casino de Cannes et parmi les personnalités qui venaient à ma table, il y avait Son Altesse la Bégum et l'acteur Charles Boyer. Jugez de mon éducation!

Le ton change dès que les commissaires Mattéi, Truchi et Constant viennent déposer. Finie la galéjade! C'est maintenant une dialectique sobre et claire, directe et précise. Ils relatent par le menu le déroulement de l'enquête. Les journalistes et le public ouvrent grand les yeux lorsque le président Partoukalian donne ces définitions de l'indicateur et de l'informateur :

– Il ne faut pas confondre : l'indicateur est un vendu. L'informateur est un honnête homme...

A quoi le commissaire Truchi ajoute avec un sourire énigmatique :

– La carrière d'informateur, pas plus que celle d'indicateur, n'est dépourvue de risques...

Un bref silence s'installe.

Le vendredi 10 juillet éclate le scandale attendu...

Pierre Bertaux, maintenant préfet du Rhône, et Valantin, réintégré dans ses fonctions, s'affrontent face à face. Un Bertaux souriant et décontracté. Un Valantin tendu et frémissant de tics.

Bertaux n'est pas tendre :

– Valantin cherche à se venger des mesures disciplinaires que j'ai dû prendre contre lui... Pour dire vrai, c'est un incapable, un hurluberlu, un brouillon, un hanneton... Il s'est mêlé de ce qui ne le regardait pas...

Valantin bondit à la barre :

– Pierre Bertaux, c'est un homme capable de tout. C'est lui qui a laissé s'enfuir les bandits principaux, et qui a organisé la restitution partielle des bijoux. Le reste du magot, il se l'est partagé avec son ami Leca. C'est le commissaire Truchi qui a déposé lui-même le paquet de bijoux sur les marches du perron de l'Évêché...

Dans un tumulte indescriptible, il élève la voix jusqu'à crier pour assener son dernier coup à l'adversaire :

– Oui, je vous le dis, M. Bertaux est capable de commettre les choses les plus graves, même un assassinat...

Il est allé trop loin... Et lorsque, ironique et persuasif, Bertaux l'accuse d'avoir détourné des sommes importantes à la Police judiciaire, l'opinion, d'un seul coup, se retourne contre Valantin.

– Valantin n'a rien pour faire un policier. C'est un maladroit, un persécuté, un pauvre type, insiste Bertaux.

Mais lui aussi va sans doute un peu trop loin lorsqu'il déclare à propos de Paulot Leca :

– C'est mon ami. Il m'a sauvé la vie. Au camp de Mauzac où nous étions détenus, il me disait : « Dans la bourgeoisie, on donne sa signature. Dans le Milieu, on donne sa parole et ça suffit ! »... Leca, c'est un homme d'honneur, et je...

Le président sursaute :

– Voyons, monsieur Bertaux, coupe-t-il brusquement, vous qui avez été directeur de la Sûreté nationale, vous n'allez quand même pas dire qu'un gangster, condamné une dizaine de fois, est un homme d'honneur. S'il l'était, d'ailleurs, il serait aujourd'hui au banc des accusés !

Bertaux s'appuie sur la barre et fixe le président :

– Parfaitement, monsieur le président, je maintiens que Paulot Leca est un homme d'honneur. La tradition de l'honneur s'est perdue dans la bourgeoisie, mais pas dans le Milieu.

Les accusés, sur leur banc, jubilent. L'auditoire retient son souffle.

– Le Milieu, hurle le président, outré, vous n'avez que ce mot à la bouche. J'en arrive à me demander si vous n'en faites pas partie !

L'audience est levée dans un charivari assourdissant où se mêlent les coups de sifflet et les applaudissements.

Le lendemain, *le Provençal* titre à la Une :

LE SCANDALE ÉCLATE À AIX :
M. BERTAUX ACCUSÉ PAR M. VALANTIN !

L'article relate en fin de colonne que M. Bertaux est suspendu de ses fonctions de préfet et que M. Valantin va faire l'objet d'une enquête administrative au sujet des détournements de fonds qui lui sont reprochés par son adversaire.

Ulcéré, Valantin donne une conférence de presse :

– Il y a un coupable, M. Bertaux ou moi. L'un des deux doit aller en prison! s'écrie-t-il.

Le président Partoukalian décide qu'il n'y aura plus de confrontation Bertaux-Valantin. « Cette querelle policière étalée en public, dans une salle d'assises, est pour le moins regrettable », a constaté l'excellent chroniqueur judiciaire Jean Espinouze. A partir de là, le procès retrouve son calme. Les audiences se suivent. Les meilleurs avocats de la région et de Paris, maîtres Raymond Guy, Pollak, Filippi, Chiappe, Colonna d'Anfriani, se succèdent à la barre. Avantage appréciable pour les auteurs du hold-up : la cour admet que l'agression a été opérée sans armes. Les jurés auront à répondre à trente-sept questions!

Le verdict est rendu le 18 juillet au terme de treize jours de procès : le colonel Watson est acquitté, Charles Vincileoni aussi. Sanna est condamné à dix ans de travaux forcés, Benedetti à huit, Ruberti à six, Battistelli à cinq, le lapidaire à quatre, et Jolivet à cinq avec sursis...

Mémé Ruberti et Jacques Benedetti ont été libérés avant la fin de leur peine. Ça ne leur a pas porté chance! Mémé s'est fait descendre dans un hôtel de rendez-vous par un mari trompé. Quant à Jacques, c'est lui qui a abattu le « juge de paix » ami de mon mari, Dominique Nicoli. Il estimait que Nicoli n'avait pas été « régulier » dans le partage des bijoux. Il l'a descendu un soir de 14 juillet pendant le feu d'artifice, devant son bar *Le Suffren*, sur le quai des Belges. Il a été arrêté presque sur-le-champ, et a été interné un moment dans un asile psychiatrique. Quelque temps après, il a été abattu à son tour en Corse...

Paulot Leca et Paul Mondoloni ont été jugés par contumace quelques jours plus tard. Ils ont été condamnés au maximum : les travaux forcés à perpétuité. Naturellement, ni l'un ni l'autre n'avait entendu, de l'autre côté de l'Atlantique, la sonnerie de trompe réglementaire exécutée sur les marches du palais de justice d'Aix, dans l'espoir illusoire de les inciter à se présenter sans délai à la justice!

Éliane n'a pas manqué de rapporter à mon mari les réactions de « l'Arlésienne » du procès à l'annonce du verdict.

Après avoir lu et relu les coupures de presse que ses amis de Marseille lui ont envoyées, Paulot se tourne vers Éliane encore toute chavirée par la sévérité du jugement. Il la rassure d'une voix tendre :

– Chérie, allons! Ne sois pas affligée par cette condamnation! Je l'avais prévue en prenant la cavale. Par contumace, ils vous collent automatiquement le maximum. Tu me vois déjà en forçat, en train de casser des cailloux sous le soleil de Cayenne et les coups de matraque des surveillants? Ne te fais pas de mauvais sang, va! D'abord, le bagne, les travaux forcés en Guyane, ça n'existe plus! D'autre part, les « condés » ne m'ont pas encore attrapé...

Comme des larmes perlent aux yeux de la jeune femme, il l'embrasse amoureusement, puis continue :

– Écoute, Éliane, nous ne sommes pas si mal en Amérique... Nous sommes toujours ensemble. Je connais un petit coin tranquille du côté du Canada... Si tu veux, nous pourrions aller nous changer les idées là-bas... Toi et moi, tout seuls dans un petit chalet au milieu de la forêt...

Elle l'interrompt en se forçant à sourire :

– Je vois. Les poèmes de Paul Géraldy, ou « Ma cabane au Canada », comme dans la chanson...

– Hum! Oui, c'est à peu près ça.

Introduisant la moitié d'une Camel dans son fume-cigarettes, il conclut :

– *Ora u libru e scrittu* [1], comme on dit dans mon village. Une fois de plus, mon système de défense m'a donné raison. Si la police m'avait cueilli en France, j'en écopais pour dix ans au moins, comme Sanna, ou

1. Maintenant le livre est écrit.

peut-être encore plus à cause de ma réputation. Dix ans en maison centrale, très peu pour moi! Bien sûr, par moments on a le mal du pays. Mais ne sommes-nous pas mieux ici, tous les deux? Laissons passer le temps. Bien sûr, la prescription, elle est de dix ans en matière pénale... Mais il y a toujours des arrangements possibles... Pour quoi sont faits les avocats? Maître Chiappe nous fera signe dès que nous pourrons remettre les pieds en France. Surtout, ne t'inquiète pas, chérie! Tu la reverras, Marseille!

C'est le 10 mai 1960. Il est quinze heures trente.

– Je suis Pierre Paul Leca, né le 14 mars 1906 à Valle-di-Mezanna en Corse, et condamné par contumace en 1953 aux travaux forcés à perpétuité. Je me présente pour obtenir justice, car je suis innocent...

Paulot, un peu pâle, est accompagné par un de ses avocats, maître Jean Chiappe. La scène se passe dans le cabinet du procureur de la République au palais de justice d'Aix-en-Provence.

Après avoir décliné son identité, il sort son mouchoir et essuie le petit filet de bave qui suinte à la commissure de ses lèvres. C'est la même chose, chaque fois qu'il est ému, et aussi quand il se met en colère...

Le soleil s'accroche au rebord de la fenêtre. Il fait un temps radieux sur la Provence et la Côte d'Azur. Les starlettes du festival de Cannes prennent leur premier bain de mer de la saison, en tenue d'Ève. Au cocktail du *Martinez,* la Bégum Aga Khan, toujours resplendissante, raconte au metteur en scène William Wyler venu présenter son fameux *Ben-Hur,* les émotions qu'elle a connues pendant le hold-up sur la petite route du Cannet, onze ans plus tôt; autour d'eux, Simone Renant, vice-présidente du Festival, le metteur en scène de *La Dolce Vita* Federico Fellini, Anita Ekberg, Magali Noël, Alain Cuny écoutent, ravis, le récit que fait la grande dame avec un joli sens de l'humour...

Nettement moins humoristique est le ton du procureur

de la République lorsque, levant la tête, il considère son vis-à-vis et lui annonce gravement :

– Pierre-Paul Leca, je vais vous faire écrouer à la maison d'arrêt. Gendarmes, emmenez l'accusé!

La gorge de Paulot se serre. Il fait cependant bonne contenance. Il s'incline respectueusement devant le magistrat et va se placer entre les deux gendarmes figés au garde-à-vous devant la porte. Ils sortent. Maître Chiappe les rejoint et s'entretient quelques instants avec son client.

– Soyez tranquille, lui dit-il. J'ai l'intention de solliciter – avant la fin de la session de la cour d'assises – un supplément d'information en votre faveur et, par la même occasion, votre mise en liberté provisoire. De toute façon, je vous le répète, vous allez vous en tirer avec une condamnation minimum. Vous serez condamné pour délit de fuite, et pas pour avoir été le cerveau dans le coup des bijoux de la Bégum.

Lorsque Paulot et son escorte traversent la salle des pas perdus, ils entendent le brouhaha confus des débats de la cour d'assises : on juge, ce jour-là, le tueur du bijoutier Vanmalle et son égérie Michèle-la-Blonde. C'est dans cette salle que Paulot devra comparaître. Dieu sait quand... Pour l'instant, on le conduit à la maison d'arrêt, qu'une rue seulement sépare du palais de justice.

Cependant, à Marseille, le bruit s'était répandu que Paulot Leca allait se constituer prisonnier. Sur les marches du grand escalier, la meute des photographes de presse se précipite pour mitrailler le caïd entre deux gendarmes. Quand il franchit la porte de la prison, il se retourne complaisamment. Il ne cherche pas à dissimuler son visage derrière son chapeau comme le font les gangsters au cinéma. Il ne se cache pas non plus les poignets : on ne lui a pas passé les menottes. Il est calme. Il sourit. Pas tout à fait à la manière des vedettes du festival de Cannes. Non. Plutôt avec une certaine ironie.

Ainsi, après onze ans de vaines recherches, Paulot Leca

réapparaît à la Une des journaux. La photo le représente très détendu, en complet anthracite et polo gris, son chapeau noir sur la tête.

Onze ans à attendre patiemment, de l'autre côté de l'Atlantique, le signal de ses avocats! Durant ces onze années, personne n'a suivi sa piste. Les brèves indications qu'Éliane et lui ont données à leurs amis à leur retour sont restées vagues. D'ailleurs, en prenant de l'âge, Paulot est devenu plus secret. Et s'il garde un mutisme à peu près total sur son exil américain, il doit avoir ses raisons...

Le voici bouclé maintenant dans sa cellule de la maison d'arrêt. Humble et triste « maison de campagne »! Édifiée au cœur de la ville devant un marché très animé où les paysans de Provence viennent vendre leurs produits trois fois la semaine, la prison d'Aix ressemble à une grande caserne maussade. À l'intérieur des bâtiments rébarbatifs, quatre cours; les détenus y tournent en rond pour leur promenade quotidienne. Il n'y a pas de cellules individuelles. Les hommes sont parqués, de quatre à douze dans des dortoirs qui rappellent les cabines de bateaux pour émigrants. Aucun confort et, pour l'hygiène, le strict nécessaire : des cabinets à la turque, un trou abrité des regards par une petite murette de quatre-vingts centimètres de haut. C'est dur pour Paulot de s'habituer à ce cloaque. Où est le confortable appartement de la place Delibes ?

Parmi ses compagnons de détention, il jouit de la sympathie générale, et son prestige de caïd est toujours grand. Malgré cela, les heures passent avec une lenteur désespérante. Ses seules distractions sont les visites, au parloir, de sa femme, et de ses avocats.

– Je viens de déposer votre demande de mise en liberté provisoire, lui annonce un jour maître Chiappe d'un air confiant.

– Alors, ça ne va plus être bien long ?

– Hum! Trois, quatre mois. La justice ne se presse jamais, vous savez.

Le 26 avril 1961, consternation! Paulot apprend que sa

demande a été rejetée sur opposition formelle de l'avocat général Vercier. Il y a près d'un an qu'il est enfermé. Un sursaut de révolte le secoue.

– Les vaches, marmonne-t-il.

Il lui faudra patienter encore sept mois derrière les barreaux... Encore sept mois à attendre le signal de la cloche pour la promenade quotidienne... Sept mois à graisser la patte des surveillants pour se faire apporter conserves fines, tranches de *lonzu* et de *prisuttu* corses, et quelques bonnes bouteilles...

La misère de la prison commence à l'atteindre : il maigrit; son teint devient terreux; il souffre presque continuellement de douleurs d'estomac. Le médecin de la prison diagnostique un ulcère. On le soigne à l'infirmerie. Éliane s'inquiète. Elle demande à ses avocats s'ils ne pourraient pas déposer une demande en grâce médicale.

Enfin, dix-huit mois après l'entrée de Paulot à la maison d'arrêt, son procès s'ouvre devant la cour d'assises d'Aix.

En s'asseyant au banc des accusés, il a tout de suite vu Éliane, dans les premiers rangs du public. Les yeux de sa femme lui disent « courage et confiance ». Parmi l'assistance, il y a plusieurs amis et connaissances du Milieu. Les jurés s'installent et font le serment de juger en leur âme et conscience. Paulot ne connaît aucun de ces hommes habillés comme pour un enterrement de village.

Le greffier lit l'acte d'accusation, puis le président Florens, après l'interrogatoire d'identité, se tourne vers les jurés :

– C'est une vieille affaire que nous aurons à juger. Elle a connu en son temps un très grand retentissement, mais jamais Leca n'a été poursuivi pour y avoir participé. A l'heure de ce hold-up, il se mariait à la mairie de Marseille. En revanche, on l'accuse d'avoir aidé à son organisation et surtout d'avoir recelé les bijoux volés.

– Non, ce n'est pas vrai, proteste Paulot d'une voix presque inaudible.

Les jurés le regardent : amaigri, le teint grisâtre, les cheveux blancs, à cinquante-cinq ans, il en paraît vingt de plus. Ses avocats, maîtres Jean Chiappe et Raymond Filippi demandent au président de l'autoriser à rester assis. M. Florens y consent volontiers.

– Merci, monsieur le président, murmure Paulot en s'inclinant cérémonieusement.

Il est visible que, physiquement, il n'est pas dans un état brillant. Dix-huit mois de prison ont gravement altéré sa santé. Le docteur Masquin, qui l'avait examiné en juin 1960, l'avait alors trouvé en bonne santé et avait conclu à sa totale responsabilité pénale, tient à avertir la cour :

– Mon devoir est de dire que l'homme que vous avez devant vous n'est plus que l'ombre de lui-même. Les deux experts qui l'ont examiné récemment à la maison d'arrêt font état de graves insuffisances cardiaques.

La suite de l'audience se passe en lecture de rapports sur les antécédents de Paulot. Le fichier de la lutte contre le banditisme mentionne : « Contrebande de cigarettes, plusieurs mandats d'arrêt, vit d'expédients; malfaiteur international très dangereux par ses relations importantes... bien connu de la police, remarquable par son habileté qui lui a permis de se tirer d'affaire à plusieurs reprises... trafics divers... »

A écouter ces appréciations peu flatteuses, on pourrait penser à un gangster de Chicago dans le genre d'Al Capone. Or, en observant avec attention l'homme qui est sagement assis dans le box des accusés, on se rend compte qu'on a affaire à un homme poli, courtois, « régulier », dont les manières et l'urbanité en imposent incontestablement. D'ailleurs, tous ceux qui l'ont approché depuis qu'il est incarcéré, policiers, magistrats et médecins, se plaisent à reconnaître qu'il inspire une véritable et incoercible sympathie. « Assurément, écrit dans *le Provençal* le journaliste Paul Chovelon, cet homme n'est pas un voyou de gang, c'est un être à travers lequel apparaît ce que Shakespeare appelait “ le lait de la tendresse humaine ”. »

– Quand même, tient à souligner le président, quand

même, Leca, vous avez eu un comportement plutôt bizarre : vous êtes à la chasse en Camargue, et le jour même où la police arrête quelques-uns des agresseurs et où ils « se mettent à table », vous éprouvez subitement le besoin de partir en voyage... Vous ne trouvez pas ça drôle ?

Paulot fait un effort pour se redresser sur son banc et répond faiblement :

– C'est en effet une curieuse coïncidence et je...

D'un seul coup, il s'interrompt, porte la main à son cœur, halète, ferme à demi les yeux... L'audience doit être interrompue. Une infirmière accourt et fait une piqûre au malade. Et ce n'est pas du chiqué : Paulot a besoin de soins constants.

A la reprise, le président Florens, inexorable, poursuit :

– Ces bijoux, Leca, on dirait qu'ils portaient malheur : Senanedj et son amie vraisemblablement exécutés, Ruberti, Benedetti, Nicoli abattus... Comment expliquez-vous que Sanna et Ruberti aient affirmé que les bijoux se trouvaient entre vos mains ? Rien, absolument rien, ne les forçait à vous mettre en cause. Ils auraient pu aussi bien donner n'importe quel nom... Pourquoi le vôtre ?

Paulot bredouille en esquissant un geste d'ignorance :

– Ma foi, je ne vois pas, je ne comprends pas...

Un peu de bave brille au coin de sa bouche... Il porte son mouchoir à ses lèvres.

Sur les six témoins qui comparaîtront à la barre, les quatre premiers sont des policiers qui ont eu à connaître l'affaire à des stades différents.

Le commissaire Almeiras raconte comment il a été amené à enquêter sur le hold-up dès le début. Sur Paulot Leca, il ne sait pratiquement rien...

Puis le commissaire Truchi rapporte comment Sanna lui a dit que Paulot Leca détenait les bijoux :

– Si nous n'avons pas mis la main sur Leca à ce moment-là, poursuit-il, c'est que le suspect ne se trouvait plus à Marseille. Il chassait sur les bords du Vaccarès en Camargue, et quand il a su qu'on le recherchait, il a disparu aussitôt dans la nature...

Le président interpelle l'accusé :
– Pourquoi vous êtes-vous enfui si précipitamment ?
– On parlait de moi. Je me suis effrayé. Alors j'ai pris mes distances dans l'espoir que la lumière ne tarderait pas à se faire...
Maître Chiappe intervient :
– Monsieur le commissaire, qui, selon vous, de Leca ou du colonel Watson, pourrait être le plus vraisemblablement l'instigateur et le promoteur du coup ?
Sans l'ombre d'une hésitation, le policier répond :
– Watson !
C'est maintenant au tour du commissaire Mattéi, l'homme probablement le mieux informé sur le Milieu marseillais :
– Je dois reconnaître, commence-t-il, que durant mes quinze années dans la police, je n'ai jamais eu affaire à Paulot Leca.
Puis il ajoute, avec un soupçon d'humour et une bonne dose de finesse :
– Au moment du premier procès, en 1953, on parlait beaucoup moins des accusés qui étaient dans le box que de Leca qui ne s'y trouvait pas. Il était un peu l' « Arlésienne » du procès : on n'arrêtait pas d'en parler, sans jamais le voir. Bien entendu, si je n'avais jamais eu l'occasion de rencontrer Leca, j'étais comme tout le monde à Marseille : je le connaissais de nom. Il était énormément connu. C'était un monument ! Nous ne l'avons pas inventé, et s'il a été mis en cause dans cette affaire, ce n'est pas nous qui l'y avons mis.
Le président hoche la tête d'un air songeur et, presque en aparté, fait ce commentaire :
– Dans le fond, Leca jouissait d'un respect rare. Ce n'était pas un malfrat de la basse pègre. C'était un seigneur... du Milieu !
Et il lance à l'accusé :
– A dire vrai, Leca, vous êtes un charmeur...
Un sourire à peine dissimulé éclaire le visage de Paulot. Dans le grand silence qui s'est installé, il dit :
– Dans la balance, monsieur le président, il n'y a pas

que du mal, il y a aussi du bien. Bien sûr, j'ai eu quelques démêlés avec la police pour des trafics de cigarettes et de devises... Mais jamais pour des délits graves...

Sur cette affirmation de moralité, le commissaire Fernand Constant s'approche de la barre à son tour :

– C'est Sanna qui nous a dit : « Paulot Leca a les bijoux. » L'enquête en est restée à ses déclarations et à celles de Ruberti un peu plus tard.

Paulot se tourne vers les jurés pour déclarer :

– Au moment de l'agression, j'étais suffisamment à mon aise pour me passer d'y participer. Par la suite, si je suis parti en cavale, c'est que j'ai eu peur à cause des cigarettes... J'ai attendu à l'étranger la prescription pour venir éclaircir ma situation. Vous voyez, je suis là. Je me suis mis moi-même à la disposition de la justice. L'affaire des bijoux, je ne la connais absolument pas. Je suis complètement innocent. D'ailleurs, qu'est-ce qu'il y a comme preuves contre moi ?

Le commissaire Constant se retire. L'assistance dévore des yeux la très belle Mme Éliane M., épouse divorcée de Paulot Leca, qui vient de prêter serment, et raconte comment elle a conduit en voiture, sur la demande de celui-ci, leur ami Charles Vinciléoni à la Cabane Blanche en Camargue où son ex-mari chassait le canard.

– Mais pourquoi est-il parti si brusquement ? questionne le président.

Elle bat des cils en lui adressant un joli sourire :

– Voyage d'affaires... Vous savez, moi, les affaires...

– Alors que pensez-vous du hold-up du Cannet réalisé le jour même de votre mariage ?

– Une coïncidence, sans aucun doute, répond-elle avec le même sourire gracieux. C'est moi qui avais choisi la date du 3 août pour notre mariage...

En quittant la barre, très à l'aise, elle glisse un regard interrogateur en direction du box des accusés. « J'ai été bien ? », semble-t-elle demander.

Le droguiste Jolivet, l'homme chez qui avait été caché le butin, est manifestement dans ses petits souliers lorsqu'il la remplace. Il faut dire que le président n'a guère de raisons de le ménager : durant trois ans, ce Jolivet a chargé Paulot en déclarant « c'est lui qui est venu déterrer les bijoux enfermés dans une marmite enterrée dans mon jardin ». Et aujourd'hui, voilà qu'il se rétracte, en alléguant qu'il n'a accusé Paulot que pour préserver ou reconquérir sa liberté.

– Somme toute, Jolivet, lui décoche le président, pendant trois ans, vous avez menti à la police ?

– C'est parce qu'on m'avait promis la liberté provisoire si je parlais, balbutie le droguiste. Paulot Leca, connais pas !

– Alors, Jolivet, du moment qu'on vous promet quelque chose, vous dites n'importe quoi ! Vous n'êtes qu'un pantin, monsieur !

Le droguiste n'en mène pas large. Il reste là, immobile, n'osant pas s'en aller. D'un geste, le président lui fait comprendre que son audition est terminée. Il s'esquive, la tête basse.

Tout au long de l'audience de l'après-midi, les témoins sont soumis au feu croisé des questions de la défense.

Le lendemain matin, l'avocat général Vercier – celui-là même qui s'est violemment opposé à la demande de liberté provisoire de Paulot – développe son réquisitoire dans un bel envol de manches écarlates. Il cherche à démontrer la culpabilité de Paulot en exposant méthodiquement, point par point, le mécanisme de l'affaire.

Paulot écoute sans broncher, raide comme un santon. Quand l'avocat général se rassied, ses défenseurs contre-attaquent. Ils plaident non coupable et affirment que les accusations portées contre leur client ne résistent pas à l'examen du dossier. Ils sollicitent donc un acquittement pur et simple.

Après trente-cinq minutes de délibération du jury, la Cour rend un verdict de culpabilité, reconnaissant l'accusé coupable de vol et de recel. Paulot Leca s'entend condamner à deux ans de prison.

Au cours de l'audience civile qui suit, maître Puntos, avoué, obtient qu'il soit solidairement condamné au remboursement de neuf cent dix mille nouveaux francs à la Lloyd's.

Paulot ne peut s'empêcher de sourire : il sait qu'il ne paiera jamais cette somme. Et, sur sa peine d'emprisonnement, il a déjà purgé dix-huit mois!

Grâce à son état de santé précaire, Paulot va passer les derniers mois de sa condamnation dans des conditions particulières. Il est réellement mal en point. Des crises cardiaques le font suffoquer, et son ulcère de l'estomac le tourmente nuit et jour. Aussi est-il plus souvent à l'infirmerie que dans son dortoir infect.

Il espère toujours que la grâce médicale va lui être accordée. Dans son état, quel risque présente-t-il pour la société? En attendant, ses avocats se démènent. Leurs démarches incessantes aboutissent à un résultat appréciable : par le biais des permissions, Paulot arrive à passer plus de temps auprès d'Éliane, dans leur villa de Sainte-Marguerite, qu'entre les murs humides de la maison d'arrêt. Il finit même par bénéficier de la liberté médicale pour entrer en clinique dans une maison de santé renommée. Là, les pourboires princiers qu'il distribue arrondissent bien des angles; il a ce qu'il souhaitait : être chez lui à peu près tous les soirs. Les infirmières ferment les yeux... La surveillance dont il est l'objet se relâche peu à peu. Énergiquement soigné, soumis à un régime sévère, il se rétablit progressivement.

– Je ne suis pas fait pour les « villégiatures » carcérales, plaisante-t-il avec l'infirmière-major.

Ce qu'il veut, c'est retrouver Éliane et mener avec elle une vie calme et douillette. Il passe déjà la majeure partie de son temps chez lui, en pyjama et robe de chambre. Il n'a aucune envie de sortir en ville, même lorsque ses fidèles amis l'invitent à dîner. Il devient de plus en plus casanier.

Au début de mai 1962, maître Chiappe vient le prévenir :

– Leca, il va falloir retourner à la maison d'arrêt. Oh! pas pour longtemps, rassurez-vous : quelques heures seulement.

– Oui, je m'y attendais. Si j'ai bien compté, ma peine expire le 8.

– C'est ça. Vous n'aurez qu'à vous présenter à la prison le 6 en fin de soirée. Trente-six heures après, vous serez libre!

– D'accord maître! Mais vous savez que, dans mon état, ce week-end est absolument contre-indiqué par la Faculté. N'oubliez pas que je souffre atrocement de « claustrophobie ».

Il est tout ravi de placer le nouveau mot « savant » qu'il vient d'apprendre dans le *Petit Larousse Illustré*. Avide de s'instruire, ainsi que le sont volontiers les truands arrivés, il a fait de ce dictionnaire son livre de chevet. Chaque jour, il en lit une cinquantaine de pages.

Le 6 mai, il arrive à la maison d'arrêt avec son petit baluchon et le surlendemain, à sept heures du matin, il est dehors. Ouf! Il respire un grand coup. Cette fois, c'est fini! C'est jour de marché sur la placette en face de la prison. Un parfum de basilic et d'ail nouveau flotte dans l'air. Paulot hume ces bonnes odeurs de la Provence en cherchant quelqu'un des yeux : Éliane.

Elle avance à sa rencontre en compagnie des amis fidèles. Il se jette dans leurs bras. Il est heureux. Le ciel ne lui a jamais paru plus lumineux.

Éliane se met au volant d'une Ford Consul blanche immatriculée à son nom. Il monte à côté d'elle après avoir remercié ses amis.

– Où tu m'emmènes?

– Faire un petit tour sur la Côte.

– Au Cannet ? fait-il en clignant malicieusement de l'œil.

– Non! Un peu plus loin. A Nice. C'est la bonne saison, et tu as besoin de changer d'air et de voir un peu comment marchent tes affaires.

Désormais, sa vie de gentleman d'aventure est terminée. Il a cinquante-six ans, l'âge où, tout comme les bourgeois, il peut prendre sa retraite en faisant fructifier son capital. Pas en jouant sur des valeurs cotées en Bourse, non; mais en faisant de bons placements dans des affaires qui « ne voient pas trop le jour » ou en consentant des avances à des garçons ambitieux qui se lancent dans les trafics : il faut bien aider les jeunes...

Paulot ne possède plus le yacht dont il était si fier. L'*Éliette* a été saisi par la douane, comme ses vedettes rapides qui narguaient les contrôles en mer. Mais il possède encore des parts substantielles dans des établissements de luxe comme le *Napoli* et le *Maxim's* de Nice. Il peut se laisser vivre, sans prendre de risques, derrière sa façade de respectabilité.

Sa carrière dans la grande truanderie, il l'a bâtie sur les mêmes qualités d'intelligence, d'engagement et de flair qui font les grands capitaines d'industrie. Et dès le départ, il a compris qu'à notre époque, le sens de la combine et de la corruption sont plus payants, dans le Milieu, que la violence et l'adresse au pistolet...

Après un séjour de quelques semaines à Nice, où il a retrouvé ses amis et associés, Paulot retrouve avec Éliane la tranquillité provinciale de leur villa de Sainte-Marguerite.

Les dernières années du « cerveau » du Train de l'or et du vol des bijoux de la Bégum s'écoulent sans histoires. Et le 1er février 1966, il réalise le rêve des vieux « caïds » au faîte de la réussite : il meurt dans son lit. Combien de ses compagnons sont tombés sous les balles ou morts en prison! Lui, c'est une crise cardiaque qui l'emporte. Il rend le dernier soupir le même jour que sa vedette de cinéma préférée : Buster Keaton, l'acteur qui ne riait jamais.

Une grande discrétion entoure sa fin. La presse locale n'en souffle mot. Son épouse et sa famille font insérer dans *Le Provençal* et dans *Le Méridional* du 2 février un avis de décès en treize lignes annonçant la levée du corps pour le lendemain à dix heures à la villa Pomone, et s'excusant de ne pas recevoir. Ni fleurs ni couronnes, précise l'insertion. Il n'empêche que, le téléphone arabe ayant marché de bar en bar, les gerbes et les couronnes s'amoncellent autour du cercueil qui fait une pause à la cathédrale de Marseille avant d'être embarqué pour la Corse. Dernier hommage de ses pairs à un homme dont la carrière a soulevé leur admiration... Une foule de personnages dignes et compassés, alertés par on ne sait qui, se presse autour de la famille. Sur quelques visages, l'œil exercé d'un policier ou d'un habitué des grands procès criminels pourrait mettre un nom. Mon mari ne figure pas dans cette assistance : il est mort quatre jours plus tôt.

Après l'absoute, la dépouille de Pierre-Paul Leca est transportée par mer jusqu'à Ajaccio et, de là, par la route qui traverse les montagnes de la Cinarca, dans le tombeau qu'il avait fait construire pour ses sœurs et lui dans le petit cimetière de Valle-di-Mezzano.

LES GANGSTERS DE LA PÉTANQUE

Mon existence marginale a été jalonnée de plus de drames que de comédies. Les règlements de comptes m'ont souvent, trop souvent, fait pleurer la mort d'un être cher. Il est par contre une affaire et ses conséquences judiciaires qui m'ont tiré des larmes... de rire, comme le plus désopilant des vaudevilles.

Les journaux ont donné à cette affaire, « représentée » en janvier 1963, un nom d'opérette marseillaise : *les Gangsters de la pétanque.* Il y avait déjà eu, avant la guerre de 39-40, *les Gangsters du château d'If* de Henri Alibert, René Sarvil et Vincent Scotto, comédie ensoleillée où il était moins question des cachots de la célèbre île-prison qui abritèrent Edmond Dantès et l'abbé Faria, héros du roman d'Alexandre Dumas *le Comte de Monte-Cristo,* que de joyeux *nervis* en mal de combines et de jolies filles à l'accent chantant!

La « troupe » des *Gangsters de la pétanque* se composait, elle aussi, d'une dizaine de gais lurons pas très scrupuleux dont les reparties et les bons mots pendant les débats devant le tribunal correctionnel égalaient en humour méditerranéen les dialogues de la fameuse partie de cartes du *Marius* de Marcel Pagnol. Un des rôles importants, celui de secrétaire, était confié à un de nos amis de longue date, un compatriote, qui a le même prénom que mon mari : le fidèle Dominique Bona. Le reste de la distribution se répartissait entre d'autres « braves garçons » à qui il incombait de jouer divers personnages : ainsi, leur âge et leur allure de bourgeois cossus valaient à Baptistin et à Armand d'être les « milliardaires »; Adolphe faisait le deuxième « secrétaire »; Antoine, Eugène et Maurice étaient les « rabatteurs » : leur tâche consistait à dénicher les « pigeons ». Un pigeon, vous savez ce que c'est : c'est le pauvre type, généralement riche, qui se fait plumer! La victime, en somme!

L'art et la manière d'exploiter le gogo avaient fait l'objet, de la part de toute la troupe, de longues et minutieuses études sociopsychologiques. Un rabatteur allait trouver un entrepreneur de travaux publics (ou un médecin, ou un gros commerçant) pour lui proposer une bonne affaire :

– Cher Monsieur, un de mes amis, M. Jean, voudrait faire construire en Corse un ensemble de cinquante bungalows pour un village de vacances. Vous avez sûrement entendu parler de M. Jean. C'est un homme qui a des chaînes d'hôtels en Corse et sur la Côte. Il ramasse l'argent à la pelle. En ce moment, il est à Paris en voyage d'affaires. Mais il ne va pas tarder à redescendre à Marseille. Si ma proposition vous intéresse, je pourrais vous le présenter. Il y a une belle affaire à saisir. D'autant que mon ami a beau être un businessman de premier ordre, il ne se montre jamais regardant. Il aime le travail bien fait, et il paie royalement. Je vous laisse deux, trois jours pour réfléchir et préparer des devis... Ensuite, vous m'appelez. Si l'affaire vous tente, c'est dans la poche...

Ravi de l'aubaine, l'entrepreneur n'en dormait pas depuis deux jours. Il établissait des devis; il tirait des plans sur la comète; il rêvait...

Enfin il téléphonait :

– J'ai fait mes calculs, cher ami. J'accepte. Dès maintenant, je tiens quelques devis à la disposition de M. Jean.

– Je suis content pour vous. Mais M. Jean est encore à Paris. Dès qu'il arrive, je vous fais signe.

Il faut faire languir le « poisson » pour qu'il morde bien à l'hameçon. Aussi, quelques jours se passent. Chaque coup de fil à son bureau fait sursauter l'entrepreneur. Rien, toujours rien... Les « pêcheurs » savent que plus le poisson est gros, plus il est méfiant. Ils ont amorcé. Ils attendent de ferrer à coup sûr.

Finalement, la bonne nouvelle arrive :

– M. Jean est là. Je lui ai parlé de vous. Si vous êtes d'accord, je passerai vous prendre demain matin pour vous conduire à lui.

– O.K. A demain, cher ami!

A l'heure dite, le rabatteur se pointe chez l'entrepreneur. Il lui propose de l'emmener en voiture. C'est plus prudent. Il ne risquera pas de changer d'avis en cours de route.

– Où allons-nous? demanda-t-il simplement losqu'il remarque que la voiture prend la direction de la banlieue est.

– Dans un petit restaurant de Gemenos. M. Jean recherche avant tout le calme.

Dès qu'ils parviennent sur les lieux, un « secrétaire » du « milliardaire », en l'occurrence notre ami Dominique, vient à leur rencontre. Il n'a pas l'air de bonne humeur et il ne l'envoie pas dire au rabatteur.

– Il y a plus d'une demi-heure que je t'attends, lance-t-il. En affaires, ce n'est pas sérieux. Le patron a patienté une dizaine de minutes. Après, il est parti avec son chauffeur pour un autre rendez-vous.

Désappointé, l'entrepreneur fait la grimace.

– C'est vraiment dommage. Excusez-nous. Vous croyez que M. Jean reviendra?

– Certainement. Mais peut-être pas avant une bonne heure.

– Pourtant, fait remarquer l'entrepreneur, je n'étais pas en retard. Monsieur (et il désigne Antoine) avait dit qu'il passerait me prendre à neuf heures. A neuf heures, j'étais prêt.

– C'est de ma faute, intervient Antoine qui joue les penauds. J'ai dû me tromper d'heure. Mais soyez sans crainte : M. Jean va revenir, puisque Dominique le dit. Il n'y a qu'à patienter un petit moment.

Pour passer le temps, on s'attable sous la tonnelle devant des cafés. On bavarde de choses et d'autres. Par-dessus la vigne vierge, le ciel est bleu; les oiseaux chantent dans la pinède voisine. L'air sent l'optimisme et la ramille de pin.

L'entrepreneur oriente la conversation sur la personnalité de M. Jean.

– Quel genre d'homme est-ce ? Fait-il étalage de sa fortune ? Est-il snob ?

– Pas le moins du monde, répond le second « secrétaire », Adolphe. Il est la simplicité même. Et avec ça, un cœur en or... N'empêche, c'est un original : il a ses petites manies. Dès qu'il quitte ses affaires, il ne pense qu'à une chose, les boules. Il dit que ça le repose de ses soucis. C'en est devenu presque un vice. Tous ses loisirs, il les consacre à la pétanque...

– Il joue bien ? questionne l'entrepreneur.

– Pas mal; mais pas terrible. Et son vice lui coûte les yeux de la tête, car il aime jouer gros. Combien il peut perdre chaque mois sur les terrains de boule ? Je n'ose pas avancer un chiffre : des millions sans doute [1]. Mais pour lui, ça fait l'effet d'une goutte d'eau dans la mer. Sa fortune est colossale. En plus, il a hérité dernièrement de plus de quatre cents millions. L'argent attire l'argent, c'est bien connu... Je suis persuadé qu'avec son écurie de course, son yacht, ses usines, ses hôtels, les terrains qu'il a achetés en Corse, il est plus riche que l'Aga Khan.

L'entrepreneur boit du petit lait. C'est la première fois de sa vie qu'il va traiter une affaire avec un personnage aussi riche.

Justement, voici un monsieur dépassant la soixantaine, tiré à quatre épingles, distingué comme un membre du Jockey-Club, qui descend d'une voiture dont un chauffeur en livrée tient la portière, et qui s'avance à petits pas vers le groupe.

Dominique se lève pour faire les présentations. Puis il explique au « milliardaire » :

– Monsieur Jean, je vous ai amené un de mes amis qui est entrepreneur et à qui j'ai fait part de votre projet de construire des bungalows en Corse. C'est un homme qualifié. Je connais la villa magnifique qu'il a construite à Cassis pour la petite amie d'un parent. Il a énormément

1. Il s'agit d'anciens francs.

de goût. D'ailleurs, vous allez pouvoir en juger par les maquettes et les devis qu'il a apportés.

M. Jean jette un regard négligent sur les documents que l'entrepreneur a extraits de son attaché-case.

– Intéressant, approuve-t-il, très grand seigneur. Seulement, cher Monsieur, vous voudrez bien m'excuser. Votre proposition m'intéresse en principe mais, pour moi, cette affaire ne représente pas grand-chose. J'ai autre part qu'en Corse de plus grands projets en tête. Je chargerai mon secrétaire de traiter avec vous. Il aura ma procuration.

Désignant des hommes qui, boules en mains, semblent attendre quelqu'un sur le boulodrome, il déclare, en tendant la main à l'entrepreneur :

– Veuillez m'excuser, cher Monsieur. Je vous laisse discuter avec mes secrétaires. Je dois faire une petite pétanque avec des amis.

Manifestement, pour être original, il est original, le « milliardaire ». « Seulement, calcule l'entrepreneur, il faut bien en passer avec ses fantaisies. Tout ce que je souhaite, c'est d'obtenir l'adjudication des travaux en Corse. »

Tandis que les secrétaires examinent avec le plus grand sérieux les maquettes apportées par l'homme de l'art, une partie de boules s'engage à quelques mètres de là. Une curieuse partie, que l'entrepreneur suit à la dérobée : de toute évidence, le « milliardaire » bénéficie de quelques avantages; il a droit à quatre boules, alors que ses adversaires n'en ont que trois; en outre, il part avec quatre points d'avance pour une partie en dix points.

– Le privilège de l'âge, souffle le secrétaire à l'oreille de son compagnon qui a repéré ces anomalies.

Les boules vont et viennent, se frappent, s'immobilisent... Le « milliardaire » mène huit à cinq. Les deux hommes qui ne jouent pas servent d'arbitres.

Bientôt, l'adversaire du milliardaire remonte. Il arrive à neuf. Le « milliardaire » s'applique dans un savant pointage. Il se voit déjà gagnant le point final. Las! Un « carreau » retentissant réalisé par l'autre de main de maître annule ses espoirs.

– Il a beau rouler sur l'or, il n'est pas le plus fort, commente Dominique à l'adresse de l'entrepreneur. Ça ne vous dirait rien de lui proposer une partie? Histoire de lui faire plaisir...

L'entrepreneur s'est rendu compte que le « vieux » n'est pas de première force et qu'il peut le battre facilement. Et puis, pour enlever le marché de la construction des bungalows, il ne serait sans doute pas inutile de le prendre par les sentiments. Il s'approche du milliardaire.

– Vous seriez prêt à faire une petite partie avec moi? offre-t-il.

– Ça dépend... La mise serait de combien?

– Ce que j'ai sur moi. Cinq cent mille francs [1].

– Ça peut aller. On commence tout de suite?

– Volontiers.

L'entrepreneur se baisse pour ramasser le « bouchon » et le tend à son adversaire.

– A vous l'honneur, cher Monsieur.

Le bouchon va s'immobiliser à huit mètres. Le « milliardaire » pointe et sa boule va presque « têter ». L'entrepreneur lui laisse le premier point, puis le second. Le « milliardaire » semble ravi. Mais les points suivants, c'est l'entrepreneur qui se les adjuge. Le « milliardaire » s'énerve et son jeu s'en ressent. Finalement, la partie est gagnée par l'entrepreneur. Son adversaire n'a pas l'air content.

– J'ai encore perdu, gémit-il. Acceptez-vous la revanche?

L'entrepreneur, qui a encaissé les cinq cents billets, se montre bon prince.

– Oui, si ça peut vous faire plaisir...

– Alors on joue à trois millions... pas moins. Et l'argent en espèces.

– J'accepterais bien, mais je n'ai pas cette somme sur moi...

– Qu'à cela ne tienne, cher Monsieur. Il est onze heures. Vous avez le temps de passer à la banque. Je mets mon chauffeur à votre disposition.

1. En anciens francs.

– Entendu.

Une demi-heure plus tard, il est de retour avec une liasse de billets dans la poche.

– Vous avez l'argent? s'enquiert le milliardaire.

– Bien sûr!

– On y va. Donnez la mise à mon secrétaire.

Adolphe encaisse. La partie commence.

L'entrepreneur marque quelques points. Soudain, c'est le revirement. Le « milliardaire » ne rate aucun pointage, aucun tir... L'entrepreneur a beau s'appliquer; l'autre continue à marquer des points jusqu'au carreau final qui lui fait gagner la partie.

L'entrepreneur, qui comptait empocher les trois millions en même temps que s'attirer les bonnes grâces de son client éventuel, en est pour ses frais. Tel est pris qui croyait prendre.

La fine équipe n'aura plus qu'à se partager le butin. Et il ne sera plus question de construire des bungalows dans l'île de Beauté, pour la bonne raison que le « milliardaire » et ses comparses se sont évanouis dans la nature...

En général, le « pigeon » n'ose pas porter plainte. Ils étaient une soixantaine de ces pigeons dans Marseille. Sur ce nombre, deux ou trois seulement se décidèrent à porter l'affaire devant la justice. Conclusion : la troupe des coquins pétanqueurs s'en fut villégiaturer à la prison des Baumettes.

Après quelques mois de prévention, le tribunal correctionnel nous offrit un « show » à grand spectacle. Trois jours de débats furent nécessaires. Mon mari et moi y avons passé des heures inoubliables.

Prévenus du délit d'escroquerie, les gangsters de la pétanque protestèrent avec la dernière énergie :

– Dans toutes les parties de boule à Marseille et sur la Côte, il y a un « pigeon », déclarèrent-ils tous en chœur. Le « pigeon », c'est ce commerçant, cet industriel, cet entrepreneur cupide qui veut se transformer en vautour pour plumer un pauvre vieux! Est-ce que vous trouvez, monsieur le président, que c'est joli de vouloir « pigeonner » un homme du troisième âge ?

Les fédérations boulistes et la presse avaient envoyé une masse de représentants à ces audiences étonnantes. Ils purent entendre, de la bouche des accusés, tout le vocabulaire imagé des joueurs de boules méridionaux. On évoqua les dompteurs de pigeons, la tourterelle du Sénégal, le pigeon transformé en vautour... Il y eut le témoignage comique du bégue, la pantomime ahurissante du sourd qui « a l'eczéma dans la trompe d'Eustache », et le talent oratoire du champion du monde de boules Émile Agaccio qui fit cette déclaration à M. Vincentelli, président du tribunal :

– Les pigeons, monsieur le président, on les reconnaît à la tête. On les voit tellement « beaux ». Beaux, on dit ça sur les terrains de boules... Et ils se prétendent des victimes... Pas du tout ! Je connais des tas de gens qui préfèrent perdre contre des champions que gagner contre des joueurs minables. Quand ils affrontent un champion, ils éprouvent de la fierté. Alors, n'est-ce pas normal qu'ils paient ? Il y en a eu un, un jour, à qui j'ai pris deux cent mille francs ; ce jour-là, je me suis pensé : c'est pas un « pigeon » celui-là, c'est une tourterelle ! Les « pigeons » qui ont perdu et qui ont porté plainte n'avaient joué que guidés par l'appât du gain. Moi, je ne trouve pas ça moral... Dans toute la Provence, il y a des joueurs professionnels ; on sait qu'ils sont nés un dimanche et que, depuis qu'ils sont en âge de travailler, ils cherchent le travail avec le fusil... On les trouve partout, sur les champs de foire les jours de marché, où ils plument les gros paysans, dans plusieurs quartiers de Marseille et l'été, sur la Côte, du côté de Saint-Tropez ou de Saint-Paul-de-Vence... J'en connais un qui se vante d'avoir pris dix-sept millions à une ancienne vedette de chant devenu artiste de cinéma... Même sans se servir de boules « farcies », c'est-à-dire de boules truquées dans lesquelles on a mis soit du mercure soit du sable afin qu'elles viennent « têter » le bouchon, des joueurs que je connais bien arrivent à se faire près d'un million par jour.

Je ne vois vraiment pas le mal qu'ils font en prenant de l'argent aux « pébrons »... C'est ainsi qu'on appelle les mauvais joueurs qui manquent la donnée, tirent aux *parpaillons* [1] ou loupent le *garri* [2]. Les combines aux boules ont toujours existé pour la bonne raison que la grande astuce des coquins consiste à faire d'un honnête homme leur complice!

Mon mari qui, à la fin de ses jours, était devenu d'un caractère difficile, n'arrivait à rire et à se détendre qu'aux histoires que son ami Dominique, le « secrétaire », lui rapportait des terrains de boules.

1. Papillons.
2. Le bouchon.

L'EMPIRE GUÉRINI
ET LE CURIEUX COMMISSAIRE BLÉMANT

Le 5 mai 1965, quand mon mari remonta à la maison avec le journal, il était comme fou :

– *Madonaccia,* si je n'étais pas si malade et si je savais qui a descendu Robert, j'irais l'abattre comme un chien!

Il me tendit *le Provençal.* A la Une, sous une énorme manchette, s'étalait un long article illustré de photos, qui relatait dans les détails l'exécution de son grand ami et ancien associé, l'ex-commissaire de police Robert Blémant.

– Tiens, Marie, lis!

Je dévorai le papier du grand reporter spécialisé du quotidien marseillais :

La veille au soir, vers vingt heures, deux hommes se tenaient à l'affût sur le bas-côté de la Départementale 15, entre Pélissane et le village haut perché de Lanson, à une quarantaine de kilomètres de Marseille. Un troisième homme était au volant de la voiture noire rangée, moteur en marche, contre une vigne en surplomb. Devant eux, vers le nord, moutonnaient les hangars et les bâtiments de l'École de l'air de Salon-de-Provence. Les guetteurs étaient très calmes, comme lorsqu'on participe à une battue aux sangliers. Du reste, ils avaient l'habitude, et ils savaient que le gibier qu'ils chassaient emprunterait fatalement cet itinéraire pour rejoindre son domaine. Leurs doigts caressaient machinalement l'acier de leurs pistolets mitrailleurs de 9 mm.

C'était un crépuscule doux et parfumé aux plantes de la garrigue. Dans les vignes d'alentour, le soleil déclinant badigeonnait de coulées d'or la pointe des pampres. Soudain, un bruit de moteur... Une Mercedes blanche fonce dans leur direction sur la petite route.

Les deux chasseurs la laissent passer. Puis ils remontent en voiture et se lancent dans son sillage. Ils doublent la Mercedes juste à l'endroit où un panneau signale sur la droite : « Attention. Sortie d'engins ». Ce sont de drôles d'engins qui sortent des portières. Les canons noirs des pistolets mitrailleurs crachent leurs rafales... A cette distance, deux mètres au maximum, le conducteur de la voiture blanche n'a guère de chance de passer à travers l'orage de feu et de plomb...

La cible immanquable, c'est Robert Blémant, notre ami...

Atteint par plusieurs projectiles, il se crispe sur son volant dans un ultime réflexe. Sa tête bascule en avant. Il perd le contrôle de la direction. La Mercedes va s'immobiliser durement contre le remblai. Dans le choc, elle massacre deux souches de vigne. Le chauffeur des tireurs n'a plus qu'à appuyer à fond sur le champignon. La voiture noire s'évanouit bientôt dans la lumière indécise qui tend un voile mauve au-dessus de Pélissane.

Le pauvre Robert Blémant a son compte. Sur les quatorze balles qui ont transformé sa voiture en passoire, quatre ont fait mouche. Deux en pleine tête. Une hémorragie interne a foudroyé presque instantanément l'homme à abattre. Contre son corps, une chevelure auburn émerge. C'est sa femme, Antonia. Comme il y a quinze ans la compagne de Salicetti, elle s'en tire avec plus de peur que de mal. Une balle lui a simplement égratigné l'oreille gauche. Son réflexe de plonger sous le tableau de bord lui a sauvé la vie... Elle m'avait invitée à venir passer quelques jours avec elle dans leur propriété des Petits Birons...

Dominique s'est longuement torturé l'esprit pour découvrir qui avait pu supprimer son ancien associé. Il échafaudait des hypothèses et passait en revue, un par un, les noms les plus connus du Milieu. Car Robert ne pouvait avoir été tué par un petit barbillon minable! En dépit de ses efforts, il ne parvenait pas à déceler les motifs qui avaient pu commander cette exécution sans bavures. Le pauvre, il devait mourir sept mois plus tard sans connaître la vérité. Allez la cerner, la vérité, dans un imbroglio où se mêlaient les intérêts de plusieurs clans! Et Dominique ne voulait pas croire ce qu'on chuchotait dans le Milieu : « C'est Antoine Guérini l'instigateur du coup! » D'ailleurs, l'aurait-il cru, je me demande s'il aurait encore été capable, malade comme il l'était, de venger Robert Blémant comme il l'avait annoncé sous le coup de l'émotion. A la réflexion, je ne le pense pas. Il vivait dans une prostration quasi permanente. Et puis, il se serait trouvé devant un débat véritablement cornélien : d'une part, il était un des meilleurs amis du malheureux Robert. Mais d'autre part, il entretenait les relations les plus cordiales avec Antoine Guérini, « l'empereur des nuits de Marseille ».

Un autre homme, par contre, en apprenant la nouvelle, a tout de suite compris, c'est Mémé Guérini, le frère d'Antoine.

Le soir du drame, vers les vingt et une heures, il était au bar de son night-club du Vieux Port, le *Méditerranée*, quand l'information lui parvint. Comme mû par un sombre pressentiment, il s'écria en corse devant ses fidèles :

– *Disgrazia! C'u sta cagata, annu fa tumbà tutta a famiglia* [1]!

(Et il est vrai que la fin tragique de Robert Blémant est une date importante dans l'histoire légendaire de l'empire Guérini...)

« Ton frère Antoine aurait lâché quinze millions anciens pour faire liquider l'ancien commissaire », viendra-t-on dire un peu plus tard à Mémé. Bientôt, même le nom des trois tueurs sera chuchoté dans les bars à l'heure du pastis :

– Officiel, je te le dis! C'est Antoine Mondoloni, le fils

1. Malheur! Avec cette bêtise, ils vont faire tuer toute la famille!

naturel de Mémé, et Pierrot Colombani, dit Tino, un des gardes du corps d'Antoine, qui ont tiré! Et c'est Étienne Carrara qui conduisait la voiture!

Sans doute, à Marseille, et à Paris aussi, tout le monde connaissait le nom d'Antoine Guérini. Mais peu de gens savaient ses véritables activités. On disait qu'il était un personnage aussi considérable que redoutable : « C'est un gangster rangé des voitures, toujours prêt à rendre service, un homme d'affaires éclairé qui ne se connaît pas d'ennemis et qui fait la pluie et le beau temps à Marseille. » Le mythe avait ainsi pris naissance. Le grand avocat marseillais, maître Émile Pollak, devait l'expliquer, beaucoup plus tard, au cours du procès de Mémé Guérini :

– Notre époque est devenue terriblement friande de mythes. C'est la faute de la télévision. Il lui faut de la star, de l'idole, du sensationnel... Le public en redemande. Aussi lui sert-on ce qu'il réclame. Quant ce n'est pas Brigitte Bardot ou Alain Delon, c'est le mythe Guérini...

Boutade, image de plaidoirie... D'accord. N'empêche, bonne part de vérité... On a « gonflé » l'empire Guérini, c'est sûr. Mon mari et moi, nous en savons quelque chose, nous qui les avons suivis du début jusqu'à la fin... Mais l'ascension même d'Antoine Guérini et de ses frères ressemble à un conte épique. Une histoire ahurissante dans laquelle le Bien et le Mal se côtoient, se compénètrent, se mêlent... Une histoire dont l'épilogue s'est joué, en vérité, un soir de mai du côté de Salon-de-Provence, sur une petite route, entre Lanson et Pélissane...

Antoine Guérini, né en Corse le 2 mars 1902 à Calenzana, était l'aîné de huit enfants. La famille vivait chichement. Le père, charbonnier dans les forêts de la Balagne, menait une existence pénible pour faire bouillir la marmite. Son fils aîné avait, lui, d'autres ambitions que de garder les chèvres ou faire du charbon de bois...

Après son service militaire au 27e bataillon de chasseurs

alpins à Annecy, Antoine vient s'installer à Marseille. On est en 1923, l'époque où Carbone et Spirito font leurs premières armes. Antoine n'a rien oublié des conseils de son « oncle » Jacques Costa qui fit carrière dans le proxénétisme avant de tenir le *Bar de la Gaîté* à Ajaccio :

– Ô petit, charmant comme tu es, tu n'auras pas de mal à trouver sur le trottoir de Marseille des femmes qui ne demanderont qu'à travailler pour toi.

Le fait est que ce beau garçon aux cheveux noirs et aux yeux perçants, avec ses traits énergiques, sa taille élancée et sa silhouette souple, a tout pour plaire aux filles.

Son apprentissage commence du côté de la rue des Récolettes à Marseille. Ses maîtres sont des souteneurs chevronnés dont certains ont déjà fait les Amériques. Le jeune homme a incontestablement des dispositions. Il sait se faire respecter et prendre en main des gagneuses aux comptées régulières. Sa mentalité stricte et ses qualités de chef n'échappent pas aux hommes du Milieu en place, qu'il fréquente dans les bars tenus par des compatriotes. Aussi lorsque, dans les années 30, il envisage d'acheter son premier commerce, ceux-ci lui donnent volontiers la main. C'est *Le Bar des Colonies,* au 80 de la rue Bernard Dubois. Un modeste bistrot de ce quartier de la porte d'Aix que les Nord-Africains n'ont pas encore transformé en médina. Antoine loue un logement à côté, dans le vieil immeuble du 72 de la même rue.

Bientôt, comme ses affaires marchent, il fait venir sur le continent ses frères François et Mémé. Le premier l'aidera à tenir le café. L'autre, qui a déjà tenté sa chance à Bordeaux, est un garçon mince au teint mat que les femmes vont appeler Gueule bleue à cause de l'ombre laissée sur ses joues par le rasage le plus minutieux. Il est décidé à faire son trou à Marseille et fréquente assidûment le bar de Tintin Dragon, rue d'Aubagne, où l'on joue dur à la passe anglaise. Mais ses moyens ne lui permettent pas toujours de « flamber » à sa guise. Comme Antoine et François, il a le culte de l'amitié et le sens du commerce. En affaires, il montre peut-être plus de laisser-aller et de nonchalance que son aîné; mais il a le même respect de la parole donnée.

La famille se renforce progressivement avec l'arrivée des autres frères Pascal et Lucien, et celle du cousin Pascal. Le clan Guérini est constitué. L'exploitation des bars et le proxénétisme constituent ses sources de revenus.

Antoine contrôle plusieurs femmes, dont Dédée, une gagneuse qu'il gardera jusqu'en 1939. Mais il sait qu'il peut faire mieux que d'attendre la comptée de ses protégées et rester dans « la limonade ». Peu à peu, il crée autour de lui une solide équipe d'hommes de main qu'il met à la disposition de ceux qui, dans les sphères de la prostitution, voire dans les milieux des affaires et de la politique, connaissent des difficultés. Les tenanciers de maisons de tolérance et de maisons de rendez-vous s'adressent à lui chaque fois que des malfrats tentent de leur chercher des histoires. Il a vite fait de mettre à la raison les plus récalcitrants. Et en contrepartie, ses obligés lui cèdent des « avantages », sous forme de parts ou d'intérêts dans leurs établissements.

Francia, la patronne d'une « taule » d'abattage de la rue de la Fare, lui offre une participation dans son entreprise pour le remercier des services qu'il lui a rendus dans des moments pénibles : elle avait abattu son amant et avait écopé cinq ans d'emprisonnement. Pendant qu'elle tirait sa peine, Antoine avait géré avec succès ses intérêts.

Ces remises en ordre, que le Milieu n'est pas sans remarquer, donnent de mois en mois plus d'ampleur à la cote d'Antoine. On commence à le craindre.

Alors qu'à l'époque, Carbone et Spirito se rallient à la cause de Sabiani et, plus tard, du Parti populaire français, Antoine Guérini, lui, offre ses bons offices et ceux de ses frères à Henri Tasso, député-maire de Marseille, et aux socialistes. Les Guérini comptent parmi les meilleurs agents électoraux de la ville. Au cours des campagnes électorales, des rencontres homériques se produisent entre leur bande de choc et celle des sabianistes conduits par Carbone et Spirito. Il n'y a pas que des insultes et des coups de poing : à maintes reprises, des fusillades éclatent et laissent des blessés sur le terrain, principalement du côté de la gare Saint-Charles et dans le quartier Saint-Lazare.

Une fois les élections passées, les deux clans font la paix et vaquent à leurs occupations respectives. Antoine et Mémé commencent à prendre de l'étoffe. Ils achètent des parts dans des maisons closes à Marseille, Toulouse, Alger, Oran... Carbone, lui, se livre aux mêmes transactions sur Paris.

L'été 1939 arrive. La guerre avance à grands pas. Le 2 septembre, c'est la mobilisation générale. Antoine est mobilisé à Corte. (Mon mari, lui, a la chance d'être dispensé du service actif : il a été réformé à cent pour cent après son service militaire dans la marine.) A l'armistice de 1940, Guérini regagne Marseille et reprend ses activités. C'est le moment où le Milieu se partage en deux : les uns, comme Carbone, Spirito, Bibi Ricord et Palmieri, offrent leurs services à la collaboration; les autres, comme les Guérini, entrent dans la Résistance. En même temps, ils se livrent à la contrebande de l'or avec le Moyen-Orient, trafiquent dans le marché noir et favorisent le passage des Juifs en Corse et à l'étranger.

Antoine a abandonné les rues chaudes proches du cours Belzunce pour les quartiers bourgeois de l'autre côté de La Canebière. Il a son domicile au 30 de la rue Adolphe Thiers et exerce, d'après les rapports du service régional de la Police de sûreté, la profession de liquoriste commerçant. Il exploite à l'Opéra, rue de la Tour, avec sa femme Alice, ancien prix de beauté, un charmant petit cabaret appelé *La Potinière.* Aucune comparaison avec son premier bar, le *Bar des Colonies.*

La Potinière, c'est une boîte chic. Elle attire une clientèle huppée et extrêmement diverse. Israélites repliés à Marseille; personnalité du monde du commerce et de la bourgeoisie; revendeurs du marché noir et même agents français de la Gestapo, dont le sinistre Palmieri qui sera fusillé à la Libération; hommes du Milieu très connus, comme les frères Aranci, Jo Renucci – l'ami de mon mari

–, Antoine Palmaccio; tous s'y côtoient en toute sérénité.

Rusé, Antoine Guérini profite des bons d'essence que lui passent les collabos pour faire du troc contre des denrées alimentaires ou des vins et liqueurs. Parfois, grâce à des indiscrétions qu'il capte au vol, il prévient tel ou tel que les autorités d'Occupation l'ont à l'œil et qu'il ferait bien de changer d'air.

L'équipe de Carbone ne met jamais les pieds dans cette agréable bonbonnière. Mais il lui arrive de rencontrer les Guérini dans d'autres cabarets de nuit comme *Le Domino* ou l'*Heure bleue*. Elle feint alors de les ignorer... Bonjour, bonsoir... Un *gentleman's agreement* semble avoir été passé.

Au début de l'année 1943, le gouvernement Pétain envoie Antoine en résidence surveillée en Corse. Non pas à cause de son passé de souteneur et de son influence dans le Milieu, mais pour ses anciennes activités politiques dans le Parti socialiste. Après quatre mois d'éloignement, il obtient l'autorisation de revenir à Marseille. Ses affaires sont prospères. Il dépense sans compter dans les établissements de nuit.

A la même époque, son frère Mémé, qui est propriétaire du *Paradou,* voisin de *La Potinière,* rejoint le groupe de Résistance Joseph-le-Fou. Il participe à des actes de sabotage et à la réception des parachutages d'armes destinées aux maquis. Repéré par les occupants, il parvient à les dépister et va se cacher dans la région de Montpellier. Il ne regagnera Marseille que pour les combats de la Libération. Blessé à deux reprises, au cours de l'attaque d'un char allemand sur la Canebière, et lors d'un coup de main lancé contre des soldats ennemis retranchés autour de Notre-Dame-de-la-Garde, il recevra par la suite la Croix de guerre avec étoile d'argent.

A la fin de l'été 1944, Marseille est libérée... Auréolés de leurs actions patriotiques, les frères Guérini ont tous les atouts en main pour continuer leur ascension. Ils rachètent à des prix défiant toute concurrence les établissements abandonnés par les collaborateurs en fuite. Voilà comment s'édifie leur empire.

Un quart de siècle durant, ils vont régner sur le monde des bars américains avec charmantes hôtesses et des boîtes de nuit avec entraîneuses bien dressées. Ils possèdent *La Potinière, La Paradou, L'Amour, L'Artistic, L'Eden* puis, au fil des années, *Le Mayfair, Le Méditerranée* devenu plus tard *Annabel's Club, Le Tabarin* devenu *Le Versailles,* puis *Le Cancan* et *Le Perroquet bleu,* qui connut de graves incidents en 1945.

Le 23 octobre de cette année-là, des bagarres et des fusillades éclatèrent au *Perroquet bleu* entre des civils et des officiers français qui trouvaient l'addition trop élevée. Le lendemain soir, un commando de militaires venait lancer des grenades sur la piste de l'établissement. Une fermeture administrative s'ensuivit.

Le sens de l'opportunité des Guérini n'a d'égal que leur flair pour investir leurs bénéfices dans « des affaires qui voient le jour », c'est-à-dire des hôtels et des restaurants de la Côte.

Mais, à côté de ces commerces qui ont enseigne sur rue, ils ont des intérêts dans des affaires d'appareils à sous, dans des maisons de tolérance en France et en Afrique du Nord, et dans les circuits de prostitution qui gravitent autour de l'étang de Berre et qui ont un avant-poste dans le Languedoc, le *Bagatelle* de Lunel. En outre, Antoine est personnellement propriétaire de plusieurs hôtels de passe et de « relais galants », dont *Le Provence* à Draguignan, tenu par son ami Mathieu, et d'une maison de tolérance à Philippeville.

Pendant la guerre d'Indochine, les frères tâtent du trafic des piastres. C'est un gâteau formidable, dont mon mari a lui aussi dévoré de jolis morceaux, pendant que je tenais le bordel du 7 de la rue Ohier à Saïgon. Le mécanisme de l'opération était assez simple. Dans le but de favoriser les échanges commerciaux entre la France et l'Indochine, un décret avait porté de dix à dix-sept francs le taux de conversion en métropole de la piastre indochinoise qui, sur place, ne s'échangeait qu'à huit francs. Dominique faisait les voyages en se débrouillant pour passer des piastres : semelles de souliers évidées, pages de livres coupées en deux et recollées, tubes de matière plastique qu'on avalait avant l'atterrissage et que l'on récupérait, une fois la douane franchie, grâce à un purgatif... Avec les piastres vendues à Marseille, mon mari achetait des dollars aux Guérini et les revendait aux Chinois à Saïgon... Cette double opération a bâti des fortunes...

Bien que son nom figure au fichier du banditisme depuis 1950, la police n'a eu que très rarement l'occasion de mettre son nez dans les activités d'Antoine. Lorsqu'elle se livre à quelque enquête, il s'agit toujours d'affaires bénignes.

C'est ainsi qu'en mai 1947, au moment d'une visite à Marseille du président de la République Vincent Auriol, la Brigade criminelle le convoquait, à propos d'un vol de voiture. Au cours d'une opération de routine, elle avait retrouvé, dans un garage de la rue de l'Éclipse, une voiture (volée au directeur de la maison Banania) qui portait le numéro d'immatriculation d'un autre véhicule ayant appartenu, plusieurs années auparavant, à Antoine Guérini.

– D'accord, reconnut-il. Mais la voiture en question m'a été « empruntée » par les Allemands peu de temps avant la Libération.

– Pourtant, fit remarquer le commissaire Gilloux qui l'interrogeait, c'est à bord de cette voiture volée à l'industriel que le gangster Antoine Sinibaldi, dit Pompe, recherché depuis des mois pour le hold-up de la Banque d'Indochine, est venu de Paris. Hier, Sinibaldi a faussé compagnie aux policiers qui venaient de l'arrêter, en abandonnant ses souliers dans le taxi réquisitionné pour les conduire à l'Évêché... et...

– C'est possible, interrompit Antoine, mais je ne suis pas au courant.

Faute de preuves décisives, l'affaire s'arrangea.

Je peux le dire à présent, mon mari se trouvait dans le taxi avec Sinibaldi qui, ayant les pieds sensibles et portant des chaussures neuves, s'était déchaussé subrepticement avant de sauter hors du taxi. Et Dominique savait que Sinibaldi, originaire du même village qu'Antoine, s'était planqué quelque temps dans la villa de celui-ci à Montolivet.

Nous l'avons bien connu, Sinibaldi... Vol et proxénétisme, contrefaçon de monnaie étrangère, trafic de titres d'alimentation pendant l'Occupation, il a tâté de tous les expédients.

C'est au printemps 1946 qu'un coup de fil l'avait appelé à Paris. Son ami Baudine, employé de banque, venait de réussir un beau coup, et lui donnait rendez-vous au *Petit Bar,* rue Saint-Denis.

– Je viens de piquer vingt-deux briques de francs marocains et des titres de valeur à la banque d'Indochine de Paris, lui annonce tout fier le Parisien. Je compte sur toi pour les fourguer du côté de Marseille. Je te fais confiance. On « fadera [1] ».

– Tu crois que ce sera facile à écouler?

– Du tout cuit. Pas de problèmes.

– Bon, ça va. Je redescends avec le magot. Dès qu'il y aura du nouveau, je te fais signe. Allez, ciao!

Sinibaldi n'arrive pas à vendre les titres. La Banque les a frappés d'opposition. Quant aux francs marocains, leur change s'annonce très difficile. A Paris, Baudine s'impatiente. Tous les soirs, il relance son complice.

– Alors, ça vient? Tu sais que j'ai besoin de fric.

Un soir, agacé par ces demandes incessantes et l'insuccès de ses démarches, Sinibaldi raccroche sèchement :

– Hé! Merde!

Quatre jours plus tard, le corps de Baudine est repêché dans la Seine, près de Mantes. Il a été tué de deux balles dans la nuque avant d'être jeté à l'eau. La veille, sa maîtresse, Jeannette, a subi le même sort : une balle dans le cœur. Ces deux-là, avec leurs réclamations continuelles, ils ne casseront plus les pieds à Sinibaldi.

On le retrouvera en Amérique, quelques années après :

1. On partagera.

au cours d'un voyage de Khrouchtchev aux États-Unis, le F.B.I. lui pose des questions à propos de ses faux papiers. Marié sous une fausse identité et père de deux enfants, il était cuisinier à l'hôtel *Mark,* un palace de San Francisco.

Nous ne l'avons jamais revu.

Le 13 novembre 1947, Antoine Guérini recevait une nouvelle convocation des services de police...

A l'issue d'une manifestation populaire dirigée contre la municipalité Carlini, un groupe de manifestants s'en était pris aux cabarets du quartier de l'Opéra. Plusieurs établissements étaient saccagés.

– A bas les barbeaux! A bas les caïds! hurlaient les excités.

Ils avaient commencé par piller et tout casser au *Paris-Montmartre,* l'orgueil de mon mari. Maintenant, ils s'apprêtaient à faire subir le même sort au *Paradou* et à *La Potinière* des Guérini. Conciliant de nature et plus pondéré qu'Antoine, Méme tentait en vain de raisonner les meneurs.

– Laissez-nous travailler tranquillement!

– On en a marre de voir les gangsters s'engraisser sur notre dos!

Antoine accourt; tendu, la main droite sur le cœur à la façon de Napoléon. Ce n'est pas son portefeuille qu'il sort, mais son « calibre »... Au même instant, eux aussi l'arme au poing à la manière des justiciers de cinéma, mon mari et Antoine Palmaccio, patron du *Domino,* avec Mémé qui les rejoint, s'avancent vers les manifestants.

– Cassez-vous et en vitesse! intiment-ils.

Un jeune docker nommé Vincent Voulant se précipite, poing tendu. Des coups de feu crépitent. Voulant s'écroule, une balle en plein cœur. Les autres s'éparpillent à toutes jambes.

Des témoins désigneront les frères Guérini, Antoine et Méme, comme étant les auteurs de la fusillade. Plus tard, lorsqu'on les mettra en présence des deux frères, ils se rétracteront. Un non-lieu intervient grâce au talent de l'avocat des Guérini, maître Raoul Bottaï.

N'empêche, notre *Paris-Montmartre* avait été dévasté de fond en comble. Les compagnies d'assurances ne couvrent pas ce genre de dégâts, et plusieurs millions sont nécessaires pour remettre les lieux en état. Il faut que les associés mettent la main à la poche. Comme mon mari, qui attend une rentrée d'argent importante, n'a pas le premier sou, Robert Blémant lui suggère de m'envoyer pour quelque temps au *Grand Chabanais* d'Alger où mon « travail » permettra de remonter nos finances. Et c'est ce que j'ai fait pendant trois mois. Le temps de nous renflouer!

Le 30 novembre 1949, un hold-up est commis au *Plazza-Athénée,* avenue Montaigne à Paris. Montant du vol : cinq millions. La police enquête. Elle présente au portier un paquet de photos extraites du fichier du banditisme.

– C'est celui-là, je le reconnais, déclare le portier du *Plazza* en désignant la photo d'Antoine Guérini.

Les policiers parisiens téléphonent aussitôt à leurs collègues de Marseille pour leur demander de vérifier. Voici Antoine de nouveau convoqué « chez les condés »... Il dément catégoriquement s'être trouvé à Paris le jour du braquage.

– Pour la bonne raison, précise-t-il avec un sourire ironique, que, ce jour-là, votre service de l'Identité judiciaire m'avait « invité » à venir me faire tirer gratuitement le portrait... Vrai ou faux?

C'était vrai. L'alibi d'Antoine était indiscutable. La nouvelle photographie était justement destinée au fameux fichier.

Mais le plus beau de l'histoire, c'est que les policiers parisiens se sont longtemps imaginé que leurs confrères marseillais avaient imaginé cet alibi pour tirer Antoine d'un mauvais pas!

Dans la nuit du 4 avril 1952, bagarre à *La Potinière :* quatre parachutistes d'Indochine, en état d'ébriété, font du scandale. Alice, l'épouse d'Antoine, les prie de vider les lieux en annonçant qu'elle va fermer. Un des soldats tire son couteau et l'en menace. Antoine bondit pour le désarmer. Une mêlée s'ensuit. Le chien de garde saute à la gorge du parachutiste. Les tables et les chaises volent comme dans les westerns. Le combat se poursuit sur la chaussée de la rue de la Tour. Les putes se sauvent. Des amis d'Antoine accourent des boîtes de nuit voisines et les soldats reculent devant le nombre. L'affaire n'aura pas de suite.

La même année, le 11 décembre, au cours d'une rafle dans le quartier de l'Opéra, Lucien, un des frères Guérini, est interpellé par les policiers. Ils veulent l'emmener à l'Évêché pour une vérification. Lucien proteste énergiquement. Antoine, qui discute d'un contrat de tour de chant avec l'artiste Bruno Clair, s'interpose, et prie qu'on laisse son frère tranquille :

– Vous ne voyez pas que c'est un grand malade? Fichez-lui la paix!

Comme un inspecteur le tire par le veston pour le faire sortir de son bar, il se débat en protestant :

– Moi, on ne m'emmène pas à l'Évêché!

Son frère et lui n'en sont pas moins embarqués dans le panier à salade.

Le 17 octobre 1964, Antoine et Mémé s'apprêtent à retourner chez eux par l'avion d'Air-Inter Paris-Marseille. Ils ont réservé leur place. Mais, au dernier moment, deux de leurs amis, Mathieu et Rossi, les invitent à faire le voyage avec eux en voiture. Ils acceptent. A l'entrée de l'autoroute du Sud, la voiture se jette contre le pilier d'un pont. Les gendarmes appelés pour le constat découvrent à l'intérieur un colt 11,43 et un pistolet Beretta 7,65. Bien que Rossi prenne le port d'armes à son compte, Antoine et Mémé récoltent leur première condamnation : trois ans d'emprisonnement avec sursis.

Cette condamnation pèsera lourd, quelques années plus tard, dans le destin de Mémé!

– Sans cette malencontreuse histoire d'armes sur l'autoroute du Sud, se lamenta un jour la femme de Mémé,

Lily, mon mari n'aurait jamais eu de condamnation. C'est son sens de l'amitié qui l'a perdu. Notre *Hôtel Méditerranée,* au-dessus du cabaret *Annabel's,* était une véritable Armée du Salut pour ses compatriotes de passage à Marseille. Il leur offrait à boire, à manger et à coucher. Mémé avait trop souffert dans sa jeunesse pour supporter de voir souffrir les autres. Il est resté fidèle aux vieux principes de l'amitié et de la solidarité corses. Cela lui a joué quelques mauvais tours, notamment dans une affaire de drogue où il n'était absolument pour rien et où il n'avait fait que l'arbitre. D'ailleurs, si le fameux juge Batigne l'a finalement relaxé dans cette affaire, c'est bien qu'il était innocent...

L'empire Guérini est à son apogée.

Le cercle des relations d'Antoine et de Mémé s'est élargi à toutes les classes de la société. Hommes politiques et ministres en exercice, P.-D.G. cossus, hauts fonctionnaires, magistrats, gros bonnets du Milieu comme Jo Attia et Lucky Luciano, vedettes de cinéma comme Alain et Nathalie Delon, maîtres du barreau, chefs d'entreprises, candidats aux élections, toutes sortes de gens respectables, qui ignorent peut-être les antécédents de leur hôte, ne dédaignent pas leur fréquentation.

Je me souviens d'une photo de réveillon prise dans leur hôtel du cap d'Antibes : elle représente Alain Delon, à la fin des agapes, la tête en bas et les pieds en l'air, se tenant sur les mains au milieu d'une table encombrée de coupes de champagne, un énorme cigare entre les lèvres. C'est d'ailleurs, je crois, à l'occasion de ce réveillon que l'artiste avait offert à Mémé une montre-bracelet de grand luxe.

Aux élections municipales de mars 1959, Antoine s'est présenté dans son village : le voilà élu conseiller municipal...

De l'extraordinaire ascension de ces hommes partis de rien, est née la légende. Incontestablement, les Guérini ont la main d'or : tout ce qu'ils touchent est voué à la réussite. Leurs sens des affaires s'avère remarquable. Ils pallient leur manque d'instruction par un flair inné. Ils savent faire fructifier les commerces dont ils se rendent acquéreurs. Officiellement, ils sont liquoristes ou exploitants d'établissements de nuit. Un rapport du service régional de la Police de sûreté signale : « ... leur attitude présente ou passée ne paraît présenter aucun danger pour l'ordre public, mais le milieu dans lequel ils vivent est le rendez-vous des gangsters et souteneurs de classe. »

Antoine vit en grand bourgeois avec un train de vie impressionnant. Sa villa de Saint-Julien, 2, avenue Rampal, peut rivaliser avec les plus somptueuses demeures de Beverly Hill habitées par les grands noms du cinéma américain. Escaliers de marbre, décoration très soignée, lustres de cristal resplendissants, plafonds à caissons où est sculpté le blason corse, tapis épais. C'est magnifique, bien qu'un peu impersonnel. Antoine est généreux. Il fait à Alice, sa femme, des cadeaux princiers : bijoux, fourrures, voitures, appartements, cabarets comme le *Cancan* de la rue Négrin à Cannes... Sa manière de donner fait songer à celle de Raimu qui disait d'un ton bourru à sa femme en lui offrant un diamant de prix :

– Té! Prends-toi ça, et ne me casse plus les couillons!

Antoine n'a jamais été un tendre, sauf avec sa mère, la brave Marie, et avec sa sœur, la dévouée Restitute. Avec les siens, il n'aime pas mettre trop de formes dans ses gestes ou dans ses paroles. Il est resté assez rustre, au fond. Mais son réalisme lui a fait acquérir un certain vernis.

Mémé et Pierre, ses frères, qui exploitent respectivement *Le Méditerranée* et *Le Paradou,* vivent eux aussi dans des intérieurs de grand luxe. Ils ont acheté tous les deux, au *Goya,* de grands appartements avec terrasses.

Le chef de famille est incontestablement Antoine qui, sans se laisser griser, voit de plus en plus grand. Riche, solide, considéré dans le Milieu, il souhaiterait véritablement devenir un « monsieur bien ». Pour cela, il pense aux cercles des jeux. Il y a là des messieurs en smoking sous les lustres scintillants; des personnalités du « gratin », anciens généraux ou ministres, siègent dans les conseils d'administration ! Pour l'aîné d'une famille pauvre de huit enfants, pour le fils d'un petit charbonnier corse, quel bâton de maréchal !

Début 1965, il investit avec l'ancien associé de mon mari, l'ex-commissaire Robert Blémant, devenu une sommité dans le Milieu, d'importants capitaux dans le *Grand Cercle* à Paris. Ce cercle de jeux situé près de la place de l'Étoile est tenu par Jean-Baptiste Andréani, un « ancien » d'Indochine, et Gilbert Zenatti, l'animateur du *Red Star*. Pour Antoine, c'est une magnifique promotion. En même temps il fait intervenir ses relations, haut placées dans les ministères, en vue d'obtenir l'autorisation d'ouvrir un casino à Beaucaire.

Un rapport de police, en date du 22 avril 1965, précise : « Connu de nos archives régionales, il n'a fait, depuis quelques années, l'objet d'aucune remarque de la part de nos divers services. Fiché au fichier " lutte contre le banditisme 50-947 ", mais ne s'est plus signalé. »

Mais son orgueil causera sa perte. Il se met à prendre ombrage de la réussite éclair de l'ex-commissaire Blémant et de la place prépondérante que celui-ci est en train de se tailler dans le Milieu. Un mot un peu vif en entraîne un autre. Les explications orageuses se succèdent. Leurs relations se tendent à l'extrême... Alors il commet l'erreur capitale.

Le 4 mai, c'est l'exécution de Robert Blémant.

Une faute, une erreur aussi bête que celles de ses jours de jeunesse, quand il s'était fait arrêter, en 1929 et en 1935, avec un calibre dans la poche. Mais ce n'est pas lui qui liquide son rival. Il préfère payer trois tueurs à gages. Il n'a tenu aucun compte des avis de modération de Mémé... L'irréparable est consommé.

Qui était l'homme qu'on venait d'abattre ? Un véritable personnage de la Série noire...

De tous les amis de mon mari, le pauvre Robert

Blémant était à la fois un des plus sympathiques et un des plus étranges.

Dominique et l'ancien commissaire étaient très liés, et pas seulement par leurs intérêts communs dans *Paris-Montmartre*. Deux fois par semaine, nous allions déjeuner chez Robert au 71 du boulevard Baille. Appartement confortable sans tape-à-l'œil clinquant comme chez les Guérini, belle maison avec ascenseur, et bonne table...

Antonia, la maîtresse de céans, une jolie femme d'origine catalane un peu plus âgée que son époux et passablement jalouse, savait recevoir ses invités. Nous avons passé de bons moments ensemble... Aussi plus tard, après le drame, ai-je été fort surprise de m'apercevoir, en allant lui rendre visite à sa propriété des Petits Birons, qu'elle feignait de me connaître à peine. J'attribuai cette attitude au chagrin provoqué par la perte de son mari, dans des conditions particulièrement atroces qu'elle imputait à la guerre implacable que se livraient les « barbouzes » des services secrets.

– Robert est mort pour la France, assurait-elle.

Moi qui connaissais les noms des tueurs, j'ai préféré la laisser à ses illusions.

Dans l'histoire du Milieu, Robert Blémant constitue un cas unique. C'était un authentique héros de « polar » : aventures policières, espionnage et truanderie...

Un mètre soixante et onze, vaguement bedonnant, le cheveu blond grisonnant coupé court, un visage à la fois poupin et énergique, le geste affable, les épaules carrées et l'allure générale un peu lourde à la façon de Paul Carbone, tel apparaissait l'ex-commissaire.

– Au dix-septième siècle, Blémant aurait pu être aussi bien un d'Artagnan qu'un Cartouche, disait de lui un policier qui avait travaillé sous ses ordres.

Il fut les deux. Et même aussi Vidocq, ce bizarre aventurier qui réussit au siècle dernier à se faire nommer chef de la Sûreté après être allé au bagne, encore que l'itinéraire de Robert se soit fait en sens inverse!

Il était né en 1911 à Valenciennes dans une excellente famille de la bourgeoisie locale, et avait terminé ses études secondaires avant d'entrer dans la police de Lille en qualité d'inspecteur. Cela m'a toujours surprise. Normalement, il aurait dû faire sa licence en droit pour succéder à son père, maître Louis Blémant, bâtonnier de l'Ordre des avocats de Lille.

En 1938, il est reçu au concours de commissaire de police dans une brillante promotion qui compte, entre autres, M. Achille Peretti, qui sera député-maire de Neuilly et président de l'Assemblée nationale. L'année suivante, il prend ses fonctions à Marseille. Le climat, les habitants, la façon de vivre méditerranéenne le conquièrent d'emblée. La Provence va devenir son pays d'adoption.

Tout de suite, il se révèle un policier décidé et efficace. C'est un direct; sa sainte horreur de la paperasse et des formalités juridiques devient bientôt légendaire. Le conformisme administratif et lui n'arrivent pas à passer par la même porte.

11 novembre 1942 : occupation de la zone libre. Robert n'est pas homme à se plier aux diktats de la Kommandantur. Il quitte l'administration pour la clandestinité. Il a le goût du risque; le danger l'attire. Il parvient à passer en Afrique du Nord. Il entre d'abord à la D.G.E.R. (Direction générale des études et recherches) qui a réussi, sous la direction de Jacques Soustelle et avec le réseau d'Achille Peretti, à faire fusionner les services spéciaux de la France Libre et ceux du gouvernement de Vichy. Puis il passe à Alger à l'état-major du général Giraud, qui prépare le débarquement des Alliés en Afrique du Nord [1]. Son entregent et ses dons de pénétration le font remarquer. Il fait du bon travail. Si bien qu'à la Libération ses brillants états de service lui valent le grade de commissaire à la direction de la D.S.T. (Défense et sécurité du territoire) en premier lieu à Nice, ensuite à Marseille.

Dans le cadre de ses activités, il ne cesse d'entretenir de constantes relations avec les services spéciaux. Les métho-

1. D'après *Roger Wybot et la bataille pour la D.S.T.* par Philippe Bernert. Presses de la Cité, 1975.

des perfectionnées de l'espionnage moderne le captivent. On le charge de délicates missions de contre-espionnage. Il y fait merveille. Il est vraiment dans sa peau. Ainsi que les espions au travail dans les romans, il a une double personnalité. Pour récupérer du renseignement, il fréquente tous les gens qui peuvent lui être utiles. C'est ainsi que, par la force des choses, il est amené à renouer des contacts avec les truands qu'il a connus pendant la Résistance. Des sympathies réelles et de durables amitiés s'étaient alors nouées entre policiers et gens du Milieu.

Robert se laisse prendre à ce romantisme : les amis, la parole donnée, la loi du silence, tout cela correspond à sa mentalité. Il renoue ainsi amitié avec les Guérini. Mieux, il devient leur conseiller. Il les branche un moment sur la voie de la collaboration avec les États-Unis et l'organisation du Plan Marshall, qui s'inquiètent de la puissance du Parti communiste dans un grand port comme Marseille. Il emmène Antoine à Milan pour le présenter aux agents de la C.I.A.

Seulement, en haut lieu, on considère que Robert Blémant en fait trop. Ses relations avec le Milieu sont de plus en plus mal vues. Des reproches lui sont adressés. Il hausse les épaules :

– Laissons-les dire!

Un jour, son patron le convoque :

– Dites donc, Blémant, faudrait voir à ne plus vous afficher avec des voyous!

Robert se cabre :

– Des voyous, mes amis? Beaucoup ont certainement les mains plus propres que bien des personnalités que je ne nommerai pas... Si l'administration ne tolère pas que je les fréquente, je préfère donner ma démission.

– On ne vous retient pas!

Séance tenante, il libelle sa lettre de démission. Maintenant, le voilà de l'autre côté de la barricade.

Le Milieu accueille à bras ouverts ce réfractaire qui a su remettre en place son supérieur. On lui offre la gérance du cabaret *Le Drap d'Or,* l'ancien *Dan's* créé par nos amis, les frères Renucci. Il achète peu après des parts dans un night-club des Champs-Élysées qui porte la même enseigne et qui sert de quartier général au gratin des gangsters parisiens. A Marseille, il s'associe avec mon mari et Dominique Colonna pour fonder le *Paris-Montmartre.*

C'est ainsi que, le plus naturellement du monde, il s'adapte aux us et coutumes du monde marginal. Il évolue avec l'aisance d'un poisson dans l'eau au sein de ce clan si particulier des boîtes de nuit et des cercles de jeu. Il ne s'en tient pas là : il exploite à Alger avec un nommé Papillon (rien à voir avec l'ancien bagnard auteur du best-seller du même nom) le bordel *Le Grand Chabanais* où j'ai travaillé quelque temps pour redorer notre blason après le saccage du *Paris-Montmartre.* Au Maroc, il a des parts dans une des plus luxueuses « maisons » du monde, *Le Sphinx* de Fédala, dont il m'a confié la caisse pendant plusieurs semaines; j'y remplaçais la « vraie » caissière qui venait de subir une intervention chirurgicale. Il vient aussi d'acquérir *La Brasserie de Strasbourg* à Marseille, un restaurant sérieux qui s'est fait une réputation dans le poisson et la bouillabaisse. Ses affaires marchent sur des roulettes. Sa cote ne cesse de grandir. Homme de bon jugement, adroit et régulier en affaires, il paraît appelé à accéder aux échelons les plus hauts de la hiérarchie du Milieu.

Pourtant, un moment, son père lui a causé bien des soucis : à l'âge de soixante-dix ans, maître Blémant a levé le pied en emportant un demi-milliard d'anciens francs confié par ses clients et ses confrères du Barreau en vue d'investissements immobiliers. Planqué chez son fils à Grans, il se suicide avant de tomber entre les mains de la police. Robert s'en montre très affecté. Il nous annonce son intention de se retirer des affaires en liquidant ses boîtes de nuit et ses restaurants.

– Je vais faire le retour à la terre, déclare-t-il à Dominique.

Il vend sa propriété de Grans à son ami Mathieu qui tient un bar place de la Bourse avec François Carbone; il cède ses commerces et devient propriétaire du Domaine des Petits Birons, entre Pélissane et Lambesc. Huit hectares de vignes et de vergers entourent une villa moderne, toute blanche, et l'ancien mas qu'il fait restaurer.

Va-t-il tourner une page sur son passé tumultueux et devenir gentleman-farmer? Les apparences nous le laissent supposer. Mon mari le rencontre de moins en moins souvent dans les bars de Marseille. Robert voyage beaucoup, en France et à l'étranger, mais il se montre très discret sur ses déplacements. Il ne perd quand même pas contact avec Antoine Guérini avec qui il est toujours en affaires.

Le revers de la médaille, c'est que, peu à peu, Robert prendra le pas sur Antoine. Celui-ci finit pas s'en rendre compte et sa fierté, son orgueil en sont égratignés. Il se considère comme le numéro un à Marseille. Il n'accepte pas d'être relégué au second plan. Et surtout il sent confusément que c'est le destin de son empire qui risque d'être remis en cause. En dépit des conseils de modération que lui prodigue Mémé avec qui il a d'ailleurs une brouille passagère à ce sujet, sa jalousie finit par exploser brutalement. Il convoque ses gardes du corps :

– Flinguez-le-moi et vite, vite ...! ordonne-t-il.

Robert Blémant est liquidé. Mais ses supporters vont chercher à le venger. C'est dans la tradition du Milieu. Ils parviennent à identifier le commando des tueurs. La vendetta commence.

Étienne Carrara, qu'on a soupçonné d'avoir fait partie du commando qui a exécuté Robert Blémant, disparaît : il aurait été torturé, abattu puis enterré sur les bords du Rhin... Sa mort n'a jamais été établie formellement.

Pierre Colombani est abattu le 12 février 1966, rue Prosper-Mérimée à Ajaccio. Il sortait de chez sa mère, où il était allé embrasser ses enfants...

Antoine Mondoloni restera à l'abri de la vengeance pendant près de quatre ans. Le 17 février 1966, il est arrêté par la Brigade antigang après une course poursuite qui se termine contre une palissade du boulevard des Capucines. Condamné à quatre ans de prison, il bénéficiera d'une remise de peine et sortira le 8 novembre 1969 de la maison centrale de Clairvaux. C'est dans sa cellule qu'il apprendra les catastrophes qui vont s'abattre sur le clan Guérini...

Le 23 juin 1967, Antoine Guérini quitte sa villa La Calenzana à bord de sa Mercedes bleu nuit. C'est son fils Félix qui tient le volant. Ils s'arrêtent à la station Shell de Beaumont pour faire le plein. L'opération est presque terminée lorsqu'une moto rouge s'approche de la voiture. Elle est montée par deux individus casqués, le visage abrité derrière de grosses lunettes noires. Brusquement, le motocycliste arrière sort de sa ceinture un colt 11,43 et tire en direction d'Antoine.

– Planque-toi! a le temps de crier Antoine à son fils.

La moto a stoppé. Le tireur met pied à terre et revient d'un bond près de la portière gauche pour décharger son arme sur la même cible. Onze projectiles criblent le corps d'Antoine qui bascule sur l'aire du parking.

Dès les premiers coups de feu, Félix s'est précipité comme un fou vers le bureau de la station-service en criant :

– Vite, un calibre, vite!

Trop tard. Les tueurs ont réenfourché leur moto. Ils disparaissent dans la direction des Trois-Lucs.

Robert Blémant est vengé. Œil pour œil, dent pour dent!

Le Milieu apprend la nouvelle avec consternation. Abattre un homme comme Antoine Guérini, le caïd de Marseille! C'est un crime de lèse-majesté. On prédit que sa disparition ne va pas manquer, à plus ou moins long terme, de provoquer de violents remous. Dans les sphères politiques, on fait remarquer que certains partis ont perdu avec lui un agent électoral très efficace.

Les obsèques d'Antoine ont lieu en grande pompe dans son village natal. Le drapeau de la mairie de Calenzana a été mis en berne. Des avions spéciaux ont amené du continent les parents et amis. Cinq cents voitures venues de la Corse entière attendent l'arrivée du corps sur l'aéroport de Calvi. Lorsque le cercueil est descendu, c'est une file ininterrompue de voitures qui s'étire sur la route bordée d'eucalyptus qui mène à Calenzana. Le cimetière, proche de la chapelle de Santa-Restituta, patronne vénérée du village, est trop petit pour contenir la foule du cortège qui doit s'entasser sous les oliviers voisins.

C'est, paraît-il, à la munificence de ses funérailles que l'on juge l'importance d'un grand caïd. De ce côté-là, si Antoine avait pu assister à son propre enterrement, il aurait vu à quel point sa notoriété était grande, aussi bien dans le Milieu que dans le monde de la politique et parmi les clans de l'île de Beauté. Ce fut le plus grandiose enterrement que la Corse ait jamais connu.

Mais, pendant que se déroulaient ces obsèques à grand spectacle, deux cambrioleurs minables s'introduisaient dans la villa d'Antoine et raflaient les bijoux de sa femme. Il y en avait pour une vingtaine de millions anciens.

Les Guérini frémissent d'indignation. Il s'agit là d'un sacrilège impardonnable, d'une offense à la mémoire du pauvre Antoine. Un attentat contre l'honneur de la famille.

En réalité, ce n'est qu'une coïncidence, un hasard malencontreux. Mais les conséquences en seront lourdes, très lourdes... Le vol n'a rien à voir avec l'exécution d'Antoine. L'un des voleurs, un Espagnol nommé Luis Tarazona, est un habitué des cambriolages des maisons mortuaires. Chaque jour, il consulte la rubrique nécrologique des journaux. Sachant ainsi la date et l'heure des obsèques, il sait qu'il peut opérer sans risque, en l'absence de la famille retenue au cimetière.

Lorsque Tarazona et son complice Claude Mandroyan se rendent compte que les bijoux qu'ils ont volés appartiennent à Alice Guérini, la femme du caïd, ils sont paniqués. L'Espagnol s'enfuit dans son pays; Mandroyan s'empresse d'aller rapporter le butin. Seulement, il omet de restituer deux montres et trois bagues de grande valeur. Les recéleurs à qui il s'adresse pour les liquider alertent aussitôt Mémé Guérini, devenu le chef de la famille depuis la mort d'Antoine. Celui-ci convoque Mandroyan au *Bar des Amis,* tenu par l'un de ses hommes de main.

Mal à l'aise, le cambrioleur se présente au rendez-vous. Il y trouve Mémé et son frère Pascal avec leurs amis Poli et Rossi. La discussion s'engage, et ne tarde pas à faire des vagues : les Guérini voudraient savoir si, oui ou non, Mandroyan est à la solde des ennemis du pauvre Antoine. Mandroyan soutient que non. Finalement, le jeune voyou sort avec les deux frères, persuadé que l'incident est clos.

Le lendemain, son cadavre est retrouvé, truffé de huit balles, dans les éboulis du cap Canaille, à Cassis. Les détonations qui ont haché le grand silence de ces falaises hautes de trois cents mètres vont sonner le glas annonciateur de la fin d'un règne.

Enquête de la Police judiciaire avec les commissaires Denis, Mathieu et Mésini. Sans parvenir à établir formellement que Mémé et ses frères ont participé à l'exécution, les policiers rassemblent dans le plus grand secret un faisceau de présomptions tel qu'il permettra l'inculpation des Guérini, et leur fournit dans l'immédiat la possibilité de passer à l'action contre eux.

Dans la soirée du 4 août 1967, le commissaire Mésini et le Groupe du banditisme envahissent, revolver au poing, le *Méditerranée* au moment où les Guérini tiennent un conseil de famille avec un gentil arsenal à portée de la main.

– Haut les mains! ordonnent les policiers.

Dans l'asssitance, il y a quelques secondes d'hésitation. Puis la réponse de Mémé fait obéir les plus récalcitrants :

– Faites ce qu'on vous dit!

Emmenés à l'Évêché, ils protestent de leur innocence.

– Si nous avions des armes c'est que, depuis la mort d'Antoine, nous nous sentons menacés!

Ils n'en sont pas moins déférés au Parquet et écroués

sous l'inculpation d'homicide volontaire sur la personne de Mandroyan. Mais deux des frères manquent à l'appel : Pascal et François ont pris le maquis en Corse...

François sera arrêté le 22 septembre dans la forêt de Belgodère où il possède une guinguette ouverte à la belle saison. Transféré à la prison des Baumettes, il succombera à une crise cardiaque le 13 décembre 1967, après avoir été transporté d'urgence à la clinique Cantini.

Pascal, lui, sera retrouvé le 15 février 1968 dans l'appartement de sa sœur Restituta à Marseille.

Cette série de malheurs frappant la famille de son père naturel fait enrager Antoine Mandoloni qui ronge son frein dans une cellule de Clairvaux. Il compte en serrant les dents les jours qui le séparent de sa libération. Elle arrive enfin :

– Maintenant que je suis dehors, rugit-il, je vais venger la mémoire des Guérini.

Jamais un sourire aux lèvres, l'œil d'un bleu métallique, un visage respirant la cruauté, ce gringalet d'un mètre cinquante-cinq est né à Marseille en 1931 des amours de Mémé avec la femme de l'un de ses propres lieutenants. Il est considéré dans le Milieu comme un chien fou.

– C'était un tueur, un vrai, reconnaissent les truands. Pour une brique, il était prêt à remplir n'importe quel contrat.

Dès sa sortie de prison, Antoine Mondoloni descend dans le Midi. Le 23 décembre 1969, au cours de son séjour chez l'homme dont il porte le nom (celui-ci tient un restaurant aux environs de Cavaillon), un ami lui donne une Alfa-Roméo à essayer. Ce jour-là, la route est couverte de verglas. Dans un virage, la voiture dérape et va s'écraser contre un platane. Grièvement blessé ainsi que sa passagère – la deuxième femme de son père légal – il est transporté dans le coma à l'hôpital de Cavaillon.

– Fractures des jambes, et fracture du rocher qui pourrait être mortelle, constatent les médecins.

Son état nécessite une surveillance de tous les instants. Par mesure de sécurité, son identité est tenue secrète. La presse locale ne mentionne pas l'accident. Malgré tout, la direction de l'hôpital a bien été obligée de prévenir la famille. Aussi, dès le lendemain, parents et amis viennent-ils se relayer au chevet du blessé. L'un d'entre eux glisse un colt sous le matelas : on ne sait jamais...

L'état de l'accidenté s'aggrave de jour en jour.

La nuit du 27 décembre, c'est au tour de Félix Guérini, le fils d'Antoine, de monter la garde dans la chambre numéro six des Urgences. Félix, c'est un garçon doux et tranquille que son père a toujours tenu à l'écart de ses activités. Il a fait ses études jusqu'au baccalauréat, et ses camarades du Cours Franklin s'accordent à reconnaître sa gentillesse et sa bonne éducation. Seulement, comme il fait partie de la famille, il a des devoirs...

Cette nuit-là, un peu après minuit, Félix se lève de son lit de camp, dressé près de la porte, pour aller préparer du café. Tandis qu'il surveille le réchaud, il tourne le dos à la porte. Soudain, elle s'ouvre brutalement. Le canon d'un pistolet vient s'appuyer contre la nuque du jeune homme.

– N'aie pas peur! On ne te veut pas de mal. Mais surtout, ne bouge pas, ne crie pas!

Trois individus aux visages masqués de cagoules s'approchent du lit du blessé. Félix ne voit rien. Il n'entend qu'un râle prolongé. Une vendetta à la lame extrêmement effilée, comme celle qui sert en Corse à égorger le cochon, a achevé le blessé. Six coups : à la poitrine, au cœur et aux poumons. La mort a été instantanée.

Félix s'affole. Après tout, c'est la seconde exécution à laquelle il assiste :

– Ne me tuez pas! Ne me tuez pas!

– Ne crains rien. Tu n'es pas dans le coup.

Et les trois tueurs disparaissent dans les couloirs. Personne ne les a vus entrer ni sortir. Il est probable qu'ils ont pénétré dans l'hôpital en passant par la colline Saint-Jacques qui domine les bâtiments.

Antoine Mondolini ne laissa guère de regrets. Ce garçon dangereux devait tôt ou tard finir de façon tragique. Déjà, il avait échappé à plusieurs règlements de comptes. En 1959, à Pigalle, plusieurs balles de colt lui avaient traversé la poitrine alors qu'il venait rançonner le *Bar des Tropiques*. Il faisait alors partie d'une bande de racketteurs dirigée par François-les-Grosses-Lèvres. Découvert agonisant sur le trottoir de la rue Fontaine, il ne parla pas. Mais deux mois plus tard, il revint dans l'établissement avec trois autres tueurs, dont Pierre Colombani. Ils en repartirent en laissant derrière eux un cadavre, celui d'un proxénète, Marco Serra. Ce règlement de comptes déclencha une sanglante vendetta. Trois Corses tombèrent à leur tour. Seuls, « Mondo » et Pierre Colombani échappèrent à la tuerie.

En 1962, dans le studio d'une des protégées d'Antoine Mondoloni, Dany, était découvert le cadavre percé de balles d'un jeune ingénieur de trente et un ans, Michel M..., qui voulait épouser la belle de nuit. Dany s'accusa à la place de son homme. Condamnée le 11 juin 1966 à vingt ans de réclusion criminelle elle resta fidèle à la loi du silence, et paya pour le coupable.

Quinze jours avant le procès de Mémé Guérini, l'exécution de son fils naturel, spectaculairement poignardé sur son lit d'hôpital, démontre la volonté impitoyable du clan adverse : mettre fin au règne des Guérini dans le Milieu.

La chute de l'empire Guérini se trouve confirmée le 16 janvier 1970 par le verdict de la cour d'assises de la Seine... C'est en effet cette Cour qui fut chargée du dossier : normalement, du moment que les faits reprochés à Mémé et Pascal s'étaient déroulés dans les Bouches-du-Rhône, le procès aurait dû avoir lieu à Aix-en-Provence. Mais, sur requête du ministère de la Justice, l'affaire fut jugée à Paris. Le ministère craignait, paraît-il, les pressions qui pourraient être exercées sur les témoins et les jurés à Aix. Déjà, avant la guerre de 39-40, un des frères Carbone, Tchikachoff, qui avait tué un barbeau noir nommé Silah, dans les vieux quartiers, avait fait exercer une telle pression sur les jurés de la cour d'assises d'Aix que l'affaire avait été renvoyée devant les assises du Rhône.

Pascal est condamné à quinze ans de réclusion criminelle. Mémé, à vingt ans; l'accusation n'a pas manqué de rappeler sa première condamnation, en 1954, à trois ans d'emprisonnement avec sursis.

Toute la famille va bientôt être hors de combat. François meurt en prison d'une crise cardiaque, le cousin Pascal, en cavale en Corse, finit par tomber entre les mains de la police.

Le dernier des Guérini en vie et en liberté, c'est Pierre, le plus jeune des frères. Il se tient tranquille dans son bar *Le Paradou* à Marseille.

Atteint d'un cancer du poumon. Mémé est hospitalisé à l'infirmerie de la prison de Fresnes. Matériellement, il s'y trouve bien. Il est considéré, choyé, dorloté par le personnel infirmier grâce à ses largesses. Le jeune médecin qui le soigne, le docteur Marcel Diennet, relatera dans un livre de souvenirs sur les détenus célèbres le séjour de Mémé dans ce qu'il appelle avec humour *Le Petit Paradis* [1]. A l'en croire, notre ami vivait comme un coq en pâte et se conduisait comme le bon Samaritain à l'égard de ses compagnons de détention en leur distributant cigarettes et victuailles.

Cependant, son état de santé s'aggrave de mois en mois. Il peut ainsi bénéficier d'une grâce médicale. Marseille lui étant interdite, il n'y fera que de discrètes et brèves apparitions. Il s'est installé sous le soleil de la Côte dans le *Golf-Hôtel* exploité par sa femme au cap d'Antibes.

C'est là qu'il s'éteindra une année plus tard [2].

Parmi toutes nos relations, le pauvre Mémé aura été l'un des rares hommes à mourir dans son lit. Tous les autres ont été « flingués ».

J'ai éprouvé un chagrin sincère en apprenant sa mort. Je l'avais toujours estimé. Ses manières n'étaient pas rudes comme celles de son frère Antoine. Chaque fois

1. Éditions Robert Laffont, 1972. Livre de Poche « J'ai lu », 1973.
2. 1er. mars 1982.

qu'il le pouvait, il s'efforçait d'arranger les choses.

En même temps que son dernier caïd, le Milieu perdait son « juge de paix » le plus sage et le plus écouté.

Sa disparition était le prélude à l'anarchie qui allait s'abattre sur ce qu'il est convenu d'appeler « le monde marginal ». Les règlements de comptes se multiplièrent. Le racket se mit à croître et embellir. La sécurité, même dans les rues de la ville, se détériora.

Une de mes amies qui tient un bar rue Saint-Saëns, à l'Opéra, m'a confié en soupirant ses regrets :

– Du temps d'Antoine, incontestablement le plus « dur » des frères, les barbeaux arabes n'avaient pas le droit de traverser la Canebière. S'ils bravaient l'interdiction, il leur en coûtait cher... Rappelle-toi Mickey le Tunisien, abattu au volant de sa voiture en compagnie de sa protégée surnommée Lolobrigida un matin de juillet... Du temps de Mémé, quand des rançonneurs cherchaient à m'intimider, je n'avais qu'à lui passer un coup de fil au *Méditerranée,* dès qu'ils avaient tourné le dos. J'étais sûre de ne plus les revoir.

Antoine et Mémé ont laissé un lourd héritage à leurs enfants. Félix, le fils d'Antoine, marche – en petit – sur les traces de son père dans l'exploitation de restaurants et de discothèques. Marie-Christine, la fille de Mémé, une petite qui a fait ses études dans un collège suisse où elle a reçu une parfaite éducation et où elle a fait preuve de dons incontestables pour le dessin – j'ai vu chez Lily, sa mère, un excellent portrait de Mémé exécuté par elle – s'est essayée à la littérature en publiant son autobiographie [1].

Voilà pourquoi, moi qui vous parle, je peux certifier que personne n'a repris le flambeau des Guérini dans le Milieu. Pas plus Tani Zampa dont j'ai bien connu le père que les autres...

Tani, on l'a « suicidé » aux Baumettes. Les autres, les patrons de night-clubs qui se poussaient trop du faux col se sont faits descendre un par un.

1. *L'empreinte d'un nom.* Édition Sylvie Messinger.

Aujourd'hui, comment je le vois, le Milieu ? Comme un panier de crabes, de *favouilles* comme on dit à Marseille, jaunes, vertes, orangées, qui grouillent, qui bougent, qui se battent, qui cherchent à s'entre-dévorer.

Cet ouvrage a été réalisé sur
Système Cameron
par la SOCIÉTÉ NOUVELLE FIRMIN-DIDOT
Mesnil-sur-l'Estrée
pour le compte des Éditions de Fanval
11, rue de Sèvres, 75006 Paris

Achevé d'imprimer le 14 mai 1987

Dépôt légal, première édition : mai 1987
N° d'édition : 8516 – N° d'impression : 6861
Imprimé en France